华杉讲透
资治通鉴 ②

通篇大白话，拿起来你就放不下；
古人真智慧，说不定你一看就会。

华杉 著

上海文艺出版社

图书在版编目（CIP）数据

华杉讲透《资治通鉴》. 2 / 华杉著. -- 上海：上海文艺出版社, 2019.12
ISBN 978-7-5321-7356-3

Ⅰ. ①华… Ⅱ. ①华… Ⅲ. ①中国历史—古代史—编年体②《资治通鉴》—研究 Ⅳ. ① K204.3

中国版本图书馆 CIP 数据核字 (2019) 第 225824 号

责任编辑：毛静彦
特邀编辑：周 喆　乔佳晨　张秀燕　沈 骏　周汝琦
封面设计：杨贵妮
封面插画：王 晓

华杉讲透《资治通鉴》2
华杉 著
上海文艺出版社出版、发行
地址：上海绍兴路7号
电子信箱：cslcm@publicl.sta.net.cn
网址：www.slcm.com
新华书店经销　北京中科印刷有限公司印刷
开本 710毫米×1000毫米　1/16　15印张　字数 219千字
2019年12月第1版 2020年11月第4次印刷
ISBN 978-7-5321-7356-3/K.0402
定价：46.80元

如有印刷、装订质量问题，
请致电010-87681002（免费更换，邮寄到付）

目　录

编者注：为了保证阅读流畅性，本书目录列出每卷"主要历史事件"和"主要学习点"的页码，方便读者查找，不在内文中另设标题，仅在"主要学习点"处划线提示。

卷第九　汉纪一
（公元前206年—公元前205年，共2年）/ 001

【主要历史事件】

秦三世子婴投降刘邦 / 003
刘邦与秦地百姓约法三章 / 004
项羽坑杀二十万秦军 / 006
鸿门宴 / 008
项羽杀子婴，火烧秦宫室 / 010
项羽自立为西楚霸王，立刘邦为汉王 / 010
韩信胯下之辱 / 013
萧何月下追韩信 / 013
刘邦拜韩信为大将军 / 014
陈平叛楚投汉 / 018
彭城之战，项羽以少胜多 / 019

【主要学习点】

上对下有礼，则礼半功倍 / 008
做老板，就要轻财好义 / 015
不愧于人，则人人都可为你所用 / 022
杰出的领导者没有"自己人" / 022
情报工作要做得滴水不漏 / 023

卷第十 汉纪二

（公元前204年—公元前203年，共2年）/ 025

【主要历史事件】

韩信背水一战 / 028
英布叛楚归汉 / 030
陈平离间楚国君臣 / 034
郦食其被烹杀 / 040
曹咎失守成皋 / 041
刘邦项羽广武涧对峙 / 042
韩信水淹龙且大军 / 044
刘邦封韩信为齐王 / 044
刘邦项羽和谈，中分天下 / 048

【主要学习点】

成功人士的过分自信 / 028
杀使伐交 / 031
制定策略的三个要点：形、势、情 / 033
敢刺伤你的，才是忠臣 / 035
领导要坦然而无所偏倚，下属心里才有底 / 037
不确定性是做人的大敌 / 040
我们追求的，不是必胜，而是不败 / 044
私心太重，就会患得患失，失去判断 / 047

卷第十一　汉纪三

（公元前202年—公元前200年，共3年）/ 049

【主要历史事件】

垓下之围 / 052
项羽自刎 / 053
刘邦称帝，定都洛阳 / 054
田横五百士 / 056
娄敬说服刘邦迁都长安 / 058
张良辟谷求仙 / 059
韩信被疑谋反，降为淮阴侯 / 061
匈奴冒顿杀父，自立为单于 / 067
冒顿迅速崛起 / 069
白登之围 / 073
刘邦正式迁都长安 / 075

【主要学习点】

不懂得发挥众人的力量，注定会失败 / 054
百战百胜，就会灭亡 / 054
要比自己"应得的"拿得少，才能有和平 / 060
囚徒的困境，先下手为强 / 067
人的一切行为都是条件反射 / 068
修礼者王 / 072
老板要下属的忠诚，下属要老板的尊重 / 074
上兵伐谋，排场就是气场 / 076

卷第十二　汉纪四

（公元前199年—公元前188年，共12年）/ 077

【主要历史事件】

刘邦派假公主和亲匈奴 / 080
令六国后裔、豪门名家迁居长安 / 081
贯高谋反后，舍身救赵王 / 082
韩信谋反被杀 / 086
刘邦杀彭越，栾布冒死为其收尸 / 088
赵佗接受南越王册封 / 089
英布谋反被杀 / 092
刘邦去世，太子刘盈即位，是为汉惠帝 / 099
吕后毒死刘如意，将戚夫人做成人彘 / 102
萧何去世 / 104
冒顿写信羞辱吕后 / 106
惠帝去世，吕后掌权 / 110

【主要学习点】

和亲之计，是开创性战略 / 081
不骗人，不贪心，不夸大 / 087
凭着良知去做，不要趋利避害 / 089
小人之心难测，因为他没逻辑 / 098
有过错是正常的，但不要错上加错 / 108

卷第十三 汉纪五

（公元前187年—公元前178年，共10年）/ 111

【主要历史事件】

吕太后封吕氏为王 / 113
吕太后杀少帝 / 116
刘章以军法行酒，杀吕氏族人 / 119
陈平、周勃结盟，吕氏势力衰减 / 120
吕太后去世 / 121
吕氏一族篡汉失败被诛灭 / 121
代王刘恒被立为帝，是为汉文帝 / 125
陆贾说服南越王赵佗再次归汉 / 132
文帝广开言路 / 135
贾谊《论积贮疏》/ 137

【主要学习点】

贪心就会招祸，侥幸就没有意志力 / 124
个人的人生，要服从历史的天命 / 128
说话不诚心诚意，就会发动祸机 / 130
始终从待罪和免祸的角度看问题 / 132

卷第十四 汉纪六

（公元前177年—公元前170年，共8年）/ 141

【主要历史事件】

济北王刘兴居造反兵败自杀 / 145
张释之执法公正不阿 / 146
文帝想提拔贾谊为公卿，被权臣阻挠 / 149
周勃蒙冤入狱，后被释放 / 150
文帝下放铸币权，邓钱、吴钱遍天下 / 151
淮南王刘长造反失败，绝食而死 / 152
冒顿单于去世，儿子老上单于即位 / 154
中行说投靠匈奴，成为单于谋臣 / 154
贾谊《治安策》/ 155

【主要学习点】

一味纵容而不管教，就是害了对方 / 145
每个人都有"不公平幻觉" / 146
谨慎地选择接受谁的影响 / 149
坏人做好事，是在为干坏事创造条件 / 153
学习怎么提前避免问题的发生 / 157
走向理想，才能不成为禽兽 / 160
建功和立业是两件事 / 162

卷第十五 汉纪七

（公元前169年—公元前155年，共15年）/ 169

【主要历史事件】

贾谊去世 / 172
晁错《言兵事疏》《守边劝农疏》/ 173
晁错《复言募民徙塞下》/ 176
晁错《论贵粟疏》/ 177
文帝废除肉刑 / 181
冯唐论将 / 182
新垣平装神弄鬼被拆穿 / 186
恢复与匈奴和亲 / 187
申屠嘉欲杀邓通，文帝求情 / 187
文帝细柳劳军，重用周亚夫 / 188
文帝去世 / 189
太子刘启即位，是为汉景帝 / 191
申屠嘉欲杀晁错，失败后被气死 / 192

【主要学习点】

主君对谋臣，往往大计不听，小计可从 / 173
人如其言，言如其人，性格即命运 / 177
敌视商人，是中国人的集体潜意识 / 180

卷第十六 汉纪八

（公元前154年—公元前141年，共14年）/ 195

【主要历史事件】

刘启击杀吴国太子 / 198
晁错上书削藩，七王之乱爆发 / 199
景帝为平息叛乱而杀晁错 / 203
周亚夫不受君命，大败吴楚联军 / 205
七国之乱平定 / 211
刘彻的身世 / 213
梁王刘武争继帝位 / 216
李广勇猛战匈奴 / 221
周亚夫绝食而死 / 224
景帝去世，太子刘彻即位，是为汉武帝 / 227

【主要学习点】

不信口开河，你的话就值钱了 / 197
要追求利益最小化 / 201
兵法不是战法，而是不战之法 / 206
自掩其功、自掩其才、自掩其名 / 208
君子不辩污 / 223
做人不能太傲气，要有自嘲精神 / 225
法网越密，违法的人越多 / 228
永远在路上，不可有"盛心" / 229

卷第九　汉纪一

（公元前206年—公元前205年，共2年）

主要历史事件

秦三世子婴投降刘邦　003
刘邦与秦地百姓约法三章　004
项羽坑杀二十万秦军　006
鸿门宴　008
项羽杀子婴，火烧秦宫室　010
项羽自立为西楚霸王，立刘邦为汉王　010
韩信胯下之辱　013
萧何月下追韩信　013
刘邦拜韩信为大将军　014
陈平叛楚投汉　018
彭城之战，项羽以少胜多　019

主要学习点

上对下有礼，则礼半功倍　008
做老板，就要轻财好义　015
不愧于人，则人人都可为你所用　022
杰出的领导者没有"自己人"　022
情报工作要做得滴水不漏　023

太祖高皇帝上之上

高帝元年（乙未，公元前206年）

1 冬，十月，刘邦到了霸上，秦王子婴坐着白马拉的素车（也就是用白土涂刷、代表凶丧之事的车），脖子上系着一条绳索，代表自己是个囚犯，封装皇帝的御玺、符、节，放在轵道旁。刘邦下车迎降，诸将中有人建议诛杀他。刘邦说："当初怀王派我入关，就是因为我能对人宽容。如今他已经投降了，杀俘虏是不祥之事。"于是将子婴交付属吏监管。

【贾谊曰】

秦国以小小的土地起家，而得到天子的权柄，让八州诸侯都来向他朝拜，总共有一百多年。然后以六合为家（六合，指天、地、东、西、南、北，都归他家了），崤山、函谷关都成为宫殿。结果，一个匹夫发难反叛，竟然就使秦国天子七庙全部堕毁，身死人手，为天下耻笑，为什么呢？因为不施仁义，攻守的形势就改变了。

【张居正曰】

刘邦将子婴交给有司收管，等待楚怀王的命令再行处置，这是他的仁义。等到项羽入关，坑降卒，杀子婴，烧秦国宫室，秦国人于是怀念刘邦的恩德，而怨恨项羽之暴虐。楚汉成败之机，在这时候就已经决定了。

2 刘邦进入咸阳，诸将都争相冲进秦国贮藏金帛财物的府库，瓜分胜利果实。只有萧何，先入丞相府，收集山川地图和全国户籍档案，因此刘邦就能对天下之地形险要、各地户口多少，以及强弱之处了如指掌。刘邦看见秦国宫室、帷帐、狗马、重宝、美女以千数，心动神摇，想留在宫中居住。樊哙进谏说："沛公您是想拥有天下呢，还是想做一个富家翁呢？这些奢侈之物，正是秦朝灭亡的原因，沛公拿来做什么呢？希望您赶快回军霸上，不要停留在宫中。"刘邦不听，还是不想走。张良说："秦为无道，所以沛公您得以至此。我们为天下除残暴，应该穿着丧服，全军缟素才对。如今您刚刚进入秦国，就急不可待地去享受秦国的宝物，这不是助纣为虐吗？忠言逆耳利于行，良药苦口利于病，希望沛公听樊哙的意见！"刘邦于是还军霸上。

【张居正曰】

萧何收图籍，让刘邦掌握天下形势险阻、户口多少、贫富差异，所以后来用兵，知道何处可攻，何处可守。征发粮食劳役，也知道各处户口粮食的多寡。这就是萧何志虑高远，迥出寻常之处。汉高祖能成帝业，萧何出力最多，史称其为一代宗臣，岂不信哉！

十一月，刘邦召集各县的父老、豪杰，说："父老乡亲们苦于秦国法制的严苛，已经很久了。我与诸侯定约，先入关者为关中之王，我将要成为你们的王了。我现在与你们约法，就三章：杀人者死，伤人及盗抵罪。除此之外，所有秦国法律，全部废除。所有的官吏，职位都不作变动。我们来，只是为民除害，不是来侵略抢掠，大家不要恐慌！况且我之所以还军霸上，也是为了等待其他诸侯将领到来，一起约定法令，安定人民。"于是派人与秦国官吏到各县、乡、邑，广而告之。秦国人民大喜，争相持牛、羊、酒食献给刘邦的军士。刘邦又推辞不受，说："军中粮草很多，啥也不缺，不愿让人民破费。"秦国百姓更加喜悦，唯恐刘邦不当秦王。

【张居正曰】

汉家四百年基业，就在这三章约法中奠定了。秦为无道，百姓正患苦不已，而刘邦代之以宽，秦国人民如大旱之得时雨，无不欢欣拥戴。《尚书》说："抚我则后，虐我则仇。"秦国人民都愿意跟随在刘邦身后，而都以项羽为怨仇。

【华杉讲透】

在此一百年前，孟子和梁襄王的一场对话，预言了今日之事变。

> 孟子见梁襄王。梁襄王问曰："天下恶乎定？"吾对曰："定于一。""孰能一之？"对曰："不嗜杀人者能一之。""孰能与之？"对曰："天下莫不与也。王知夫苗乎？七八月之间旱，则苗槁矣。天油然作云，沛然下雨，则苗浡然兴之矣！其如是，孰能御之？今夫天下之人牧，未有不嗜杀人者也。如有不嗜杀人者，则天下之民皆引领而望之矣。诚如是也，民归之，由水之就下，沛然谁能御之？"

梁襄王问孟子："天下怎么能安定下来？"
孟子回答："天下归于一统，就能安定下来。"
"那谁能一统天下呢？"
"不好杀人的国君，就能一统天下。"
"那谁会来跟随他呢？"
"全天下没有人不想跟随他。你晓得那禾苗生长的情况吗？七八月间，如果长期不下雨，那禾苗都枯槁了。假如一阵乌云出现，哗啦哗啦大雨沛然而下，那禾苗就猛然茂盛地生长起来。像这样，谁又能够阻挡得住呢？如今各国的君王，没有一个不好杀人的。如果有一位不好杀人的君王，那么，全天下的老百姓都会伸长脖子等着他解救。若真是这样，百姓都归附于他，跟随着他，就好像水向下奔流一样，沛然之势，谁能阻挡？"

孟子在战国时期到处宣传他的仁义王道，但是没有一个国君能听懂。那个时代的国君，连霸道都不愿意做，因为霸道还要主持公道，他们不想主持公道，只想要强道，不是以仁义王天下，也不要以霸道保护天下，而是想以强道吞并天下。结果是最强的秦国赢了。但强道吞并来的天下，十五年就亡了。如今，又是刘邦的王道，和项羽的强道对决。这场对决其实开始于一百多年前，商鞅的强道和孟子的王道的对决。

刘邦赢了，应验了孟子和梁襄王的对话，孟子的话中说了两遍"沛然"——沛然下雨，沛然谁能御之——这沛然而来者，就是沛公刘邦吧！

项羽平定了河北，率诸侯军队准备向西进入函谷关。从前，诸侯官吏士卒和那些因徭役、戍边经过秦国的人，都被秦国官吏虐待过。等到章邯带他们投降诸侯时，诸侯士卒们也乘胜去奴役秦军士卒，欺辱他们。秦军士卒怨恨，私下说："章将军欺骗我们，投降诸侯，如果能入关破秦倒还好，如果不能，诸侯军将我们胁迫向东，秦国又诛杀我们的父母妻子，那该怎么办？"

诸将听到这些传言消息，告诉了项羽。项羽召英布、蒲将军商议说："秦军吏卒人数众多，心中不服，如果到了函谷关，不听命令，事情就危险了，不如杀死他们，只带章邯、长史司马欣、都尉董翳入秦。"于是楚军夜袭，在新安城南坑杀秦士卒二十万人。

3 有人游说刘邦："秦国之富，十倍于天下，地形易守难攻。听说项王封章邯为雍王，王关中。如今他们来，沛公恐怕就不能拥有关中了。可以紧急派兵把守函谷关，不要让诸侯军队进来。然后在关中征兵自益，阻挡他们。"刘邦听从，依计而行。

等到项羽抵达函谷关，关门紧闭，听说刘邦已经平定关中，项羽大怒，派英布攻破函谷关。十二月，项羽进兵到"戏"这个地方。刘邦的左司马曹无伤派人告诉项羽说："刘邦想要在关中称王，以子婴为丞相，关中珍宝，全都归他所有了。"项羽大怒,让士卒们吃得饱饱的,准备第二天就攻击刘邦。当时,项羽军四十万,号称百万,在新丰鸿门。刘邦军十万,号称二十万,在霸上。

范增对项羽说:"刘邦在崤山以东时,贪财好色,如今进了函谷关,财物无所取,妇女无所幸,可见其志向不小!我派人望他的气,都是龙虎之形,五彩之色,这是天子之气,赶快杀了他!不要错失良机!"

楚军左尹项伯,是项羽的叔父,和张良是老朋友,于是夜里飞马到刘邦军中,私下找到张良,将项羽要进攻刘邦的事告诉了他,想叫张良跟他一起逃走,说:"不要留在这里和他们一起死!"张良说:"我奉韩王之命,送沛公入关,如今沛公有难,我却逃跑了,这是不义之事,不能不把这个消息告诉他!"于是张良去告诉刘邦,刘邦大惊。张良说:"您看您的士卒能抵挡项羽吗?"刘邦默然,说:"的确是不如他,那怎么办呢?"张良说:"请您去见项伯,跟他说您绝不敢背叛。"刘邦说:"你怎么跟项伯有交情呢?"张良说:"秦朝的时候我就和他有交往,他曾经杀人犯罪,我救了他一命,所以如今事情紧急,他便特意来告诉我。"刘邦问:"项伯和你谁年纪大?"张良说:"他比我年长。"刘邦说:"你请他进来,我像侍奉兄长一样侍奉他。"

张良出去,请项伯去见刘邦。项伯不肯,张良反复坚持,于是项伯入见。刘邦恭敬地双手举杯,向项伯祝福,要求跟项伯结为儿女亲家,说:"我入关之后,连毫毛般微小的东西都不敢沾手,秦国官吏人民,都留在原位,秦国财宝府库,全部打上封条,就是为了等待项将军来发落。之所以派将领把守函谷关,是为了防备盗贼出入以及非常情况的发生。我日夜盼望项将军快来,哪里敢反叛呢?希望项伯兄长跟将军解释啊!"项伯许诺,说:"我去跟将军说,但是您明天不可不亲自来谢罪。"刘邦说:"是!"

于是项伯又连夜赶回楚军大营,跟项羽汇报刘邦第二天要来谢罪,说:"刘邦不先破关中,您能进来吗?如今别人有大功,咱们却去攻打他,这是不义之事,他既然服软,咱们不如好好地善待他。"项羽许诺。

【华杉讲透】

成大事必以礼。很多人的成功，就在一个"礼"字上，那种无微不至的恭敬，能征服接近他的人，心甘情愿为他效劳。人们常说刘邦是个流氓、粗人，只记得他要把儒者的帽子扯下来往里面撒尿的事，却没注意史书中大家一直称他为仁厚长者。这次见项伯，他先问清项伯与张良年龄大小，然后"以兄事之"，马上恭恭敬敬认了大哥，然后作出巨大承诺，要结为儿女亲家。项伯在项羽手下，习惯了项羽的粗暴无礼，一下子有一个同样即将封王的人，成了他的小兄弟，这是人生的一股春风。而且跟这位王者成了亲家，作为一个老者，给儿女谋前途，是最大的任务了。项伯满载而归，从此成了刘邦在项羽身边的人。此后，项伯多次保护刘邦和刘邦家人，在汉朝开国之后，被封为射阳侯，赐姓刘。

孔子说："君待臣以礼，臣事君以忠。"下对上，要敢于直言冒犯，这是忠言逆耳；上对下，则要礼数周全，不可轻视。上对下的礼很值钱，能礼半功倍；下对上的礼则不值钱，只因无礼可能闯祸。犯颜直谏，要看上位者的修养，或者像李世民对魏征那样，尊为国师，或者像商纣对比干那样，杀他解恨。刘邦能听逆耳忠言，而项羽呢，属于耳朵根子软，谁说都可能听，但是听什么都不能一以贯之。他的嘴更不靠谱，当刘邦致歉后，他一不好意思，就把曹无伤的小命给卖了。

天色方明，刘邦带了一百余名骑兵来到鸿门见项羽，致歉说："我与将军戮力攻秦，将军战于河北，我战于河南，我也没想到我能先入关破秦，能在这里再见到将军。更没想到如今有小人进谗言，让将军对我有意见！"项羽说："这是沛公你自己的左司马曹无伤说的，不然，我何至于此！"项羽于是留刘邦一起喝酒。范增几次给项羽递眼色，三次举起手中的玉玦，意思是让他赶紧决断，项羽默然不应。范增起身出去，召来项庄，说："君王为人心慈手软。你上前祝酒，祝刘邦健康长寿，然后请求舞剑助兴，乘机把他杀了。否则，以后咱们都会成为他的俘虏！"项庄于是进去祝酒贺寿，喝了一杯酒后，说："军中没有其他娱乐活动，请以剑舞！"项羽说："好！"项庄拔剑起舞。项伯一看，也拔剑起舞，总是用自己身体保护着他的亲家刘邦，使项庄无法突击。

于是张良出门去找樊哙。樊哙问："今日之事如何？"张良说："项庄拔剑舞，其意常在沛公。"樊哙说："情况紧急！让我进去，和他拼命！"于是樊哙带着剑，举着盾牌就往里面冲。守门军士不让他进去，樊哙就用盾撞击，把军士撞倒在地。樊哙进入大帐，用手分开帷帐站着，怒目瞪着项羽，头发都竖起来了，眼角也要瞪裂了。项羽按剑起身，说："这位是谁呀？"张良说："沛公的陪车侍卫，参乘樊哙。"项羽说："好一个壮士！赐他一卮酒。"于是拿来斗大一卮酒。樊哙拜谢，起身，站着一饮而尽。项羽说："赐他一只猪肩！"于是拿来一只生猪肩。樊哙把盾牌反放到地上，把猪肩放到盾牌上，用剑切来吃。项羽说："壮士还能喝不？"樊哙说："臣死且不惧，酒有什么不能喝！秦有虎狼之心，杀人唯恐不能杀尽，用刑唯恐不够严酷，所以天下反叛。怀王与诸将约定：'先破秦入咸阳者，王之。'如今沛公先破秦，入咸阳，毫毛都不敢染指，还军霸上以待将军。劳苦功高如此，不仅没有封爵之赏，你还听信小人之言，要诛杀有功之人，这和秦国有什么区别！我私下里认为将军的做法不足取！"项羽默然不应，说："坐！"于是樊哙坐在张良旁边。

坐了一阵子，刘邦起身上厕所，召樊哙一起出来。刘邦准备脱身而去，说："现在出来就走，没有告辞，怎么办？"樊哙说："如今人为刀俎，我为鱼肉，还谈什么告辞！"于是迅速离去。鸿门到霸上一共四十里地，刘邦留下车骑，独自一人骑马走了。樊哙、夏侯婴、靳强、纪信等四人拿着剑盾步行，从骊山向下，经过芷阳，抄小路来到霸上。留下张良向项羽辞谢，以白璧献给项羽，拿玉斗送给亚父范增。刘邦对张良说："从这条道到我军营，不过二十里。你估摸着我差不多到了，再进去。"刘邦离开后，从小路回到军营。张良于是进帐告罪说："沛公不胜酒力，不能向您告辞，谨派我奉上白璧一双，再拜献于将军足下，玉斗一双，再拜奉于亚父足下。"项羽问："沛公在哪儿？"张良说："听说将军有怪罪之意，脱身独去，已经到霸上军中了。"项羽接受玉璧，放在座位上。亚父接过玉斗，丢在地上，拔剑劈碎，说："唉！竖子不足与之谋！夺取将军天下的，一定是沛公！我们以后都会成为他的俘虏！"刘邦回到军中，立即诛杀了曹无伤。

几天之后，项羽引兵向西，进入咸阳，进行了屠城，还杀死已经投降的秦王子婴，焚烧秦国宫室，大火烧了三个月。他收敛秦国财物、珍宝、美女，最后回师向东。秦国百姓大失所望。

韩生游说项羽说："关中有雄山之险，大河之利，四面都是要塞，土地肥沃，如果在此定都，可以称霸天下。"项羽见秦国宫室都已残破，心里又想回家，就说："富贵不归故乡，如衣着华丽在晚上走路，谁知道你呢？"韩生退下，说："唉！都说楚人沐猴而冠，根本就听不懂人话，就是一只戴着人帽的猕猴，果然！"这话传到项羽耳朵里，他便烹杀了韩生。

【华杉讲透】

项羽自始至终，就没有统一天下的志向，他只有求富贵，求财宝美女的心态。《孙子兵法》说："全国为上，破国次之。"刘邦已经把秦国拿下，并且完好无缺，他却无端把完整的国家搞成残破的国家。他把已经被征服的秦国，还当成敌国，而没有当成自己的国家人民，所以他根本就不配有天下。韩生说得对，秦国的地理形势，就是称霸天下的形势。秦国人民先蒙刘邦的恩德，又遭项羽的暴虐，所以在之后的楚汉相争中，秦国成了刘邦的坚强后盾。

项羽派人向怀王请示。怀王说："如约（以前怎么定的就怎么办）！"项羽大怒，说："怀王是我家立的，不是他自己有功打出来的，他有什么资格定约！天下当初起事的时候，假装立诸侯王的后代以伐秦。而之后披坚执锐、暴露于旷野、征战三年而灭秦的，是诸位将相和我！怀王虽然没有功劳，也应该分他一块土地为王。"诸将都说："好！"

春，正月，项羽表面上尊称怀王为义帝，说："古代称帝者，地方千里，应该居住在长江上游。"于是把义帝迁到江南，定都于郴。

二月，项羽分天下，王诸将。他自立为西楚霸王，领土包括之前魏国和楚国的九个郡，定都彭城。项羽和范增都厌恶刘邦，但是已经和解，又不好再毁约，于是密谋说："蜀道艰险，把他封到巴、蜀之地去，那是秦国发配犯人的地方。"于是宣称："巴、蜀也是关中！"立刘邦为汉王，领土包括巴、蜀、汉中，定都南郑。又将关中秦国故地分成三份，封给秦国降将。章邯为雍王，领土为咸阳以西，定都废丘。长史司马欣，之前做栎阳狱掾时帮助过项梁；都尉董翳，当初曾劝章邯投降。于是立司马欣为塞王，领土为咸阳以东，直到黄河，定都栎阳；立董翳为翟王，领土为上郡，定都高奴。项羽自己已经拿走魏国土地，于是把魏王豹迁为西魏王，领土在黄河以东，定都平阳。瑕丘人申阳，以前是张耳的宠臣，率先平定了河南郡，在黄河迎接楚军，所以封他为河南王，定都洛阳。韩王成继承韩国故都，定都阳翟。赵国将领司马卬平定河内，数有战功，于是立他为殷王，领土包括河内，定都朝歌。把赵王歇迁到代地，立为代王。赵国丞相张耳一向贤能，又跟从项羽入关，所以立他为常山王，领土包括赵国故地，首府设在襄国。当阳君英布为楚将，勇冠三军，所以立他为九江王，定都六县。番君吴芮率南方百越部落参战，又跟从项羽入关，所以立吴芮为衡山王，定都邾。义帝的上柱国共敖率兵击南郡，功多，于是立共敖为临江王，定都江陵。把燕王韩广迁为辽东王，定都无终。燕将臧荼从楚救赵，并跟从项羽入关，所以立臧荼为燕王。把齐王田市迁为胶东王，定都即墨。齐将田都从楚救赵，然后跟从项羽入关，所以立田都为齐王，定都临淄。项羽当初正渡河救赵的时候，田安攻下济北数城，引其兵降项羽，所以立田安为济北王，定都博阳。田荣数次有负于项梁，又不肯率兵从楚击秦，所以不封。成安君陈余弃将印而去，不跟从入关，也不封。幕僚们对项羽说："张耳、陈余，二人一体，有功于赵。如今张耳为王，而陈余没有封地，不合适。"项羽不得已，听说陈余在南皮，就把附近三个县封给他。番君手下将领梅鋗功多，封十万户侯。

【华杉讲透】

项羽封秦将章邯、董翳、司马欣接管秦地，章邯为雍王、董翳为翟王、司马欣为塞王。这就是"三秦"的由来。

项羽分封天下，纯属儿戏。没有任何制度规划和政治考量，完全凭个人好恶，就准备瓜分天下。众人赶紧各自回国安享富贵，却不知他分封完成之日，就是"世界大战"开始之时。他除了有几分蛮勇，政治智慧和人生志向，都和秦二世胡亥相当。联想起他年轻时读书，学什么都不肯深入，就有了"沐猴而冠"的笑话。

刘邦大怒,欲攻项羽。周勃、灌婴、樊哙都劝他。萧何说:"虽然被撵到汉中的穷山恶水去,不也比死要好吗?"刘邦说:"怎么说死呢?"萧何说:"如今咱们军力没法跟项羽比,百战百败,不死能怎么样?能屈服于一人之下,而能取信于万民的,就是商汤、周武王那样的人吧!希望大王到汉中为王,收巴、蜀之地,以后再还师平定三秦,则可图谋天下!"刘邦说:"好吧!"于是就国,以萧何为丞相。

刘邦赐给张良黄金百镒,珠宝二斗,张良全部拿去送给了项伯。刘邦于是再给张良厚重的财物,让他送给项伯,托项伯向项羽请求,要汉中全部土地。项羽同意了。

夏,四月,诸侯撤兵,各就各国。项羽分兵三万给刘邦,其他楚国与诸侯仰慕刘邦,愿意跟他走的,又有数万人,他们从杜南进入蚀中。张良一路送行到褒中。刘邦派遣张良回韩国。张良建议刘邦烧绝所过栈道,以防备诸侯盗兵,同时也是向项羽显示,没有东归之意。

4 田荣听说项羽把齐王田市迁到胶东,而以田都为齐王,大怒。五月,田荣发兵阻击田都,田都逃亡楚国。田荣留下齐王田市。但是田市害怕项羽的声威,便偷偷逃到胶东。田荣发怒,六月,追到即墨,干脆杀了田市,自立为齐王。当时,彭越在巨野,有兵众万余人,不属于任何诸侯。田荣给彭越送上齐国将军印信,派他攻打济北。七月,彭越击杀济北王田安。于是田荣统一了齐国,齐、济北、胶东都归他所有了,又下令彭越攻打楚国。项羽命萧公角率兵迎战彭越,被彭越打得大败。

5 张耳就国,陈余更加愤怒,说:"张耳与我功劳相等,如今张耳封王,我却只是一个侯爵,这是项羽不公平!"于是秘密派张同、夏说去游说齐王田荣:"项羽分天下,不公平!把诸位将领都封到好地,反而把之前的诸侯王封到烂地。如今把赵王撵到代地去。我认为这不可以!听说大王起兵,不听这不义之命。愿大王资助我陈余兵马,我愿率军攻击常山,恢复赵王,以赵国为齐国屏障!"田荣同意,派兵给陈余。

6 项羽因为韩国重臣张良跟了刘邦,韩王成又没什么功劳,所以不让他回韩国就位,而是带在自己身边,等回到彭城,便废为穰侯,过了些日子,干脆又把他杀了。

7 当初,淮阴人韩信家贫,没有什么可称道的事迹,所以没有资格被举荐担任公职,又没有什么谋生的技能,也不会做生意,只能跟着人混吃混喝,人们都很厌恶他。有一次,韩信在城外钓鱼,旁边一个洗衣服的老妇,看他饿得可怜,拿饭给他吃。韩信大喜,说:"我以后一定重重地报答您!"洗衣老妇怒道:"大丈夫连自食其力都做不到,我可怜你才给你饭吃,我还指望你报答什么!"淮阴的屠户里有些恶少欺负韩信说:"你虽然长得高大,又喜欢带刀带剑的,实际上是个胆小鬼而已。"于是当众侮辱他说:"韩信你要是不怕死,就拿剑刺我,如果怕死,就从我胯下钻过去!"韩信盯着他看了半天,低头从他裤裆下爬了过去。满街人都笑韩信胆怯。

等到项梁渡过淮河,韩信便仗剑跟从他。在项梁麾下,韩信也没混出什么名堂。项梁死后,他又跟从了项羽,项羽任命他为郎中。他数次给项羽进策献计,可项羽都不用。刘邦到蜀国时,韩信逃离楚军,投奔汉军,不过还是籍籍无名,只当了一个仓库管理员,而且不知道犯了什么罪,依法当斩。同罪的十三人都已经被斩了,轮到韩信时,韩信抬头仰视,刚好看见夏侯婴,就大声喊:"主上不想统一天下吗?为什么要斩壮士?"夏侯婴听他出言不凡,又见他相貌雄壮,便当场将他释放,和他谈话后,非常欣赏他,于是把他推荐给刘邦。刘邦任命他为管粮食的治粟都尉,也没有特别重视。

韩信经常跟丞相萧何交流,萧何很欣赏他。刘邦到南郑时,诸将和士卒都想回到东部家乡,逃跑的人很多。韩信估计萧何已经跟刘邦推荐过自己几次了,还没有结果,心想刘邦也不会用他,于是也跑了。萧何听说韩信跑了,来不及汇报,起身就追。有人跟刘邦汇报说丞相跑了。刘邦大怒,如同失去了左右手。过了一两天,萧何回来见刘邦,刘邦又喜又怒,骂萧何说:"你为什么要逃跑?!"萧何说:"臣不敢跑,我是去追逃跑的人。"刘邦问："你去追谁？"答曰："韩信。"刘邦又骂："诸将逃跑的有数十人，你不去追，一个韩信有什么好追的，你骗我吧！"萧何说："诸将易得，而韩信是国士无双。如果大王您只想做一个汉中王，有没有韩信倒无所谓；如果要东向以争天下，非韩信不可！现在就看大王您的决定了。"刘邦说："我也想东征，怎么能郁郁寡欢地待在这个鬼地方呢！"萧何说："如果您一定要东征，能用韩信，韩信就会留下来；如果不用他，他终究还是会跑掉的。"刘邦说："你这么抬举他，我就任命他为将吧！"萧何说："做一个普通的将领，他是不会留下的。"刘邦说："那就做大将。"萧何说："幸甚！"于是刘邦准备召韩信来，给他任命。萧何说："大王您素来傲慢无礼，如今要拜大将，跟招呼一个小子一样，这正是韩信要走的原因。大王如果决定拜他为大将，一定要选择良辰吉日，斋戒，设坛场，礼仪齐备，然后才可以。"刘邦同意，于是通知某月某日要拜大将。诸将都很欢喜，个个都以为是自己，等到拜将那天，才知道是韩信，全军都惊讶不已。

韩信拜礼毕，上坐。刘邦说："丞相数次向我推荐将军，将军有什么计策教我呢？"

韩信辞谢，问刘邦说："如今大王您东向以争天下，是和项王争吧？"

刘邦说："是啊。"

韩信说："那么，大王您觉得自己的勇悍仁强，比项王如何呢？"

刘邦默然良久，说："我不如他。"

韩信再拜，祝贺说："大王有自知之明，我也觉得您不如他。不过，我曾经侍奉他，可以跟您说说他的为人。项王怒声一吼，能让一千人心惊胆裂，但是，他不能用人，不能任属良将，所以只是匹夫之勇而已。项王见人，恭敬慈爱，言语亲切，别人生病，他能流着泪把自己的饮食都分给别人吃喝。但是，当人家有功劳，该给人封官进爵的时候，官印都刻好了，他还舍不得给出去，放在自己手里磨啊蹭啊，印角都磨圆了，还没到人家手里。这就是他的妇人之仁。匹夫之勇、妇人之仁，这种勇和仁，又有什么用呢？项王霸天下而臣诸侯，不定都关中，而是定都彭城，这是没有王天下之志。他背弃义帝的盟约，只把跟自己关系好的人封王，没有做到公平。诸侯各国的将领来跟他出征，他就把这些将领封王，把人家之前的王撵走，又把义帝迁到江南。他所过之处，无不残灭，百姓没有亲附于他的，都是畏惧他的威强罢了。他名义上是霸王，实际上已经失去了天下人心。强弱之间的转换，随时会发生。大王您如果能反其道而行之，任用天下武勇之士，何所不诛！以天下城邑封有功之士，何所不服！以义兵跟从思念东归的将士，谁不奋勇争先！况且三秦之王，章邯、司马欣、董翳三人，本来都是秦将，他们率领秦国子弟兵数年，伤亡不可胜计，却又欺骗士兵，投降了项王。到了新安，项王坑杀二十万秦军子弟，唯独他们三人，得以封王。秦国父兄对这三个人恨之入骨，而楚国非要以这三人为秦地之王，秦国人民能爱戴他们吗？反过来，大王您当初入武关，秋毫无犯，废除秦国苛法，与秦民约法三章，秦国人民没有不希望大王您做秦王的。而且按当初义帝主持的诸侯之约，正是应该您来王关中，这秦国人民也都知道。等到大王您被贬到汉中，秦国人民无不痛恨。如今大王您举兵东向，三秦之地，根本不用战，就可传檄而定。"

刘邦闻言大喜，只恨认识韩信晚了，于是言听计从，由韩信指挥军队。萧何留守，收取巴蜀粮租，供应军粮，准备东征。

【华杉讲透】

做老板，就要舍得给人封赏，因为这就是你对大家的主要价值所在。曹操说："军无财，士不来；军无赏，士不往。"封赏有两个关键，第一是力度要大，第二是一定要及时。《孙子兵法》说"赏不逾时"，马上就要到位。项羽这种性格，理智上也知道该给人家封赏，但是，感情上却过不去。这官要封出去、钱要拿出去的时候，就跟割他身上的肉一样，痛得下不去手！别人呢，等得胸闷心凉，恨不得一头撞死，谁还受得了跟他呢？

老板的性格，必须是轻财好义，刘邦就从来不把钱当回事。项羽那样把钱当自己身上肉的，成不了大事。

八月，刘邦引兵从故道出，攻打雍。雍王章邯在陈仓迎击。雍兵败走，停军于好畤，再战，又败，章邯逃往废丘，于是刘邦平定雍地，向东一直到咸阳，在废丘包围章邯，派遣诸将攻城略地。塞王司马欣、翟王董翳都投降了，以其地为渭南、河上、上郡。派将军薛欧、王吸出武关，由王陵带领去沛县迎接太公、吕后。项羽听说后，发兵封锁阳夏，王陵等不得向前。

王陵是沛县人，之前聚集兵马数千人在南阳，至此开始归附刘邦。项羽把王陵的母亲抓到军中，王陵的使者来，项羽就让王陵的母亲东向上坐，希望以此招降王陵。王陵的母亲私下送别使者，流泪说："希望替我给王陵带个话，让他好好侍奉汉王。汉王是仁厚长者，终将得天下，不要因为我的缘故而持有二心。我将以死送别于您。"于是伏剑而死。项羽大怒，把王陵母亲的尸体扔锅里煮了。

8 项羽以之前的吴县县令郑昌为韩王，以阻挡汉军。

9 张良给项羽送信说："汉王因为失去原来的封地，所以希望得到关中，只要按当初的约定，让汉王得以王关中，汉王就会停止作战，不敢再向东扩张了。"又把齐、梁谋反的书信送给项羽说："齐国准备与赵国联合灭楚。"项羽于是没有向西进攻的意图，而是向北攻打齐国。

10 燕王韩广拒绝迁往辽东，项羽新封的燕王臧荼击杀了韩广，兼并了他的土地。

11 这一年，刘邦任命内史沛县人周苛为御史大夫。

12 项羽派人催促义帝到郴县。义帝左右群臣看到义帝失势，逐渐有人离开。

高帝二年（丙申，公元前205年）

1 冬，十月，项羽密令九江王、衡山王、临江王击杀义帝，沉尸长江。

2 陈余动员他所属三县全部兵力，与齐国军队一起袭击常山。常山王张耳战败，逃亡汉国，在废丘谒见刘邦。刘邦对他礼遇有加。

陈余将赵王从代国迎接回来，复立为赵王。赵王感激陈余的恩德，又立陈余为代王。陈余见赵国新立，还很弱小，于是不到代国就任，而是留下来辅佐赵王，派夏说为相国，镇守代国。

3 张良从韩国抄小路归汉。刘邦封张良为成信侯。张良多病，从未单独带兵，常常跟随在刘邦身边，出谋划策。

4 刘邦进入陕县，安抚关外父老乡亲。

5 河南王申阳降汉，设置河南郡。

6 刘邦任命韩襄王的孙子韩信为韩国太尉，率兵攻略韩地。韩信击韩王郑昌于阳城，郑昌投降。十一月，立韩信为韩王，带着韩国军队，跟随刘邦作战。

【华杉讲透】

同名同姓两个韩信，下文一个称韩信，一个称韩王信。

7 刘邦重新定都栎阳。

8 诸将攻下陇西。

9 春，正月，项羽北至城阳。齐王田荣率兵会战，田荣战败，败走平原，平原百姓杀死田荣。项羽重新立田假为齐王。于是北至北海，烧毁夷平城郭、宫殿、房屋，坑杀田荣部投降的士卒，又捆绑俘虏齐国老弱、妇女，项羽大军所过之处，尽皆残灭。齐国百姓又聚集起来，反叛项羽。

10 汉将攻下北地，俘虏雍王的弟弟章平。

11 三月，刘邦从临晋渡过黄河。魏王豹投降，率领魏国军队跟随刘邦。又攻下河内，俘虏殷王司马卬，设置河内郡。

12 当初，阳武人陈平，家贫，好读书。乡里祭祀时，陈平负责宰肉，分割得非常均匀。父老们都夸奖："小陈做社宰真不错！"陈平说："哎呀！假如能让我宰天下，也会像分配这祭肉一样公平合理的！"等到诸侯叛秦，陈平在临济侍奉魏王咎，做掌管车马的太仆，他时常向魏王献计，魏王不听。有人打他的小报告，他就跑了。后来陈平又跟随项羽，赐爵为卿。殷王反，项羽派陈平出击，殷王投降。陈平回师，拜为都尉，赐金二十镒。

过了没多久，殷王司马卬又投降了刘邦。项羽大怒，要诛杀当初平定殷国的将吏。陈平害怕，就把项羽赏赐他的官印和黄金封存，派人送还项羽，自己则带着宝剑，抽身而去，走小路逃亡，渡过黄河，到修武投奔刘邦。通过魏无知的引荐，他见到了刘邦。刘邦召他进来，赐给酒食，然后请他回宿舍休息。陈平说："臣为事而来，要说的话，不可以留到明天。"于是刘邦和他继续谈话，非常欣赏他，问："你在楚国做什么官呢？"陈平说："为都尉。"刘邦当天就拜陈平为都尉，做参乘、陪车侍卫，又兼典护军，监护诸将。诸将哗然不服，说："汉王第一天见到这楚军逃兵，还不知道他的底细，就请他和自己坐在一辆车上，还监督我们这些老将！"刘邦听到这些话，更加厚待陈平。

13 刘邦从平阴津南渡黄河，到了洛阳新城。当地乡里掌教化的三老拦路进言说："臣闻：'顺德者昌，逆德者亡。'又听说：'兵出无名，事故不成。'还有：'明其为贼，敌乃可服。'项羽无道，残杀其主，这就是天下之贼。推行仁政，不靠武勇；伸张正义，不靠强力。大王应该率三军之众，为义帝服丧，以诏告诸侯，攻伐项羽，如此则四海之内，无不仰慕汉王之德，这是三王一样的义举啊！"

于是刘邦为义帝发丧，袒身大哭，哀临三日。并向各诸侯派遣使者，说："天下共立义帝，北面事之。而项羽杀义帝于江南，大逆不道！寡人悉发关中兵，收三河勇士，顺江、汉之水而南下，愿同诸侯一起，诛灭楚国杀死义帝的凶手！"

使者到了赵国，陈余说："汉王杀了张耳，我就率军跟从。"于是刘邦找了一个和张耳长得像的人，斩了头给陈余送去。陈余于是派兵助汉。

14 田荣的弟弟田横，集结溃散的齐兵，得数万人，声势复振，在城阳起事。夏，四月，立田荣的儿子田广为齐王，以抵御楚军。项羽于是滞留下来，连着打了几仗，未能战胜。虽然接到消息，知道汉军正向东杀来，但是希望解决了齐国，再去收拾刘邦。于是刘邦得以集结诸侯各军共五十六万人伐楚。到了外黄，彭越率领他的部队三万人归汉。刘邦说："彭将军收魏地得十余城，急于立魏国之后为王，如今西魏王豹，正是魏王后代！"于是拜彭越为魏相国，全权率领魏国军队，略定魏地。

刘邦进入楚国首都彭城，收了项羽的财宝、美人，每日置酒高会。

项羽听说后，留下诸将和齐国作战，自将精兵三万人南下，经过鲁，穿过胡陵，直抵萧。这日清晨，发动攻击，一路杀到彭城，到了中午，汉军崩溃，挤挤攘攘投入穀水、泗水，被杀死、淹死、踩死的，有十余万人。汉军都向南逃往山区，楚军又追击到灵璧以东的睢水河岸，汉军退却，被楚军挤压，十余万士卒都被挤入睢水，水为之不流。楚军将刘邦重重包围了三圈。

正在危急时刻，突然狂风大作，从西北而起，吹断树木，吹毁房屋，扬起沙石。虽是中午时分，却昏黑如同午夜，楚军被吹得大乱坏散。刘邦这才乘机率几十个骑兵逃走。他本想经过沛县时，带上家属，但因楚军也派人去抓捕刘邦全家，所以家里人都跑了，未能和刘邦相见。

刘邦在路上碰见他的一双儿女，就是后来的汉惠帝和鲁元公主，就把他们带上车一起走。楚军骑兵在后面追得紧，刘邦急了，便要把两个孩子推下车，轻车前进。当时负责驾车的夏侯婴马上停车，把两个孩子抱上车。如此反复，搞了三回。夏侯婴说："如今事态虽然紧急，但是马也累了，跑不快，自己的孩子怎么能不要？"于是慢慢往前走。刘邦大怒，十几次想斩了夏侯婴。但夏侯婴态度坚决，总算把两个孩子保护了下来。

这时审食其跟从太公、吕后，从小道追赶刘邦。结果没遇到汉军，反而遭遇楚军，被擒了。项羽把他们作为人质，关押在军中。

吕后的哥哥周吕侯吕泽为汉将,屯兵在下邑。刘邦赶到下邑,收了吕泽的部队,重新集结。诸侯都背叛汉国,重新归附项羽。塞王司马欣、翟王董翳,也都去投降了项羽。

15 田横进攻田假。田假逃往楚国,楚军杀了田假。田横于是又重新平定了齐国全境。

16 刘邦对群臣说:"函谷关以东,我不要了,你们看谁能与我一起破楚,关东就都归他!"张良说:"九江王英布,是楚国枭将,和项羽有矛盾。彭越和齐国联合,在魏地反楚。这两人可以立刻派上用场。您的大将中,唯有韩信可以成大事,独当一面。大王要把关东交出去,就交给这三人,一定可以击破西楚!"

当初,项羽攻打齐国,到九江征兵。九江王英布称病不去,只派一个将领,带了几千人来。汉军在彭城击破楚军,英布又称病不来救援。项羽由此怨恨英布,数次派使者责备,召英布来见面。英布恐惧,不敢去。项羽当时北忧齐、赵,西患汉军,跟他站在一边的只有九江王。他又看重英布的才干,始终想任用他,所以也没有发作攻打。

刘邦从下邑移师到砀,又到虞,对左右说:"你们这些人啊!真是不足以与我谋划大事!"谒者随何说:"陛下此话怎讲?"刘邦说:"谁能替我出使九江,让英布发兵攻楚?只要能拖住项王几个月,我取天下就百分之百成功!"随何说:"请派我去!"于是刘邦派二十人跟他去九江。

17 五月,刘邦到了荥阳,各路败军都来会师。萧何征发关中不满二十三岁、未到服役年龄的和超过五十六岁、已经过了服役年龄的老弱残兵,全部派到荥阳,汉军又军势大振。楚军以彭城为基地,经常乘胜逐北,与汉军交战于荥阳以南的京县、索城之间。

楚军骑兵很强,刘邦在军中遴选可以做骑兵将领的人,大家都推举之前的秦军骑士,重泉人李必、骆甲。刘邦要拜二人为将,李必、骆甲都说:"臣等是秦国人,恐怕得不到大家的信任,希望大王任命一个您左右善骑者为将，我们做他的副将。"于是拜灌婴为中大夫令，李必、骆甲为左右校尉，将骑兵击楚骑于荥阳东，大破之。楚军由此不能过荥阳以西。刘邦驻军荥阳，修筑甬道，直通黄河渡口，以运输敖仓之粮。

18 周勃、灌婴等对刘邦说："陈平虽然长相英俊，但是肚子里未必有料。臣等听说陈平在家的时候，和他的嫂嫂私通。他先在魏国做官，混不下去，跑到楚国，还是不行，又跑到汉国。如今大王您尊崇他，让他做护军。臣听说他收受诸将贿赂，钱给得多的就给好位置，钱给得少的就给差位置。这陈平是反复之乱臣，希望大王明察！"刘邦听了，对陈平产生怀疑，于是把介绍人魏无知召来问话。魏无知说："我向您举荐的，是他的才能；您现在问我的，是他的品德。假如有一个人，有尾生、孝己那样的美德，但是对如今战场的胜负，毫无助益，陛下能用他吗？楚汉相争，臣举荐奇谋之士，只看他的计谋是否对国家有利。至于他和他嫂嫂有什么关系，以及是不是收了谁的钱，有什么好操心的呢？"刘邦没有接受魏无知的解释，又把陈平召来质问："先生侍奉魏王意不相投，侍奉楚王也离开了，如今又来跟着我，这是不是有点三心二意啊？"陈平说："臣侍奉魏王，魏王不能用我的建议，所以去侍奉楚王。而楚王呢，他又不能相信别人，他所用的人，不是姓项的，就是他妻子家的兄弟，虽有奇士，也不能用。听说大王能用人，所以我来归附大王。我光着身子来，不收钱就没有活动经费。如果我的建言献策，有可以采用的，就希望大王施行；如果没有什么可用之处，我收的钱都还在，就请全部交公，让我辞职回家吧！"刘邦于是向陈平道歉，再厚厚赏赐，拜为护军中尉，督查全体官兵。诸将再也不敢打他的小报告了。

【王夫之曰】

项羽的败因，韩信所说的舍不得封赏还不是关键，陈平所言才是核心。那么，项羽为什么不能信任别人呢？因为他自己就是以欺诈起家的。他侍奉怀王，杀掉了怀王；他侍奉宋义，杀掉了宋义；刘邦入关该封关中王，他把刘邦撵到汉中；田荣的部下投降他，他把他们坑杀，又掠夺他们的家乡。欺诈反复之人，就会担心别人也对自己欺诈反复；残暴好杀之人，仇敌太多不得不防。所以项羽左顾右盼，只有自家兄弟和姻亲之人可以信任。否则，如果把权力给了外人，自己不就成了怀王，成了宋义了吗？所以他惴惴不安，疑神疑鬼，梦里全是喊打喊杀的声音，怎能不疑心天下？但是，他的疑心救不了他。他的亲叔叔项伯，是刘邦的心腹；最后乌江自刎取他头颅的吕马童，是他的故人。在垓下大败之余，最后跟他死在一起的三十余骑，有他的兄弟姻亲吗？

不负于天，则天保佑你；不愧于人，则人人都可为你所用。居仁行义，坦然中道，无所偏党，赏罚公平，这才是得天下的正途。

【华杉讲透】

杰出的领导者没有什么"自己人"，只要你公平正义，那么所有人都是你的自己人。如果只用"自己人"，那是结党营私，不是天下之主。如果只用自己家人，那是最愚蠢的了，因为自己家人，一点都不比"外人"更可靠。所谓翻脸的朋友比敌人更可怕，反目的家人又更超过翻脸的朋友。家人的团结既不是天生的，也不是免费的，还不是永续的，而是需要不断建立的，是要靠你的品德修养才能凝聚的。如果你能凝聚家人，自然就能凝聚他人、凝聚国家，这就是修身、齐家、治国、平天下的道理，一切都在你自己身上。所谓可靠，是你对大家可靠，你是领导者，大家都依靠你嘛！你可靠，则人人都可靠，这就是王夫之说的"人皆可驭"，人人都乐于归你驾驭。你不知道人家要找一个"明主"多难啊！一点也不比你找一个人才容易，所以要相互珍惜。反过来，如果你对于大家来说不可靠，那你自己都不诚心诚意给人家依靠，还想让别人忠心耿耿给你依靠吗？

19 魏王豹谎称母亲生病，回家探望。到了魏都平阳，却即刻封锁渡口，投降楚国。

20 六月，刘邦回到栎阳。

21 六月六日，立刘盈为太子。赦免犯人。

22 汉军引水灌废丘，守军投降，章邯自杀。至此平定雍国全境，设置中地郡、北地郡、陇西郡。

23 关中发生大饥荒，一斛米卖到一万钱，甚至出现了人吃人的惨事。政府下令，鼓励饥民逃荒到蜀和汉中就食。

当初秦国灭亡的时候，各方豪杰都争相夺取金银珠宝，只有宣曲任姓人家，始终收购囤积粮食。等到楚汉在荥阳对峙，人民不得耕种，发生大饥荒时，土豪们的金银财宝就都交给任家买粮了。任氏一跃成为巨富，富了好几代人。

24 秋，八月，刘邦返回荥阳，命萧何留守关中，辅佐太子，制定法令规章，建立宗庙、社稷、宫室、县邑，事情有来不及汇报的，全权由萧何决定，等到刘邦回来，再补充汇报。萧何统计关中的户口，各地按户口多少征粮征兵，转运供应军队，从未匮乏和断绝，给前线以有力的支持。

25 刘邦派郦食其去游说魏王豹，召他回来。魏王豹不听，说："汉王傲慢，经常侮辱别人的人格，辱骂诸侯和群臣，就跟骂他的奴隶一样，我这辈子再也不想见到他！"于是刘邦以韩信为左丞相，与灌婴、曹参一起率兵伐魏。

刘邦问郦食其："魏军大将是谁？"答曰："柏直。"刘邦说："这儿乳臭未干，怎么挡得了韩信！"又问："骑兵将领是谁？"答曰："冯敬。"刘邦说："哦，是秦将冯无择的儿子，虽然贤能，但是挡不住灌婴。"又问："步兵将领是谁？"答曰："项它。"刘邦说："挡不住曹参，我可以高枕无忧了。"韩信也问郦生："魏军会不会用周叔作统帅？"郦生说："是柏直。"韩信说："竖子耳！"于是进兵。

【华杉讲透】

这一段对话，生动地体现了郦食其杰出的情报工作。《孙子兵法》说："凡军之所欲击，城之所欲攻，人之所欲杀，必先知其守将、左右、谒者、门者、舍人之姓名，令吾间必索知之。"意思是，凡是要攻击对方的军队，攻打对方的城池，杀掉对方的将领官员，一定要知道对方守将是谁，左右亲信、掌管传达通报的官员、守门官吏和近侍官员的姓名，这些都要让间谍弄清楚。郦食其出使魏国，策反未成，但是情报工作做得滴水不漏，回来之后就能做到有问必答。刘邦之得天下，郦食其是有大功的，可惜后来被韩信害死。所以刘邦在完成建国大业后，还很思念郦食其。

魏王豹派重兵在蒲阪设防，监视临晋渡口。韩信于是大张疑兵，广陈船只，假装欲从临晋渡河。然后声东击西，悄悄从夏阳，不用船而用瓮、罐扎成木筏渡过黄河，突袭安邑。魏王豹大惊，引兵迎战。九月，韩信生擒魏王豹，将他押送到荥阳去交给刘邦发落。并平定魏国全境，设置河东郡、上党郡、太原郡。

26 汉军在彭城战败，向西撤退之后，陈余察觉张耳没死，之前给他的人头是假的，于是背叛了汉国。韩信平定魏地之后，派人来向刘邦请兵三万人，愿以北举燕、赵，东击齐，南绝楚军粮道。刘邦同意，于是派张耳和他一起，引兵向东，北击赵、代。九月，韩信击破代军，擒代国丞相夏说于阏与。韩信击破代国之后，刘邦又派人收走韩信的精兵，调回荥阳，参加与楚军的作战。

卷第十 汉纪二

（公元前204年—公元前203年，共2年）

主要历史事件

韩信背水一战　028
英布叛楚归汉　030
陈平离间楚国君臣　034
郦食其被烹杀　040
曹咎失守成皋　041
刘邦项羽广武涧对峙　042
韩信水淹龙且大军　044
刘邦封韩信为齐王　044
刘邦项羽和谈，中分天下　048

主要学习点

成功人士的过分自信　028
杀使伐交　031
制定策略的三个要点：形、势、情　033
敢刺伤你的，才是忠臣　035
领导要坦然而无所偏倚，下属心里才有底　037
不确定性是做人的大敌　040
我们追求的，不是必胜，而是不败　044
私心太重，就会患得患失，失去判断　047

太祖高皇帝上之下

高帝三年（丁酉，公元前204年）

1 冬十月，韩信、张耳率领士兵数万向东攻打赵。赵王及成安君陈余接到情报，屯兵井陉口，号称有二十万。

广武君李左车对陈余说："韩信、张耳乘胜而去国远斗，其锋不可挡。我听说，大军要从千里之外运粮供给，士兵们一定就面有饥色，做饭前还要砍柴割草，军队就会经常吃不饱饭。如今这井陉口，是一条狭窄的深谷，两辆车不能并行，两匹马不能同列，这样走数百里，他的粮食一定远远地落在后面。希望足下能给我三万奇兵，从小道切断他的交通线，断了他的辎重粮草。然后您再深沟高垒，不跟他作战。他前不能战，后不能退，荒山野岭又抢不到东西，不出十天，韩信、张耳的头颅就可送到您的麾下。否则，咱们反而会成为他们的俘虏。"

陈余一向自称义兵，不用奇谋诡计，他说："韩信兵那么少，又远来疲惫，我还高挂免战牌，避而不战，那诸侯各国岂不是都认为我胆小，个个都要来伐赵了？"

韩信派出间谍，知道陈余没有采纳广武君的计策，大喜，这才敢引兵向前。在将出井陉口三十里的地方扎营休息。半夜，传令出师。精选轻骑两千人，每人带一面汉军红旗，从山上小路摸到赵军军营附近埋伏起来，嘱咐说："赵军见我退走，一定空营出来追击。你们就冲进赵军大营，把赵军旗帜全部拔掉，插上汉军红旗。"然后派副将传令大家吃早餐，说："今日击破赵军之后会餐！"诸将都不信，应付说："好！"韩信说："赵军已经占据有利地形，而且扎下坚固的营垒，他们没看见我们的大将旗鼓，一定不会攻击我们的先锋部队，因为他们怕我们遇到险阻就退走了。"

【华杉讲透】

韩信一席话，精确地把握了陈余的心理。之前李左车的计策，可以说是兵法教科书式的标准战术，是百分之百正确的。陈余不可能不懂，但是他为什么又不听呢？因为如果让李左车带三万兵出去，很难掩藏行迹，韩信只要收到情报，他肯定就缩回去不来了。井陉那地形，一夫当关，万夫莫开，别说三万兵，三千兵把守韩信都过不来。所以陈余选择和韩信来一场大决战，他认为自己有绝对兵力优势，根本不怕韩信，我不拦着你，你放心大胆地来吧，我自有办法让你有来无回，让天下诸侯从此再也没有一个敢来赵国找死的。

陈余不知道自己和韩信的差距有多大！这是一个管理心理学问题，叫"成功人士的过分自信"。陈余太自信了。但是，韩信的诡计多端，实在是在他的想象之外。

韩信于是派一万人为先锋，背水列阵。赵军见了都哈哈大笑。

到了拂晓时分，韩信张起大将旗鼓，擂鼓前进，走出井陉口。赵军开营出击，双方大战良久。之后韩信、张耳佯败，丢弃大将旗鼓，退往河边的军营。河边的军队开营将二人接入，和赵军激战。韩信的大将旗鼓扔得满地都是，赵军军营中的士兵果然都空营来抢战利品，又追击韩信、张耳。韩信、张耳已进入河边军营，汉军背水一战，尽皆殊死作战，赵军无法打败他们。

这时，韩信之前派出去埋伏的两千骑兵，见赵军空营逐利，一举冲进赵军大营,把赵军军旗全部拔下,竖起两千面汉军红旗。赵军一时攻不下韩信,准备还营,回头一看,军营全部换上了汉军红旗,惊慌失色,以为汉军已经生擒赵王,于是阵脚大乱,纷纷逃跑,赵将虽然斩杀逃兵,也不能禁止。这时韩信率河边军队杀了回来,两面夹击。赵军崩溃,斩成安君陈余于泜水河岸,并生擒赵王歇。

诸将献上首级、俘虏,祝贺韩信,问他说:"兵法说,'右边要背靠山陵,左边要面对水泽',这样才能可守、可进、可退,将军您今天让我们背水列阵,还说击破赵军之后会餐,我们都不服气,但是最后竟然大胜,这是什么战术呢?"

韩信说:"我这战术,兵法上也有,叫'陷之死地而后生,置之亡地而后存'。况且我麾下的并非平时跟着我的训练有素的老兵(前面说过刘邦把他的精兵调回荥阳了)。我今天带的部队,正所谓'驱市人以战',就像刚从街上抓壮丁拉来的乌合之众,而不是职业军人,你要让这种人打硬仗,怎么办呢?就只能把他们驱赶到死地,让他们各自为战。如果部署在生地,只要给他们退路,他们一看见敌人,便全都逃跑了,还能让他们作战吗?"诸将都说:"好啊!这不是我们所能想到的。"

韩信之前下令,能生擒广武君的,赏一千金。有士兵将广武君绑来。韩信亲自给他松绑,让他东向上坐,以师事之,问:"我想要北伐燕,东伐齐,请问怎样才能做到呢?"

广武君推辞说:"臣乃败军之将,哪敢与将军议论大事!"

韩信说:"我听说,百里奚在虞国做官,而虞国亡了;到秦国做官,秦国就称霸天下。这不是说百里奚在虞国是笨蛋,到秦国他就变聪明了,而是国君用不用、听不听的问题。如果成安君听您的计策,我已经被他擒了。正因为他不听您的,我今天才能在这里跟您谈话。如今我真心诚意向您求教,希望您不要推辞!"

广武君说:"将军西渡黄河,俘虏魏豹,生擒夏说,向东攻下井陉,半天时间,就击破赵军二十万众,诛杀成安君,名闻海内,威震天下,连敌国田里的农夫,都觉得末日将至,该及时享乐,连耕种工具都放下了,只管好吃好喝,等待您的进军消息,听候命运安排,这是您的长处。但是,您的兵众也已十分疲惫,很难用他们继续去攻伐了。如果将军您今天带着这些疲兵倦将,去攻打坚固的燕国城池,恐怕欲战不得,欲攻不下,情见势屈,旷日持久,粮食用尽。燕国不服,那齐国必然据守边境以自强。与燕、齐相持不下,那刘、项二人的前途,就难以决定,这是将军您的短处啊!善用兵者,不以短击长,一定是以长击短。"

韩信问:"那怎么办呢?"

广武君说:"如今为将军考虑,不如按甲休兵,镇抚赵民,那百里之内,百姓一定争相送上酒食,以表达他们的拥戴和欢欣。然后大军北上,派一位辩士,给燕王送上一封书信,张扬您的长处,燕国一定不敢不听从。燕国顺从之后,再向东兵临齐境。齐国再有奇谋之士,也出不了什么主意了。如此,则天下事皆可图也。用兵之道,历来有先声后实,讲的就是这种情况。"

韩信说:"好!"于是用广武君之策,派使者出使燕国。燕国望风而靡,马上投降。韩信再派使者向刘邦汇报,请求封张耳为赵王。刘邦同意。楚国数次派奇兵渡河攻打赵国,张耳、韩信来回救援,于是趁机平定赵国城邑,并征兵送往荥阳前线。

2 甲戌晦,发生了日食。

3 十一月,癸卯晦,发生了日食。

4 随何到了九江,英布派九江太宰接待他,待了三天都没见到英布。随何对太宰说:"九江王不见我,是因为他觉得楚强汉弱罢了,这正是我出使的原因。您让我去见大王,如果大王觉得我说得对,那就听我的;如果觉得我说得不对,那正好把我这二十多人斩了,交给楚国做投名状啊!"太宰于是把随何的话对英布说了。

随何见到英布后,说:"汉王派我谨慎地呈奉书信给足下,很疑惑大王为什么跟楚王那么亲近呀?"英布说:"寡人北向而以臣事之。"随何说:"您是诸侯王,项王也是诸侯王,您是他哪门子的臣呢?您只是觉得楚国强大,可以求得保护罢了。但是,项王伐齐的时候,他自己背着构筑工事用的木板，身先士卒，赴汤蹈火。您呢？仅仅派了一个将领，带四千人去装装样子，您说您北面而臣事之，有臣子这么侍奉君上的吗？您自己信吗？您觉得项王会信吗？等到汉王攻陷彭城，项王还没离开齐国回来救援之前，您就应该征发九江全部兵马北上，渡过淮河，与汉王日夜大战于彭城之下，包围彭城。而实际上呢，您拥兵万人，没有一兵一卒渡过淮河的，都在这儿坐山观虎斗。您希望项王保护您的九江国，您觉得他会认为您有诚意吗？大王您这样空口说白话，没有实际行动，还希望得到楚国的信任和回报，我觉得您想得太天真了。然而，您之所以没有背叛楚国，还是觉得楚强汉弱吧！但是这楚兵虽强，却背负着天下不义之名，因为项王背盟约而杀义帝。汉王团结诸侯各国，还守成皋、荥阳，运送巴蜀粮仓的粮草，深沟壁垒，守卫边境要塞，固若金汤；而楚国呢，深入敌国之境八九百里，老弱转运粮食于千里之外。汉军只须坚守不动，楚军就进不能攻，退不能走，所以说楚军不足恃。别说楚军打不赢，他就是打赢了，又能怎样？无非是让诸侯各国人人自危而相互救援罢了。所以楚军之强，不过是给他自己招来兵祸。楚不如汉，这形势已经很明显了。今天大王您不与万全之汉站在一边，反而把自己托付于危亡之楚，我为您感到困惑啊！我也不是认为靠您九江的军队就能灭楚，只是要您牵制他罢了。大王您发兵叛楚，项王就必须得留下来对付您。您能牵制住他几个月，汉之取天下就万无一失。所以我请求大王您提剑而归汉，汉王一定裂土而封您为大王，至于九江，本来就是大王您的，自然还是归您所有。"

英布被说服，说："听您的。"于是秘密承诺背楚降汉，但是没有公开。

楚的使者也在九江，住在馆舍，正急切地督促英布发兵。随何却直接冲进屋里去，一屁股坐在楚使上坐，说："九江王已经归汉，给你楚国发什么兵？"英布愕然。楚使站起身要走。随何对英布说："大事已经决定，请杀死楚国使者，别让他回去报信，马上起兵，与汉军并力攻楚。"英布说："听您的。"于是杀死楚使，起兵攻楚。

【华杉讲透】

随何这一手，兵法上叫"杀使伐交"。《孙子兵法》说："上兵伐谋，其次伐交，其次伐兵，其下攻城。"伐谋，不是要用计谋，而是要伐掉对方的计谋，或者杀掉对方主谋的人。伐交呢，就是伐掉对方的外交。伐交的重要一招，就是杀掉敌国来拉拢他的使者，让他死心塌地跟我们。两国交兵，如果第三国坐山观虎斗，等着加入最后取胜的一方。而两国都派出使者去拉拢，那么杀掉敌国使者，让他没法跟对方交代，就只能上我们的船了。后世班超出使西域，也是以这个杀使伐交的模式立功。

项羽派项声、龙且攻九江，数月之后，龙且攻破九江军。英布想引兵投汉，又怕被楚军追上杀死，于是抛下军队，和随何走小路投汉。十二月，英布抵达汉营，刘邦正坐在床上洗脚，召英布入见。英布大怒，后悔不该来自取其辱，马上就想自杀。等到见了刘邦出来，到了接待他的馆舍，发现帐御、饮食、服务人员规格都和刘邦一个标准，又大喜过望。于是派人潜回九江。楚国已派项伯收编了九江部队，并且将英布全家妻儿老小屠杀。英布的使者找到以前的故人、幸臣、将众数千人，一起来归汉。刘邦给英布军补充编制，让他一起屯兵在成皋。

楚军数次侵夺汉军运粮的甬道，汉军也开始缺粮。刘邦和郦食其商量，怎么才能削弱楚国的力量。郦食其说："之前商汤伐桀，把夏的后代封在杞国；武王伐纣，把商的后代封在宋国。如今秦失德弃义，侵伐诸侯，灭其社稷，使其无立锥之地。陛下如果能立六国之后，那六国君臣、百姓必然感戴陛下恩德，莫不向风慕义，愿为臣妾。德义已行，陛下南向称霸，楚必敛衽而朝。"刘邦说："好！赶紧刻印！你带着！到六国封王！"

郦食其还没出发，张良就从外面来谒见。刘邦正在吃饭，说："子房，你上前来！宾客中有人给我出计策，可以削弱楚国。"于是把郦食其的妙计告诉张良，问："怎么样？"张良说："哎哟！谁给您出这计策？此计一出，陛下大势去矣！"刘邦大吃一惊："此话怎讲？"

张良说："我就借着这筷子给您比画比画吧！此计有八个不可！当初商汤封夏桀之后，武王封商纣之后，是因为自信绝对能控制他们，如今您能控制项羽吗？此其不可一也。周武王进入殷都，表彰商容的街闾，释放被关押的箕子，加封比干的坟墓，如今您能做到吗？此其不可二也。周武王取得政权后，打开巨桥的粮仓、鹿台的钱财，赈济天下穷苦百姓，您能做到吗？此其不可三也。灭纣之后，把战车改装成普通乘用车，把长矛矛尖朝下捆绑运走，向天下昭示永不用兵，陛下您能做到吗？此其不可四也。把战马放牧在华山南面，以示不再征战，陛下您能做到吗？此其不可五也。把牛放牧在桃林之北，表示永远不再用它们驾车运送军粮，陛下您能做到吗？此其不可六也。如今天下游士，离开他们的家人亲戚，离开他们的祖宗坟墓，离开他们的故乡朋友，来跟着陛下，就是日夜盼望着能立功受封，有一小块土地！如今您如果立了六国之后，那他们就该赶紧各归其主，回到家乡和亲戚故旧在一起了。陛下您还和谁去取天下呢？此其不可七也！除非楚国不强大，如果楚国强大了，您立的六国之王，都会向楚国靠拢，怎么会向您称臣呢？此其不可八也！所以我说啊，如果用这位先生的计谋，陛下大势去矣！"

刘邦听了张良一番话，惊得扔下筷子，把嘴里的食物也吐了出来，大骂郦食其："竖儒差点坏了我的大事！"下令赶紧把已经刻好的六国王印销毁。

【荀悦曰】

立策决胜之术，其要有三：一是形，二是势，三是情。形，是大体得失之数；势，是临时随机应变；情，是他的心志可否。之所以会出现事态相当，策略相同，而结果悬殊的情况，就是因为形、势、情这三点的不同。

当初，张耳、陈余游说陈涉立六国后裔，增加了自己的党羽；如今，郦生也用同样的计策来游说刘邦。策略相同，但结果差别却很大，是因为在陈涉起兵的时候，全天下都想亡秦；而今天呢，楚、汉名分未定，天下未必都想亡楚。所以对于陈涉来说，立六国之后，就是给自己增加外援，更何况陈涉一无所有，封出去的又不是他的地，他是行虚惠而得实福。对于刘邦来说就不是了，他是割自己的地来封给六国之后，设虚名而受实祸。所以这是事同而形不同。

而宋义要坐山观虎斗，等待秦、赵两国两败俱伤他再出手。这个听起来似乎有道理，就跟那个卞庄子刺虎的故事差不多，卞庄子要攻击老虎，管竖子阻止他说："你看那两只老虎正争夺一头牛，结果必然是小的被咬死，大的受伤，你坐山观虎斗，等一等，就可以得到两只老虎。"最后果然得到两只。但是，这种策略，只在春秋战国的时候可行，因为邻国相攻，没有亡国之忧,双方都有悠久的历史和深厚的基础,一场战争的胜败,并不关系到国家的存亡,也不急于要让对方亡国。所以胜利的一方挺进获利,败的一方撤退自保,第三方就看哪边有便宜占,当时的环境允许他们这么做。可宋义这时候呢,楚国已不是春秋战国的楚国,赵国也不是春秋战国的赵国,都是刚刚兴起,和秦国势不两立,安危就在呼吸之间,进则定功,退则受祸,哪有什么资格坐山观虎斗呢?这是事同而势不同。

伐赵之役,韩信在泜水背水列阵,赵军不能击败他。彭城之难呢,刘邦战于睢水之上,士卒却都被楚军挤下河去了。为什么呢?因为赵军是出国迎战,见可而进,知难而退,怀内顾之心,无必死之志。而韩信孤军在水上,士卒都有必死之心,没有二心,所以韩信胜了。刘邦深入敌国,置酒高会,士卒安逸犹豫,战斗意志不坚固;而楚军呢,以强大的声威,却居然被人端了首都,士卒都有愤激之气,救败赴亡之急,准备决一死战,这就是汉军战败的原因。所以说韩信是选精兵以守,而赵军以内顾之士攻之;项羽是选精兵以攻,而汉军以怠惰之卒应之。这是事同情不同。

所以说:<u>谋略不可一成不变,计策不可预先定死,与时迁移,应物变化,才是设谋划策之机也。</u>

5 刘邦问陈平:"天下纷纷,什么时候能平定啊?"陈平说:"项王骨鲠之臣,主要就是亚父范增、钟离昧、龙且、周殷这几位。大王如果能拿出数万斤黄金,行反间计,离间他的君臣,让他们相互生疑心。以项王的为人,天性多疑,容易听信谗言,势必将在内部先行诛杀,那时候咱们再举兵而攻之,破楚必矣!"刘邦说:"很好!"于是拨给陈平四万斤黄金,钱怎么花一切由陈平决定,根本不问账目。陈平大撒金钱,在楚军中纵行反间,散布谣言说:"诸将钟离昧等,为项王手下大将,战功赫赫,但是始终不得裂土封王,所以都想和汉王联合,灭项氏以分其地。"项羽果然开始不信任钟离昧等。

夏,四月,楚军在荥阳包围刘邦,事态紧急,刘邦求和,建议以荥阳为界,荥阳以西为汉,以东为楚。亚父范增劝项羽急攻荥阳。刘邦很着急,想除掉亚父。正好项羽的使者到汉军军营,陈平先摆上最高规格的酒宴,包括一只全牛，用最恭敬的礼节奉献上来，见了楚使，假装吃惊说："啊？我以为你是亚父的使者，原来是项王的使者！"马上把酒肉撤去，端上来粗茶淡饭打发楚使。楚使回去跟项羽报告，项羽果然怀疑亚父。亚父每天催促项羽攻城，项羽怀疑其中有阴谋，不听。亚父听说项羽居然怀疑自己，大怒，说："天下大势已定，君王您好自为之吧！我请求退休回家！"范增离开楚营回家，一路悲愤交加，还没走到彭城，就背上长疮死了。

【华杉讲透】

骨鲠之臣，这个词很好！就是让你如鲠在喉，感觉不舒服的臣子，是那些敢说真话，甚至说话刺伤你的人。

君臣相互都没有私心，直道事人，直来直去，就有骨鲠之臣。项羽不能信任别人，因为他自己就有私心，自己就没准备对得起跟他干的人。所以即便陈平的演技那么拙劣，简直是漏洞百出，毫无逻辑，但也能不费吹灰之力就面对面地把他骗了。因为他自己心不正，所以要上当。世间的骗术都不高明，但实际情况是怀着各种私心、贪心、疑心，排队等着上当的人太多，骗子都不够用。

相反，刘邦对下属不仅信任，而且懂得有时候信不信任并不是关键。比如他给陈平四万斤黄金去买通项羽的手下，为什么不问账目呢？因为那黑钱根本就没法记账。记了账，等于是帮项羽留下了证据，帮他破案。

五月，荥阳支持不住了。将军纪信对刘邦说："事态紧急啊！臣请求派我去骗过楚军，大王可以乘机冲出去！"于是陈平半夜派出两千余女子从东门出去，楚军看不清，便四面攻击。而纪信坐着刘邦的御用马车，黄绫做盖，插着羽幢，说："粮食吃尽了，汉王投降！"楚军都高呼万岁，跑到东门来围观。刘邦乘机带了数十骑从西门远遁，令韩王信与周苛、魏豹、枞公守荥阳。项羽看见纪信，发现上当，问："汉王在哪儿？"纪信说："已经出城走了。"项羽烧杀纪信。周苛和枞公不信任魏豹，商量说："反国之王，难以跟他一块儿守城。"于是杀了魏豹。

刘邦出荥阳，到达成皋，回到关中整顿兵马，准备再次东征。辕生进言说:"汉与楚在荥阳对峙数年,汉一直处于弱势。建议大王改变一下战略,这次不往东走函谷关,而是往南,从武关出去。大王出武关,项羽一定引兵向南。大王深沟高壁,不跟他交战,这样荥阳、成皋之间的部队也能得到休息。然后派韩信等消化之前占领的赵国土地,再经略燕、齐,连成一片。这时候大王您再出兵荥阳。如此,楚军需要四面防备,力量分散;而汉军得到休整,精力充沛,这样发动决战,一定可以击破楚军!"

刘邦听从了辕生的计策,出武关,抵达宛县和叶县之间,和英布在当地招兵买马。项羽听说刘邦在宛县,果然引兵向南。刘邦深沟坚壁,高挂免战牌,不跟他战。

当初,刘邦兵败彭城,解围西撤的时候,彭越也丢失了他打下来的那些城池,只好率领他的部队在黄河边打游击,破坏楚军交通线,断他粮草。这一月,彭越渡过睢水,与项声、薛公战于下邳,大破楚军,斩薛公。项羽必须亲自去处理,就留下大将终公守成皋,自己率军东击彭越。项羽一走,终公不是刘邦对手,刘邦马上率军北上,击破终公,重新占领了成皋。

六月,项羽击败彭越,听说汉军已经占领成皋,于是引兵攻打荥阳,荥阳陷落,项羽生擒周苛。项羽对周苛说:"你现在投降我还来得及,封你为上将军,封三万户。"周苛骂道:"你如果还不降汉,就要成为俘虏了!你不是汉王的对手。"项羽活煮了周苛,并杀枞公,又俘虏韩王信,之后率军包围成皋。刘邦再次抛下部队独自逃走,与夏侯婴同乘一辆车,出成皋北门,北渡黄河,住宿在小修武驿站。清晨起来,自称汉王使者,驾车直入汉军营垒。张耳、韩信还没起床,都在自己的卧室。刘邦夺了他们的印信、符节,接管了军队指挥权,召集诸将,重新调整他们的职务和工作。韩信、张耳起床后,才知道来的不是汉王使者,而是汉王本人。刘邦马上下令张耳出发,巡行赵地,加强赵国战备。拜韩信为相国,聚集还没征发的赵国士兵,率军向东,攻打齐国。其他诸将,逐渐从成皋向刘邦靠拢集结,楚军于是攻下成皋,想要再往西进。刘邦派人在巩县设防,阻挡楚军西进。

【王夫之曰】

刘邦夺韩信兵权,这是第二次了。之前韩信下魏破代而刘邦收其兵,这次他与张耳破赵而刘邦又收其兵。为什么韩信却俯首帖耳听命，而不挂冠而去呢？当初项羽舍不得给官印，韩信就走了。如今刘邦这官印，跟儿戏似的，说收回去就收回去，他怎么没意见？

这就是刘邦人所不及的高度，因为他能令人服气，还不是一般的服，而是大服！不是简单的气势压人，也不是简单的情深义重，而是无所偏倚，坦然可以见其心。刘邦心中所想，没有藏着什么不能让韩信知道的。韩信知道刘邦始终会倚重他，不在于今天的军权在不在手里，军队是他指挥，还是刘邦亲自指挥，没有什么区别。

反过来，如果是刘邦夺了韩信的兵权，把它交给别人。或者，为了防止韩信反叛，而削夺他的权力，那就不是这个状态了。

【华杉讲透】

刘邦、项羽跟他们各自的手下，是两种截然不同的君臣状态，项羽是孤家寡人，自己对大家就没什么诚意，所以手下人没法跟他。因为你功劳再大，他也不舍得给你加官进爵。由于封赏不到位，他就觉得你不会对他忠心，如果你居然无怨无悔还是忠心耿耿，那他更要猜疑你肯定有阴谋。所以你没法跟他混，怎么也混不成一家人。刘邦呢，是什么支票都能开，怎么分都行。大家跟着刘邦干，心里都踏实，都有底，老板想啥大家都知道，自己该怎么干也很明确。这就是王夫之说的无所偏倚，坦然可见其心。那么，这些功臣的命运后来是怎么发展的呢？是不是如韩信所说的"高鸟尽，良弓藏；狡兔死，走狗烹"呢？我们一步一步来看其中的是非曲直和毁誉忠奸吧！

6 秋，七月，大角星旁出现孛星。（大角星即天王星，是天王帝坐廷，孛星是一种尾巴比彗星短的流星，非常恶气之所生，天下大兵大乱之兆。）

7 临江王共敖薨逝，子共尉嗣位。

8 刘邦接收了韩信部队，声威再次大震。八月，引兵渡黄河南下，驻军小修武，准备与楚军重新开战。郎中郑忠献计，劝止刘邦，让刘邦深沟高垒，不与楚军交战。刘邦听其计，派将军刘贾、卢绾将步卒两万人，骑兵数百，从白马津渡河，进入楚国境内，配合彭越，专门搞破坏，烧掉楚国各地的粮仓，破坏楚军后勤基础设施，以至于楚军粮草无法供应到前线给项羽。楚军攻击刘贾，他就坚壁不战，和彭越互相声援策应。

9 彭越攻略魏国土地，下睢阳、外黄等十七座城。九月，项羽对大司马曹咎说："你负责把守成皋，坚决不要出战，即使汉王挑战，你也不要跟他战，只需要守住，不让他东进就行了！我十五日之内，一定解决彭越，平定魏地，再回来和你一起守成皋！"

项羽自己带兵东行，一路攻打陈留、外黄、睢阳等城，全部收复，彭越败走。

刘邦想放弃成皋以东，巩固巩县、洛阳一带防线以抗楚。郦生劝谏说："我听说：'知天下之天者，王事可成。'王者以民为天，而民以食为天。敖仓，很多年以来就是天下转运粮食的枢纽粮仓，我听说里面存粮极多。楚军攻陷荥阳，却不坚守敖仓，而是引兵东去，只留曹咎带着一些囚徒罪犯的杂牌军守成皋，这是上天要把敖仓留给汉军啊。如今形势正好对咱们有利，大王却打算退却，自己剥夺对自己有利的条件，我觉得您有点过了。况且两雄不能并立，楚汉长期相持不决，海内摇荡，农夫没法耕种，织女走下织机，天下人人心不定。大王现在正需要给天下定心！希望大王迅疾进兵，收取荥阳，占据敖仓，镇守成皋，切断太行要道，握住蜚狐口，扼守白马津。这样，向天下诸侯显示您已经掌控形势，天下英雄也就知道他们该归附谁了。"刘邦听从郦生的意见，重新谋划取敖仓之策。

【华杉讲透】

之前郦生给刘邦出了封六国之后为王的馊主意，幸而被张良制止了。刘邦破口大骂，但骂过了之后，并没有从此再不听郦食其的了，还是继续听计，这是刘邦的伟大之处。在刘邦战斗意志不坚定的关键时刻，郦食其教他为天下英雄定心，这是社稷良臣之金口玉言。

郦食其又说:"如今燕、赵已定,唯有齐国未下。田氏宗族强盛,又有大海、泰山、济水、黄河等山川之险,南边与楚国接壤,民情多变诈之人。大王就是派出几万人的军队,也不是短时间可以征服的。我希望得到您的委任授权,去游说齐王,让他归汉而成为我东方的藩国。"刘邦说:"好!"

于是刘邦派郦生出使齐国,对齐王说:"大王知道天下将要归谁吗?"齐王说:"不知也。你说要归谁?"郦生说:"归汉!"齐王问:"先生这话有什么道理呢?"郦生说:"汉王先入咸阳,项王毁约,将汉王贬到汉中。项王又把义帝迁往江南,并派人在半途杀死义帝。汉王听说后,起蜀、汉之兵以击三秦,出函谷关以问义帝在哪儿,集结天下的兵力,立六国之后为王。城池守将投降,就以其城封他为侯;得到别人馈赠,就分赏给士卒;与天下共享利益,所以豪英贤才都乐于为他所用。而项王呢,有背约之名,杀义帝之罪,别人的功劳他不记得,别人有错,他却一条都不会忘记;战胜者不得其赏,拔城者不得其封,不是姓项的得不到重用。全天下都反对他,贤士们都怨恨他,不愿为他所用。所以说天下将归于汉王,这是坐这儿都能推算出来的。汉王发蜀汉,定三秦,涉西河,破北魏,出井陉,诛成安君,这些丰功伟绩,都不是人力可以办到的,而是上天赐给汉王的福气!如今汉王已占据敖仓之粮,塞成皋之险,守白马之津,阻绝太行要道,封锁蜚狐口,天下诸侯,归附得晚的,就只能灭亡在先了!大王您如果能率先归附汉王,则齐国还可得保全;不然,危亡就在眼前!"

之前,齐王就听说韩信将要攻打齐国,派了华无伤、田解将重兵在历下设防,抵御汉军。这次接受了郦生的游说,就派出使臣晋见刘邦,缔结盟约,并撤销历下战备,每日与郦生纵酒作乐。

韩信大军东进,还没过平原,就听说郦食其已经说降齐国。韩信打算停止前进。辩士蒯彻对韩信说:"将军接受的命令是伐齐,汉王虽然派专使说降了齐国,但并没有令您停止攻击啊!您干吗不进攻呢?况且郦食其一个儒生,凭区区三寸不烂之舌,下齐国七十余城。将军您以数万兵马,一年多才拿下赵国五十余城。做了这么多年大将,功劳还不如一个儒生吗?"

韩信被蒯彻说动,于是引兵渡河。

高帝四年（戊戌，公元前203年）

1 冬，十月，韩信击破齐国历下军，齐国毫无防备，韩信直接就打到了临淄城。齐王认为郦生出卖他，将郦生烹杀后，带兵逃到高密，派使者向楚求救。田横逃到博阳，守相田光逃到城阳，将军田既驻军胶东。

【华杉讲透】

蒯彻用郦生下七十余城和韩信下五十余城来做功劳大小的比较，是毫无道理的，没有韩信大军虎视眈眈，郦生的三寸不烂之舌，又怎能说下齐国？

蒯彻说刘邦没有命令停止军事行动，就可以进攻，这叫自欺欺人。人欲欺人，必先自欺，欺得自己都信了，就可以欺别人。韩信上欺刘邦，中欺齐王，下欺郦食其，还欺了那么多无辜流血牺牲的士兵和遭受兵祸的百姓，这罪恶有多大！

正如郦生所说，天下人心未定，不知道天下将归谁，但是，这些个未定的人心，可不一定是在归楚还是归汉之间做摇摆，还有更多的野心家，比如蒯彻，他想做一个造王者，他选中的造王坯子，就是韩信，他想鼓动韩信与楚汉争天下，这是第一步而已。

那韩信有没有争天下的野心？准确地说，没有！如果有野心，就会有一以贯之的长期战略，而他显然没有。他也是心不定，没搞清楚自己到底要什么，就是时不时地想多要一点。这样为人臣子，是最可怕的，害主害己。

韩信不是纯臣，他的私心太重。他以没接到停止军事行动的命令为理由，撕毁了刘邦和齐王的盟约，又害死了郦食其，把已经归属于刘邦的齐国，以牺牲齐汉两方士兵的生命为代价，变成了他的"功劳"。这时候，已经埋下了他之后被杀的祸根。

经济学上有句话叫："不确定性是经济的大敌。"这句话可以套到所有事上，郦食其说"天下人心未有所定"，也可以说，不确定性是政治的大敌。对于我们自己做人做事呢，不确定性是做人的大敌。如果你自己心不定,不知道自己要什么;或者别人觉得你这人心不定,不知道你要干什么,那都是大祸。韩信就是不确定性,所以刘邦最后只能把他杀了,盖棺论定。

2 楚军大司马曹咎守成皋,汉军数次挑战,曹咎记得项羽临行的反复叮嘱,坚壁不出。汉军派人在营外对他进行百般辱骂,数日之后,曹咎终于不胜其怒,率军出营,渡汜水攻打汉军。可楚军渡河刚渡了一半,汉军就出击,大破楚军,曹咎、司马欣在河边挥剑自刎。刘邦引兵渡河,重新占领成皋,并缴获楚国的大批金玉财宝和战略物资。之后,刘邦驻军广武,就近以敖仓粮草为食。

【华杉讲透】

曹咎此败,是兵法教科书式的失败。一是他忘了"本谋",也就是他的初心,他接受的军事任务,是守住成皋,等项羽回来,而不是和汉军作战。二是他忘了《孙子兵法》的原则:"主不可怒而兴师,将不可愠而致战;合于利则动,不合于利则止。怒可以复喜,愠可以复悦,亡国不可以复存,死者不可以复生。故明君慎之,良将警之,此安国全军之道也。"曹咎就中了对方的激将法,愠而致战,结果全军覆没。三是他忘了地形原则,当两军隔河对峙,这种地形,在《孙子兵法》里叫支形。什么叫支形呢?"我出而不利,彼出而不利,曰支。"谁先出动,就对谁不利,这就叫支形。比如两军之间相隔一个峡谷,谁去攻打,都要先经过峡谷,再去仰攻对方阵地,那肯定吃大亏啊。或者两军隔河对峙,谁要进攻,都得渡河,这就给了对方半渡而击的机会,所以谁都不想先进攻。"支形者,敌虽利我,我无出也,引而去之,令敌半出而击之利。"处于支形,敌人无论怎么引诱我,我也不出击。如果要动,那我就往后撤,引诱敌人来追我,等他渡河渡一半,我杀一个回马枪,来一个标准战术——半渡可击——就把敌人消灭在河里了。

成皋之战,曹咎犯的都是最低级的错误,而且是项羽临行时反复叮嘱他不要做的,也是兵法上写得特别明确典型的。而此战的结果,给楚国带来了灾难性的打击,也改变了整个战局。所以他和司马欣都没脸见项羽,只能自杀了。

项羽攻下魏地十余城，听说成皋失守，即刻回师。汉军正将钟离昧包围在荥阳东，听说项羽回来，即刻解围，各自占据险要地形，严阵以待。项羽也驻军广武，与汉军对峙。对峙数月，楚军粮少，项羽很忧虑，于是做了一个大砧板，把刘邦的父亲刘太公放到上面，派人告诉刘邦说："如果不投降，我就烹了你爹！"刘邦回复："当初我和你都北面受命于怀王，约为兄弟，我爹就是你爹，如果你一定要把你爹烹了，也分我一碗肉汤。"项羽大怒，要把刘太公杀了。项伯说："天下大事如何，不可预料。况且夺天下的人，根本不会顾家，杀他也没意义，只会给自己招祸。"项羽听劝，便不杀了。

项羽对刘邦说："天下汹汹数年，就是因为咱们两人相争罢了，不如咱们俩单挑，决一雌雄，不要害了天下父子兄弟的性命。"刘邦笑了，谢绝说："我宁愿斗智，不愿斗力。"

项羽派三个壮士出阵挑战，都被汉军神射手楼烦射杀了。项羽大怒，亲自披甲持戟挑战，楼烦想要射他，项羽怒目圆睁，大声呵斥，楼烦心惊胆战，目不敢视，手不敢发，转身退下战壕，再也不敢出来。刘邦派人查问敌将是谁，知道是项羽后，大惊。

于是项羽和刘邦亲自见面，相约在广武涧，隔着深涧喊话。项羽又要求单挑，刘邦数落项羽的十大罪状，说："你背负怀王的约定，把我贬逐到蜀、汉，这是罪一；矫杀卿子冠军宋义，这是罪二；受命救赵，不还师回报怀王，而是擅自裹胁诸侯兵入函谷关，这是罪三；烧秦宫室，掘始皇帝坟墓，私收秦国财宝，这是罪四；杀秦降王子婴，这是罪五；在新安坑杀秦军降卒二十万，这是罪六；把好地方都封给跟随自己的将领，把之前的诸侯王贬到偏远地方，这是罪七；把义帝撵出彭城，自己占为首都，夺韩王土地，又吞并魏国、楚国，都归自己，这是罪八；派人阴谋杀害义帝于江南，这是罪九；为政不能公平，主约不守信用，天下不容，大逆不道，这是罪十。我堂堂正义之师，团结各国诸侯，诛灭残贼，派刑余罪人来打你就行了，怎么还用我亲自上阵？"

项羽大怒，埋伏的弓箭手射中刘邦。刘邦被射中胸部，却弯身抱着脚说："浑蛋射中我的脚趾！"

刘邦箭伤严重，卧床不起。张良要刘邦强撑着起来，到军中慰问劳军，以免军心动摇，被楚军乘胜攻击。刘邦劳军之后，伤势更重，于是返回成皋休养。

3 韩信平定临淄，于是东追齐王。项羽派龙且率二十万兵力去救齐，与齐王合军高密。有谋士对龙且说："汉兵远斗穷战，其锋不可挡。齐、楚士兵在本国境内作战，容易败散。不如深沟高垒，不跟他战，令齐王派使者招呼策反那些已经投降的城池。他们听说齐王还在，又有楚军来救，一定会反汉。汉军两千里来，客居齐地，齐国城池皆反，他就征不到粮草，可以不战而降也。"

龙且说："我平生知韩信为人，没什么本事，寄食于漂母，没有养活自己的能力；受辱于胯下，没有一点男人的勇气，不足畏也。况且我现在救援齐国，不战而降之，我有什么功劳呢？战而胜之，大王还可能把齐境的一半封给我！"

【华杉讲透】

宾客所言，又是《孙子兵法》标准战术，他所说的败散之地，源于《孙子兵法·九地》："诸侯自战其地，为散地……入人之地深，背城邑多者，为重地。"意思是，在自己国境内作战，叫散地；深入别国国境，叫重地。所以，齐楚两军在散地，汉军在重地。散地的作战原则是什么呢？孙子说"散地则无战"，就是深沟高垒，便不跟他战。散地的散，是士卒人心散，只要野战不利，就一哄而散，各自跑回家了，因为在自己国境，回家太容易了，你管不住逃兵。所以全部深沟高垒，百姓也全部进城，坚壁清野，粮草都带进城，带不进的烧掉。让侵略者找不到粮草物资。

汉军则相反，他们在重地。《孙子兵法》说"重地则掠"，他们离家远，粮草运不上来，就要到处抢掠。敌军把物资都带走或烧掉了，他就找不到吃的。敌军深沟高垒不跟他战，只派出小股骑兵破坏他的交通线，等他自己有军粮运来了，就给他抢了或烧了。他饿得时间长了，就只能退兵，他一撤退，敌军就去追击，击其惰归，可获全胜。

这个就是标准战术，楚汉对峙，刘邦就一直用这一招跟项羽耗。这边刘邦占着敖仓，以饱待饥，那边彭越的游击队天天破坏楚军的交通线和基础设施，让他粮草供应不上来。

军事原则是简单明了的，难的是始终按原则去办。龙且一句话，说出了两个他不按原则办的原因：一是轻敌，他瞧不起韩信，认为韩信"易与耳"，好对付，以前的丰功伟绩，那是因为他没碰上我；第二个原因，是私心，是贪心，他认为不战而胜，就没有他的功劳，他就不能封王，所以要打。

军事如此凶险，我们全力以赴追求的，不是必胜，而是不败。确保不败，或许能胜，这是原则。龙且不仅追求全胜，而且追求战果利益最大化，要"最优解"，这样一厢情愿，就违背了基本军事原则，后果就很严重了。

十一月，齐、楚与汉夹潍水而陈。夜里，韩信派人用一万多个口袋，装满沙子，堵塞了河水的上游，形成堰塞湖。然后引军渡河，攻打龙且。渡河渡了一半，假装败走。龙且大喜，说："我早就知道韩信是个胆小鬼！"于是追击。韩信派人毁去上游水坝，大水冲下来，龙且军大半不得渡河。韩信即刻回头，击杀龙且。未来得及渡河的齐军纷纷散走，齐王田广也逃跑了。韩信一路追到城阳，生擒了齐王田广。汉将灌婴追击俘虏齐守相田光，进军博阳。田横听说齐王死了，便自立为齐王，还师攻击灌婴，灌婴败田横于嬴下。田横逃往大梁，投奔彭越。灌婴攻击齐将田吸于千乘，曹参击田既于胶东，皆杀之，于是平定齐国全境。

4 刘邦立张耳为赵王。

5 刘邦箭伤痊愈，返回关中，抵达栎阳，在栎阳街市将已经死掉的塞王司马欣枭首示众。刘邦在栎阳停留四天，又重返前线，驻军广武。

6 韩信派人对刘邦说："齐国是伪诈多变的反复之国，南边又有楚国，请大王任命我为假王以镇之。"刘邦拆开使者递上来的书信，大怒说："我困在这里，旦暮盼望他来辅佐我，他倒是着急自立为齐王！"张良、陈平踩踩刘邦的脚，附在耳边说："如今汉军形势不利，韩信就算要自立为王，咱们拦得住吗？不如顺水推舟，就立他为齐王，让他至少保持中立，不然，还会生变故。"刘邦自己也醒悟，又骂："大丈夫平定诸侯国，要做就做真王，做什么假王呢！"春，二月，派张良带印信立韩信为齐王，并征调他的兵马到广武前线击楚。

7 项羽听说龙且战死，大惧。派盱眙人武涉去游说齐王韩信说："天下共苦秦久矣，相与戮力击秦。如今秦已破，计功割地，分土而王之，以休刀兵。而汉王又重新兴起兵马，引兵而东，侵夺他人已经分封的土地，击破三秦，引兵出关，收诸侯之兵以击楚，他的意图，不尽吞天下，是不会罢休的，其贪得无厌之状如此！况且汉王这个人，绝对不可信赖，他数次落入项王掌握之中，项王可怜他，他才得以活命。然而他一旦得以逃脱，马上背约，重新攻击项王，由此可见他的不可亲信。足下虽然自以为是汉王的厚交，为他尽力用兵，但最终也会成为他的阶下囚。足下之所以今天还在，是因为项王尚存。当今二王之事，权势的天平，就在您身上。足下右投则汉王胜，左投则项王胜。足下与项王也是故交，何不与项王联合，三分天下而王之！现在放弃这样的选择，而自以为一定要为汉击楚，这不是智者的选择呀！"

韩信谢绝说："当初我臣事项王，官不过郎中，位不过执戟，言不听，计不从。汉王授我上将军印，给我数万兵马之众，把衣服脱下来给我穿，把自己的食物推给我吃，言听计用，所以我才能走到今天。别人对我这么亲信，我却背叛他，那是不祥之事，我至死也不会背叛汉王！请您替我谢谢项王的好意！"

武涉走了，蒯彻知道天下的关键在韩信身上，就用相面术来游说韩信，说："我相您的面，不过封侯，又危险不安；相您的背，则贵不可言。"韩信问："此话怎讲？"蒯彻说："天下发难，大家的初心，都是灭秦而已。如今秦已灭，却又有楚汉纷争，让天下人肝胆涂地，父子骸骨暴于中野，不可胜数。楚人起于彭城，南征北战，战胜逐北，席卷天下，威震四海，可是却兵困于京县和索城之间，迫于西山，一步也不能前进，至今已三年了。汉王呢，将十万之众，据守巩县和洛水，坐拥山河之险，一日数战，却无尺寸之功,部队作战失败,他也自保不及,无法相救。这两人,一个是勇者,一个是智者,却都给困住了,动弹不得。最苦的是百姓,精疲力竭,怨声载道,无所归依。依我看来,非天下贤圣之士,不能平息这天下之兵祸。如今刘、项两主的命运,就悬于足下。足下为汉则汉胜,为楚则楚胜。如果您能听我的建议,不如和双方都保持友好关系,三分天下,鼎足而立,那就谁也不敢先动手了。以足下之贤圣,有甲兵之众,据有强齐,联合燕、赵,出空虚之地而制其后,西向为百姓请命,则天下风走而响应,谁敢不听!这时候,割裂大国,削弱强国,重新分配土地以立诸侯,诸侯已立,天下服听,而归德于齐。以齐国的地势国力,据有胶水、泗水流域,您只须深拱揖让,则天下之君王都相率而朝于齐矣!古话说:'天与弗取,反受其咎;时至不行,反受其殃。'上天赐给你的,你不取,就反倒要受上天的惩罚;时机到了,你不行动,就反而要遭祸。希望足下认真考虑!"

【华杉讲透】

蒯彻说的,名为三分天下,实际上是要韩信先反刘邦,后取天下,"西向为百姓请命"。刘邦在西,项羽在南,韩信在东,他要挥师向西,当然是打刘邦。刘邦主力部队在关中本土的东南,和项羽对峙,他的后方空虚,蒯彻要韩信"出空虚之地而制其后",出的是刘邦的空虚,不是项羽的空虚,制的是刘邦的身后,不是项羽的身后。他是要韩信夺取关中,称霸天下。因为韩信态度不明确,他不直接说出来,但是也说得非常赤裸裸了。

不过,他的战略不成立,所以韩信不听。蒯彻战略的第一个前提就是"从燕、赵",联合臧荼、张耳。那臧荼、张耳的任务,本身就包括监视牵制韩信,他们怎么可能跟韩信干呢?把老板从刘邦换成韩信,对他们有什么好处?第二个前提也不成立,那函谷关也不是想打进去就打进去的。恐怕韩信今天举事,明天脑袋被谁砍了都不知道。至于天下百姓的心愿,大家都盼着楚汉相争快点出结果,谁愿意再跟一个大王来争天下。这不是息天下之祸,是祸上加祸。

韩信说:"汉王对我有厚恩,我怎么能见利忘义呢?"

蒯彻说："当初张耳、陈余在做小老百姓时，是刎颈之交，生死兄弟，后来，因为张黡、陈泽之事起矛盾，张耳将陈余斩杀在泜水之南。这两人之前的关系，可以说是全天下最好的了，为什么最后发展成不共戴天的仇敌呢？就是因为欲望无穷，人心难测。如今您和汉王之间的忠信程度，恐怕赶不上张耳、陈余之前那种程度吧？但是你们之间的利害关系之大，可比张黡、陈泽那点事儿大多了。您认为汉王不会危害到您，那也是天大的误判！我再给您举个例子，越国大夫文种，拯救了即将灭亡的越国，成就了勾践的霸主地位，结局怎么样呢？还是被勾践杀了。这是野兽尽而猎狗烹啊！您和汉王的关系，从朋友感情来讲，比不上张耳之于陈余；从君臣忠信来讲，比不上文种之于勾践。这两人的命运摆在前面，我希望您更加深思熟虑！我听说：'勇略震主者身危，功盖天下者不赏。'如今您正是拥震主之威，挟不赏之功。您归附于楚，楚不敢信；归附于汉，汉人震恐。足下往哪里去呢？"

韩信说："先生您不要再说了，我会考虑的。"

过了几天，蒯彻又说："做大事，要能听善谋，把握时机。如果不善于听取意见，不善于把握时机，那很少有能长治久安的。所以智慧的关键在于决断。疑虑重重，是最有害的，为了一些细枝末节，而看不清天下的大势，心里明白了道理，却不敢决断和行动，那是百事之祸！大功难成，而失败很容易；时机难得，而失去很容易。机不可失，时不再来！"

韩信犹豫，不忍心背叛刘邦，又自以为功多，刘邦怎么也不会把自己的齐国夺走，于是谢绝蒯彻。蒯彻于是逃亡而去，假装疯癫，在街头给人卜卦为生。

【华杉讲透】

韩信之病，私心太重。私心太重，就患得患失，就趋利避害，有利必趋，有害必避。他不忍心背叛刘邦，归根结底是为了保住自己的利益，不愿意冒风险。但是，他又不能诚心诚意为刘邦效力，总是端着自己的本钱要挟老板。这齐国本来是他害死了郦食其，逼着刘邦给他的，他怎么能认为是自己的功劳呢？私心蒙蔽了他的判断，就成了一厢情愿。

8 秋，七月，立英布为淮南王。

9 八月，北貉国和燕国分别派来枭骑兵助汉。

10 刘邦下令，军士不幸战死的，由政府负责丧服棺材，运送回家。这项政策，让四方百姓都归心于他。

11 这一年，以中尉周昌为御史大夫。周昌是周苛的堂弟。

12 项羽自知帮助自己的人不多，粮草将尽，韩信又进兵击楚，项羽很忧虑。刘邦派侯公游说项羽，请他归还太公。项羽于是与刘邦签署和约，中分天下，割鸿沟以西为汉，以东为楚。九月，楚送还太公、吕后，引兵东撤。刘邦也准备西撤。张良、陈平说："汉已经有天下大半，而楚军兵疲食尽，这正是天亡之时。这时候不追击他，就是养虎遗患。"刘邦醒悟，挥师追击！

卷第十一　汉纪三

（公元前202年—公元前200年，共3年）

主要历史事件

垓下之围　052
项羽自刎　053
刘邦称帝，定都洛阳　054
田横五百士　056
娄敬说服刘邦迁都长安　058
张良辟谷求仙　059
韩信被疑谋反，降为淮阴侯　061
匈奴冒顿杀父，自立为单于　067
冒顿迅速崛起　069
白登之围　073
刘邦正式迁都长安　075

主要学习点

不懂得发挥众人的力量，注定会失败　054
百战百胜，就会灭亡　054
要比自己"应得的"拿得少，才能有和平　060
囚徒的困境，先下手为强　067
人的一切行为都是条件反射　068
修礼者王　072
老板要下属的忠诚，下属要老板的尊重　074
上兵伐谋，排场就是气场　076

太祖高皇帝中

高帝五年（己亥，公元前202年）

1 冬，十月，刘邦追项羽至固陵，与齐王韩信、魏相国彭越约期会师击楚，两个人都不来！楚军攻击汉军，大破之，刘邦只得又坚壁自守。对张良说："诸侯不从，咋办？"张良说："楚军马上就要被击破了，二人还没得到新的封地，所以故意不来。君王如果能与他们共享天下，他们马上就来。韩信立为齐王，不是您的本意，他自己心里也不踏实。彭越本来有平定魏地之功，君王您因为魏豹的缘故，拜彭越为魏相国。如今魏豹已死，彭越也盼望着该他做魏王，而您没有早点把这事定下来。如果今天您能把从睢阳以北到谷城的土地，全部割给彭越为王；把陈以东一直到海边的土地给韩信。韩信老家在楚，他一定想得到家乡土地。只要把这两片土地许给二人，他们一定各自为自己而战，楚国就容易攻破了。"刘邦同意。于是韩信、彭越马上就带着兵马来了。

十一月，刘贾向南渡过淮河，包围寿春，派人诱降楚大司马周殷。周殷叛楚，以舒城的部众攻击六县，屠城。集结九江兵马，迎接英布，又一起攻破城父，屠城，然后与刘贾会合。

十二月，项羽到垓下。兵少，食尽，与汉战不胜，退入壁垒固守。汉军及诸侯各军将项羽重重包围。项羽夜里睡觉，听到四面的汉军中都唱起了楚歌，大惊失色，说："汉军已经攻下楚地了吗？为什么军中这么多楚人？"不能安枕，起来在帐中饮酒，慷慨悲歌，泪流满面，左右都哭成一团，哭得抬不起头来。于是项羽跨上他心爱的名叫"骓"的骏马，率领麾下壮士八百余人，当夜从包围圈南部突围逃走。到了天明，汉军才察觉，令骑兵将领灌婴率五千骑追击。项羽渡过淮河，此时身后的卫士还剩一百余人。到阴陵后，一行人迷了路，就向田里一个老农问路。老农故意骗他说："左。"于是项羽等人往左走，陷到了沼泽地里，因此被汉军追上。

项羽于是转头向东走，到了东城，身边只有二十八骑，汉军骑兵追上来的有数千人。项羽自忖跑不掉了，对身边的骑士们说："我起兵至今，八年了，身经七十余战，未尝败北，于是霸有天下。但是今天居然被困在这里！这是天要亡我，非战之罪也！今天固然是要死在这里了，愿为诸君快意一战！一定突出包围圈，斩杀敌将，砍倒敌军军旗，让诸君知道，是天要亡我，非战之罪也！"于是将手下二十八骑分为四队，四面冲杀。此时汉军重重包围。项羽对骑士们说："我为公等取敌将人头一个！"于是下令四队骑兵从四个方向冲杀，约定越过山岭后，在山岭东侧分三处会合。

项羽大声呼喊着冲下来，汉军不敢争锋，纷纷后退。于是项羽斩杀汉将一名。这时，郎中骑杨喜追项羽，项羽瞪圆眼睛呵斥他，杨喜吓破了胆，连杨喜的马都被吓坏了，慌忙退避好几里地。项羽之前跟手下骑士们约了三个集合点，现在三处都有楚骑，汉军不知道项羽在哪一处，于是分兵为三，把三处都包围起来。项羽再飞马攻向汉军，又斩杀汉军一个都尉，杀数十百人。三处骑士重新集合起来，只损失了两人而已。项羽对大家说："怎么样？"骑士们都伏身在马上敬礼说："正如大王所言！"

于是项羽准备东渡乌江，乌江亭长把船靠好，等项羽上船，说："江东虽小，地方千里，人口数十万，也足以称王，愿大王赶快渡江。如今只有臣有船，汉军到了，无船可渡。"项羽笑道："天要亡我，我还渡江做什么呢？当初我带了家乡八千子弟渡江西进，如今没有一个人能回去。就算江东父兄可怜我，让我称王，我有什么面目见江东父老呢？就算他们嘴上不说，我自己能无愧于心吗？"

于是将自己所乘的骓马送给亭长，令他的部下都下马步行，持短兵器接战。项羽一个人斩杀的汉军士兵有数百人，身上也中了十几箭。这时候看见汉军骑兵司马吕马童，说："这不是老朋友吗？"吕马童仔细看他，指给郎中骑王翳说："这就是项王！"项羽又说："我听说汉王悬赏千金买我的头颅，并封万户，我这头，就送给你吧！"于是自刎而死。王翳取了项羽的头，其他骑兵争夺项羽尸身，相互残杀致死的有数十人。最后，杨喜、吕马童及郎中吕胜、杨武各抢得一块。五个人把尸块合起来，刚好拼成项羽的身体，于是分割原来悬赏的万户封地，分给五个人，每个人都封侯。

楚地全部平定，唯有鲁继续抵抗。刘邦引天下兵马准备屠城。到了城下，听到城里传出弦歌和琅琅读书声，原来这是礼仪之邦，为主死节。于是汉军持项羽头颅展示给鲁国父兄看，鲁地这才投降。刘邦以鲁公的礼仪安葬项羽于谷城，亲自为他发丧，哭之而去。对整个项氏家族都不诛杀，封项伯等四人为列侯，赐姓刘。被掳掠在楚的各国人民，都让他们回乡。

【司马迁曰】

项羽起自田野间，三年之内，就率领五国诸侯灭秦，分裂天下而封王侯，政事都由项羽决定。他的地位虽然不能有始有终，但他取得的功绩，也是近古以来从未有过的。但是，到了他放弃关中制天下的形势，而思念楚国故乡，又放逐义帝而自立，这时候再抱怨诸侯背叛自己，那就没有道理了。自以为英名盖世，无所不能，奋其私智，而不尊重故人的经验智慧，以为霸王之业，可以力取。五年之内，就亡国身死。这时候还不觉悟，不自责，说："天亡我，非用兵之罪也！"这不是荒谬吗？

【扬子法言】

有人问，项羽垓下临死前说："天亡我也！"是这样吗？我说："汉王是群策群力，用大家的智慧，充分发挥大家的力量。项王呢，他是厌恶群策，厌恶别人的智慧，他全靠自己的力量。屈人者克，自屈者负，能充分发挥大家力量的，攻无不克；就自己一个人发挥的，必定失败，这跟上天有什么关系呢？"

【华杉讲透】

项羽临死还在自夸他的百战百胜，未尝败绩。但是，《孙子兵法》早就说了："百战百胜，非善之善者也。"李克对魏文侯说："数胜必亡。"百战百胜，就会灭亡，因为数胜则主骄，数战则民疲，以骄主率疲民，怎能不亡？又有吴起兵法说："天下战国，五胜者祸，四胜者弊，三胜者霸，二胜者王，一胜者帝。是以数胜得天下者稀，以亡者众。"

可见自古兵法，都厌恶百战百胜，怎么不是战之罪呢？百战百胜就是罪！因为你百战百胜了，还在打！证明你的胜利，没有质量，没解决问题，兵越打越少，最后败一次，就输光了。

兵法讲究的，是"一战而定"，胜而不定，则胜利无意义。项羽百战百胜，刘邦屡败屡战，最后一战而定。

2 刘邦回程，到了定陶，又飞车驰入韩信军营，夺了他的兵权。

3 临江王共尉拒绝投降，刘邦派卢绾、刘贾攻击，俘虏了他。

4 春，正月，将齐王韩信改立为楚王，封地为淮北，定都下邳。封魏相国建成侯彭越为梁王，封地为魏国故地，都城在定陶。

5 刘邦下令说："天下兵马不休八年，百姓非常痛苦，如今天下无事，大赦天下，死罪以下，全部赦免。"

6 诸侯王都上书请尊刘邦为皇帝。二月三日，刘邦在汜水北岸筑坛称帝，即皇帝位，王后改称皇后，太子改称皇太子，追尊先母为昭灵夫人。

下诏说："之前的衡山王吴芮，以百粤部队，辅佐诸侯，诛灭暴秦，有大功。诸侯立他为王。但是，项羽侵夺他的土地，将他贬为番君。如今，重新封吴芮为长沙王。"

又说："之前的粤王无诸，数代供奉粤国祭祀，秦国侵夺其土地，使其社稷不得祭祀。诸侯伐秦，无诸身率闽中兵辅佐以灭秦，项羽却将他废而不立。如今立无诸为闽越王，以闽中为他的封地。"

【王夫之曰】

刘邦初即皇帝位，未封子弟功臣，先封了长沙王吴芮和闽越王无诸，这就是"大略"。这两人，并非有功于灭项者，而是有功于灭秦者，以天下之功为功，而不是助我灭项之功为功，这就是"大公"。楚汉相争于北方，南方无事，久于安则乱易起，立王以镇抚之，这是"制乱于未乱"。以项羽宰天下而分配不公为罪而讨伐他，然后反其道而行之，首先赏赐那些并不明显的功绩，这是《易经》说的："不遐遗，得显于中行。"不遗漏偏远的地方，公正的行为得到推崇。高祖如此之政治智慧，张良也想不到这么周全，更不用说萧何、陈平了。治理天下的人，出手总在人们考虑不到的地方，看起来似乎是绕了好大弯子，实际上却正切中人心，这就叫"不测"之天威。

7 皇帝定都洛阳。

8 夏季，五月，部队都解散，士兵们各自回家。

9 刘邦下诏说："过去，人民为了自保，相聚山林鱼泽，为数甚多。如今天下已定，应该各归故乡，恢复以前的爵位、田地、房屋。地方官吏将法令政策晓谕通告他们，不可鞭打侮辱退伍军人，有封爵在七大夫以上的，由政府供应生活费用。七大夫以下爵位的，免除他个人和全家的赋税和劳役。"

【王夫之曰】

秦、项已灭，兵罢归家。为什么刘邦解散军队和安置退伍军人这么容易呢？因为他用的是巴蜀、三秦和九江、齐、赵的兵，而仗都没在这些兵的家乡打，没有糜烂他们的家乡，没有侵扰他们的家园，在当地也没有血债仇恨，所以仗一打完，各回各家就解决了。后世夺天下，用的都是无家可归的流民，那流民武装，战胜之后要解散安置，就困难重重。

高祖又下令相聚山林者各自回家服其爵位田宅，无所侵伤于民，又禁止其相互仇杀，这样就把其他散兵游勇也迅速安抚了。高祖刚刚坐天下，就迅速地处理这些事，让国不靡，农不困，兵有所归，这就是他的大略啊！

10 皇帝在洛阳南宫设宴与群臣饮酒，说："各位侯爷、将军，诸位不要隐瞒，老老实实告诉我，我为什么能得天下，项羽为什么会失天下？"高起、王陵说："陛下派人攻城略地，攻下来就封给他，与天下共享利益；项羽则相反，有功劳的他要陷害，有贤能的他要怀疑，这是他失去天下的原因。"刘邦说："公等只知其一，不知其二。运筹帷幄之中，决胜千里之外，我不如张良；镇守后方，安抚人民，供应军饷，不绝粮道，我不如萧何；率领百万之众，战必胜，攻必取，我不如韩信。这三个人，都是人杰，但是我能用他们，这就是为什么我能得天下。项羽有一个范增却不能用，这是他为我所擒的原因。"群臣心悦诚服。

韩信到了楚国，召来当初在河边洗衣时给他饭吃的老妈妈，赐给一千金。又召来当初被他钻过胯下的少年，封为中尉，对诸将说："这也是位壮士。当初他侮辱我的时候，我不能杀他吗？但是杀他又有什么意义呢？所以我才忍耐下来。"

11 彭越既受汉封，田横害怕被诛杀，带着他的徒众五百余人出海，住在一个小岛上。刘邦觉得田横兄弟曾经统治齐国，齐国贤者很多都归附他们，如今他在海岛上，如果不能归顺，以后恐怕会生乱。于是派使者赦免田横的罪名，召他来见面。田横谢绝说："臣烹杀了陛下的使臣郦生，如今听说他的弟弟郦商在汉朝为将，臣恐惧，不敢奉诏。"使臣还报。刘邦派人给都尉郦商下诏说："齐王田横将至，包括他以及他的人马侍从在内，如果你敢动他们一下，就灭族！"再派使者持节告诉田横对郦商的警告，说："田横来，大则封王，小则封侯。不来，一定派兵诛灭！"

田横无奈,只好带着两个随从,乘驿车前往洛阳。到了离洛阳三十里一个叫尸乡的驿站,田横对使者说:"人臣见天子,应该沐浴。"于是停留下来,对他的随从说:"当初我和汉王,都是南面称孤,他是王,我也是王。如今他是天子,我是亡命天涯的俘虏,北面侍奉他,这耻辱已经很大了。况且我杀了郦商的哥哥,如今又和他并肩侍奉他的君主。就算他畏惧天子诏书,不敢动我,我能无愧于心吗?如今陛下要见我,不过是想看看我长什么样子罢了。现在斩了我的头,飞马三十里送去,面容未改,还可以看得清楚!"于是自刎,让随从捧着他的头,与使者飞马送去洛阳。刘邦见了,为之流泪说:"哎呀!他们起自布衣,兄弟三人相继为王,岂不贤哉!"于是拜田横的两位随从为都尉,发卒两千人,以王者之礼安葬田横。葬礼已毕,两位随从在田横墓旁自掘墓穴,自刎而死,追随田横于黄泉之下。刘邦听说后,大惊,认为田横的部下都很有贤德,剩下五百人还在海岛上,再派人去召。使者抵达,那五百人听说田横已死,全部自杀。

12 当初,楚国人季布在项羽手下为将,在战场上数次追杀刘邦,让刘邦受到非常大的惊吓和羞辱。项羽死后,刘邦对季布恨恨不忘,悬赏千金捉拿季布,有敢藏匿者,灭三族。季布只好剃光头发,脖子上挂着绳索,把自己卖给鲁国朱家为奴。朱家心里知道他是季布,假装不知,买下来,安置在田宅中,然后亲自到洛阳,找到滕公夏侯婴说:"季布有什么罪?为人之臣,各为其主,他做的都是尽自己职责的事。难道能把项氏的臣子全部诛杀吗?如今皇上刚刚得天下,却因为私人恩怨追杀一个人,心胸太不宽广了!况且以季布的贤能,如果逼急了,他北投匈奴,或者南走百越,把壮士逼走他乡,资助敌国,这不正是当年伍子胥掘楚平王坟墓而鞭其尸的原因吗?滕公您怎么不跟皇上说说呢!"夏侯婴于是抽空跟刘邦说了这话,和朱家教他的一模一样。刘邦心结解开了,赦免季布,召他来,拜为郎中。朱家则再也不跟他相见。

季布的同母弟丁公,也是项羽手下将领,曾经在彭城西追击刘邦,追到短兵相接的地步。刘邦急了,对丁公喊叫:"你我都是贤才,为什么不能相容呢?"丁公就把刘邦放过了,带兵回去。等到项羽灭亡,丁公来谒见刘邦。刘邦却在军中把他斩首示众，说："丁公为项王臣子而不忠，让项王失去天下的，就是这个人！以后为人臣者，不要学丁公！"

【司马光曰】

高祖从丰、沛之间起家以来，网罗豪杰，招降纳叛，投过来降过去的人多了去了，等到刚一即帝位，丁公就因为不忠而被杀，为什么呢？因为形势变了，之前是进取，现在是守成。当初群雄逐鹿之际，民无定主，来者不拒，这是适宜的。如今贵为天子，四海之内，无不为臣，如果不明礼义以示人，让为人臣者，还怀二心以谋利，那国家怎么能长治久安呢？所以断以大义，使天下都知为人臣而不忠者，就没有容身之处；而私下恩义相结者，就算他救了自己一命，仍然当他是不义之人。这样，杀一人而千万人惧，其谋虑之深远，子孙能有天下四百余年，也是他该得的了。

【王夫之曰】

以大义服天下者，以诚而已，没有听说用权术的。义，是发自内心的，不是以天下之名义。心里不安、不忍的，非要去做，还标榜以大义之名，还说那是天下大义，不顾人心和顺之理。高祖杀丁公的时候，难道真的忘了丁公饶他一命的恩德吗？要惩罚人臣之叛主，自己先叛了他活命之恩，还嚣然说是天下公义！这是借利为义，而自己起码的恻隐之心也丢了。

义，有天下大义，也有我心里的精义。心中的精义，是纯粹用自己的天良，以自己的喜怒恩怨，来报答或报复，而不杂以其他利益考量。为了让天下叛臣畏惧诛戮，而让自己的心违背恩怨的本怀，矫为自诬以收其利。三代以下，这一类以义为名，而实际是为了利，有悖天良的事，也太多了吧！丁公有罪，你不用他就是了，非要杀他不可吗？

13 齐国人娄敬在陇西戍边，从洛阳经过，解下车前横木上的挽索，穿着羊皮袄，托齐国人虞将军介绍，求见皇帝。虞将军要给他一身好衣服换上。娄敬说："我穿着帛衣，就穿帛衣见；穿着粗布衣，就穿粗布衣见；我是不会专门换衣服的。"于是虞将军报告刘邦，刘邦召见，问他有什么话要说。娄敬说:"陛下定都洛阳,是要和周室的隆盛相比吗?"刘邦说:"对呀!"娄敬说:"陛下取天下与周朝不同。周朝的先祖,从后稷被封在邰开始,传了十几代,到了太王、王季、文王、武王而诸侯逐渐归顺他们,于是灭殷朝为天子。到了成王继位,周公为相,才营建洛阳为都城。因为洛阳是天下的中心,诸侯四方纳贡述职,道路远近都差不多。洛阳的地势呢,有德则利于称王,无德则容易灭亡。所以周朝盛德之时,天下和洽,诸侯四夷无不宾服,纳贡尽职。到了周朝衰落的时候呢,天下诸侯都不来朝见,周朝也制服不了他们,不光是因为他的德薄了,也因为洛阳的军事形势太弱!如今陛下起于丰、沛之间,席卷蜀、汉,平定三秦,与项羽战于荥阳、成皋之间,大战七十,小战四十,让天下之民肝脑涂地,父子亲人的骨骸暴露于荒野的,不可胜数。哭泣之声未绝,伤夷者未起,却想和周朝成王、康王之时相比,臣以为不可比。况且秦国地势,被山带河,四面都是雄关要塞,就算突然有紧急军情,可以迅速集结起百万军队。因为秦国的土地,是资质甚美的膏腴之地,这正是天府之国。陛下可以重新入函谷关,定都于秦,就算天下有变,崤山以东全乱了,秦地还是完整的。跟人斗殴,不扼住对方的咽喉,不打击对方的背部,是不能全胜的。如今陛下占据了秦国故地,就像扼住了天下的咽喉而打击他的背部一样。"

刘邦和群臣商量,群臣都是山东人,不愿意住到陕西去,都争相表态:"周朝延续了数百年,秦朝两代就亡了,洛阳东有成皋,西有崤山、渑池,北有黄河,南有伊水、洛河,地理形势的险固,已经足以依恃了。"

刘邦问张良。张良说:"洛阳虽然也有一定的险固地势,但中心地区太小,纵横不过几百里,田地薄,四面受敌,不是用武之国。关中左有崤山、函谷关,右有陇、蜀,沃野千里;南有巴蜀的富饶,北有与胡人接壤的畜牧草原,背靠三面险阻,就留一面东制诸侯。若诸侯安定,则黄河、渭河漕运天下,西给京师;如果诸侯有变,顺流而下,军粮运输也不成问题,这正是金城千里,天府之国,娄敬说得对!"于是刘邦即日起驾西行,定都长安,拜娄敬为郎中,号奉春君,赐姓刘。

14 张良一向多病,跟随高祖入关之后,就学习仙家的导引吐纳之术,不吃谷物，闭门不出，说："我家世代为韩国国相，到了韩国灭亡，不惜花费万金家财，为韩国报仇，请力士刺杀秦王，使天下震动。如今以三寸不烂之舌为帝者师，封万户侯，这是布衣百姓能达到的极致了。我的心愿已足，只望抛开人间俗事，跟随赤松子游仙而去。"

【司马光曰】

凡是有生命的，一定会死亡，这就好像有夜晚必有天明一样，自古至今，没有人能超越生死规律，长生不老的。以张良的智慧，他当然不会不知道，神仙之事，是虚幻骗人的说法罢了。但是，他说他要跟赤松子游仙去，这是他超人的智慧。功名之际，是人臣最难处的。高帝所称道的三杰，韩信被诛杀，萧何被下狱，不都是因为已经到了美盛满溢的境界，还不停止追求的缘故吗？所以张良托故于神仙，遗弃人间，视功名为外物，置荣利而不顾，这正是所谓明哲保身者也。

【王夫之曰】

司马光说"明哲保身，子房有焉"，把张子房说低了。张良说："家世相韩，为韩报仇。"他本是汉的臣子，但他却说他的初心是为了报韩国之仇。他公开这样讲，并不怕高祖不高兴，这是忘身以伸志，光明磊落，坦然直剖心意于多疑天子之前，视汉之爵禄，轻如鸿毛，而非其所志。忠臣孝子，青天皎日之心，不知有荣辱，不知有利害，他哪里是预测到韩信、彭越的下场，而有全身而退之谋呢？

【华杉讲透】

张良之所以作出这样的选择，原因有两个。一是家世，家世很重要，他家世代为韩国公室、国相，如今万户侯的地位，并不比他当年高，所以他本身就不在乎。而韩信呢，从小苦大仇深，富贵就是志向，他就要不断探求富贵的极限，直到逼死自己为止。第二个，才是明哲保身的智慧，不过，在这类问题上，智慧还在其次，关键是价值观，正确的价值观就是我一定要比我"应得的"拿得少，错误的价值观是我一定要拿到我"应得的"。每个人都有不公平幻觉，你觉得你应得的，不是别人认为你应得的，这就会有冲突。功名之际，有什么难处呢？你不要那么多就是了。

<u>要和平，不要公平。要公平，就没有和平。</u>

从中国上下五千年，到今天的巴以冲突，不都是这个道理吗？

15 六月九日，大赦天下。

16 秋，七月，燕王臧荼造反，刘邦御驾亲征。

17 赵景王张耳、长沙文王吴芮都薨逝了。

18 九月，生擒燕王臧荼。九月三十日，立太尉长安侯卢绾为燕王。卢绾和刘邦住在同一条巷子，二人是同一天出生，刘邦厚待卢绾，别人都比不了，所以这次把燕国封给他。

19 项羽旧将利己造反，刘邦亲自率兵击破他。

20 闰九月，修建长乐宫。

21 项羽旧将钟离昧，之前和楚王韩信关系好。项羽死后，钟离昧逃亡，投奔韩信。刘邦听说钟离昧在楚国，下诏让韩信抓捕钟离昧。韩信刚到楚国就任，每次巡行县邑，都携带大批武装部队。

高帝六年（庚子，公元前201年）

1 冬，十月，有人上书告楚王韩信谋反。刘邦问诸将，都说："马上发兵，坑杀这小子！"刘邦默然不语，又问陈平。陈平说："有人上书说韩信谋反，韩信本人知道吗？"刘邦说："他不知道。"陈平问："陛下手下精兵，比楚兵强吗？"刘邦说："不能说比他强。"陈平接着问："陛下手下诸将，用兵有比韩信强的吗？"刘邦说："都不如韩信。"陈平说："陛下的兵不如楚兵，将不如韩信，却要举兵攻打他，这是逼韩信来战，我觉得这样对陛下您太危险了。"刘邦问："怎么办呢？"陈平说："古代有天子巡狩，到各地视察，会晤封国诸侯的惯例。陛下不妨宣称到云梦泽巡游，约各地诸侯到陈县会面。陈县在楚的西界，韩信以为天子无非是出来巡游作乐，势必无事，就不做防备，前来迎接拜谒，这时候陛下把他擒了，不过是一个力士的活儿罢了。"刘邦深以为然，于是派使者诏告各地诸侯，通知到陈县谒见，说："我将南游云梦。"使者出发，刘邦跟着也出发了。

韩信接到通知，十分怀疑惧怕，不知道怎么办。有人对韩信说："斩了钟离眛的头给皇上送去，皇上一定高兴，没事！"韩信听从。十二月，刘邦会诸侯于陈县，韩信带了钟离眛的头献上去，刘邦当场喝令武士将韩信绑了，载在后车带走。韩信说："果然像别人说的那样吗？'狡兔死，走狗烹；高鸟尽，良弓藏；敌国破，谋臣亡！'如今天下已定，我是该死了吧！"刘邦说："有人告你谋反！"于是将韩信戴上刑具，带回长安，又大赦天下。

田肯上书祝贺说："陛下抓捕韩信，又建都秦中。秦，是得形势之胜的国土，阻山带河，地势便利，以其向诸侯发兵，就像在高高的屋顶上面，翻倒一个水瓶一样顺势。而齐国呢，东有琅琊、即墨的富饶，南有泰山之险固，西有黄河天险，北有渤海之利，地方两千里，持戟之士百万，这是东边的秦国啊！不是皇上的亲儿子、亲弟弟，一定不能让他做齐王！"刘邦说："好！"赐金五百斤。

刘邦回程，到了洛阳，就释放赦免韩信，封他为淮阴侯。韩信知道刘邦嫉恨他的才能，经常称病不朝，也不跟着巡游，待在家里，非常郁闷，耻于跟绛侯周勃、灌婴等同列。韩信曾经到樊哙家去，樊哙跪拜送迎，自称臣，说："想不到大王您肯亲自到臣家来啊！"韩信出门，笑道："想不到我会跟樊哙为伍！"

刘邦曾经从容与韩信聊天，谈论诸将能将兵多少。刘邦问："你看我能将多少兵？"韩信说："陛下不过能将十万。"刘邦问："那你呢？"韩信说:"我没有限度,多多益善。"刘邦笑道:"多多益善,那你怎么被我擒了呢?"韩信说:"陛下不善将兵,但是善于将将,所以我被您擒了。况且陛下的本事,那是天授,不是人力啊。"

【华杉讲透】

韩信能将兵,刘邦能将将。韩信是管理才能,刘邦是政治才能。所谓能带多少兵,《孙子兵法》叫"治众如治寡,斗众如斗寡",指挥一百万人打仗像指挥三个人打架一样方便,像使唤自己的手臂一样,这靠什么呢?靠"分数"和"形名"。分数,是组织架构,战斗单位。几个人一个班?几个班一个连?师下面是就设团,还是中间要设置旅?军上面是不是有集团军,集团军上面是不是再有集团军群?这些都是问题。以最小战斗单位为例,自古当兵叫入伍,五个人是最小战斗单位。

形名,是指挥系统,形是视觉符号系统,令旗、旗语、狼烟等;名,是听觉符号系统,如金鼓。其他还有后勤组织、粮草供应、行军宿营,具体的问题就太复杂了。韩信的才干就在这儿。所以他说刘邦超过十万人就搞不定,他无所谓,多少都一样。刘邦的才能呢,在于政治和权术,所以韩信为他所擒。凡英雄者,称"雄才大略",韩信有雄才,刘邦有大略。王夫之评价刘邦,多次谈到他的大略。

2 十二月二十二日,刘邦开始给一批功臣剖符封侯。其中萧何封鄦侯,食邑最多。其他功臣发问:"臣等披坚执锐,多者身经百战,少的也几十战。如今萧何没有汗马之劳,就是拿着笔墨,发发议论,功劳反而在臣等之上,为何?"刘邦说:"你们知道打猎吗?追杀野兽兔子的,是猎狗;而发令指示猎物在哪儿的,是人。诸君上阵擒敌,那是功狗;萧何发令指示,是功人。"群臣这才不敢争论了。

张良也是谋臣,没有战功。刘邦让他自己在齐国挑三万户。张良说:"当初我在下邳起事,和陛下在留县相遇,这是上天把我交给陛下,陛下用我的计策,偶尔也有侥幸成功的时候,我能够得到留县做封地就够了,三万户,臣不敢当。"于是封张良为留侯。封陈平为户牖侯。陈平也推辞说:

"我没有那么大功劳。"刘邦说:"我用先生的计谋,战胜克敌,不是功劳是啥?"陈平说:"如果不是魏无知引荐,我怎么能见得到陛下呢?"刘邦说:"像你这样,真是不忘本啊!"于是重新赏赐魏无知。

3 刘邦认为天下初定,而自己的儿子们还年幼,兄弟又少,而秦国正是因为孤立无援才灭亡,于是决定大封同姓宗族为王,以镇抚天下。正月二十一日,将楚王韩信的土地一分为二,以淮河以东五十三县,封堂兄将军刘贾为荆王;以薛郡、东海、彭城三十六县封弟弟文信君刘交为楚王。二十七日,以云中、雁门、代郡五十三县封哥哥宜信侯刘喜为代王;以胶东、胶西、临淄、济北、博阳、城阳郡七十三县封给他发迹之前在外面情妇的儿子刘肥为齐王,凡是说齐地方言的地方都归齐国。

4 刘邦认为韩王信有武略,所称王的地方,北边与巩县、洛阳接壤,南边迫近宛县、叶县,东边有淮阳,都是军事重镇,对他不放心。于是以太原郡三十一县为韩国,把韩王信迁到太原以北,定都晋阳,让他戍边,防御匈奴。韩王信上书说:"韩国为北方边境,匈奴经常入侵,晋阳离边境太远,请求将首府北迁到马邑。"刘邦同意了。

5 刘邦已大封功臣二十余人,其余的人,日夜争辩功劳大小,决定不下来,还没有具体加封。有一天,刘邦在洛阳南宫复道上,远远看见诸将在沙地上坐着谈论,刘邦问:"他们在聊什么呢?"

张良说:"陛下不知道吗?他们正在谋反呢!"

刘邦说:"天下刚刚安定,他们为什么要谋反呢?"

张良说:"陛下起自布衣,靠着他们这些人,才得了天下。如今陛下为天子,所加封的,都是您的亲属和老友;所诛杀的呢,都是过去跟您有仇怨的人。如今军吏们各自计算自己和别人的功劳,怎么算,这全天下的土地,也不够让每个人都得到封地。这些将领怕您不能给每个人都封赏,又怕不知道什么时候得罪过您,被您随便找个罪名杀了,所以他们就聚在一起谋反!"

刘邦问："那怎么办呢？"

张良说："陛下平生所憎恨的，而且人人都知道您憎恨他的，是谁呢？"

刘邦说："雍齿和我有仇怨，多次让我窘迫受辱，我想杀他，只是念他功多，所以不忍心下手。"

张良说："那您就赶快先封雍齿，这样人人心里就都踏实了！"

刘邦于是摆酒，封雍齿为什方侯。并且催促丞相、御史，赶紧给每个人定功劳，行封赏。大家喝完雍齿的喜酒，都放心了，个个都说："雍齿都能封侯，我们肯定没问题了！"

【司马光曰】

张良是高祖的谋臣，委以心腹，知无不言，他怎么会知道群臣谋反还不报告，等着高祖亲眼见到诸将议论，问怎么回事，他才说话呢？因为高祖初得天下，多次以自己的爱憎来行诛戮赏赐，危害公平，群臣都有一种抱怨和惊惧的心理。所以张良因势利导，巧妙地改变刘邦的心意，让皇上没有以公济私的过失，群臣没有猜测疑惧的阴谋，安定国家，利及后世。像张良这样，真是善于进谏啊！

6 列侯都已封爵完成，又下诏，定一等功臣十八人位次。大家都说："平阳侯曹参，身上受伤七十多处，攻城略地，功最多，应该排第一。"谒者、关内侯鄂千秋说："群臣所说都不对！曹参有野战略地之功，但那都是一时之事，不是千秋万代之功。皇上和西楚相持五年，其间军队丧失，部队失散，只身逃亡，不知道多少次！而萧何总是从关中派遣生力军来补充，不用皇上诏令，几万人的新军就已经到了。皇上军粮短缺不知道多少回了，吃着上顿不知道下顿，而萧何转运关中，从来没让军粮断绝。陛下多次丧失了山东的土地，而萧何始终保全关中以待陛下，这都是万世之功。曹参这样的功臣，少一百个，对汉朝也没什么损失；就算是得到了曹参这样的人，国家也不是靠他得以保全。为什么要让曹参这样的一时之功，压倒了萧何那样的万世之功呢？我认为：萧何第一！曹参第二！"

刘邦说："好！"于是赐萧何"剑履上殿，入朝不趋"的特权。刘邦又说："我听说'进贤受上赏'。上等的赏赐，要给那推荐贤才的人。萧何虽然功高，但是是因为有鄂先生，才让我们大家都认识到！"于是就着鄂千秋原来的采邑，提升他为安平侯。当天，又封赏萧何全家父子兄弟十余人，都有食邑，又再给萧何加封二千户。

【华杉讲透】

剑履上殿，入朝不趋，是皇上给大臣的非常特殊的礼遇，萧何接受这个礼遇，是天大错误，天大遗憾。

剑履上殿，是上殿见皇上的时候，可以带剑，可以不脱鞋。入朝不趋。趋，是小步快走。我们见地位高的人，快步或小跑迎上前，这是表示谦卑的礼貌。那么入朝不趋，就是见皇上也可以慢吞吞踱着方步向前了。

这个礼遇，为人臣者，是绝对不应该接受的。如果给张良，他一定不接受。皇上高兴给你特殊礼遇，你不能都接着。因为他今天高兴，明天等你真的剑履上殿，入朝不趋的时候，他可能看着就不舒服了，而且每看见一次，就不舒服一次。

况且这"剑履上殿，入朝不趋"在历史上是非常不祥之事，一般都是权臣根本不把皇上放眼里了，准备取而代之了，逼着皇上给的，因为这待遇就相当于在礼仪上跟皇上平起平坐了。整个汉朝，有这个特权的都有哪些人呢？曹操、曹真、董卓、司马懿、萧何！所以萧何怎么能接受这个待遇呢？这就是摆不好自己的位置，这是他不知止的地方。后来刘邦对他倍加猜忌，给他造成很大危机，都是在接受"剑履上殿，入朝不趋"这一天埋下的祸根。

孔子说："唯女子与小人难养也，近之则不逊，远之则怨。"这就属于"不逊"，自己都不知道自己成了小人。我们和大人物关系亲密之后，很容易放松自己，把老板当朋友，跟老板开玩笑，当众喊领导小名来显示自己和领导关系特殊，这就是不逊，就会给自己找难受。因为即便老板没意见，别人也会嫉妒你，会进谗言——有缝的蛋，就会被苍蝇叮。《资治通鉴》后面还有很多类似的故事，我们把话头先留在这里。

历史智慧，很多是避祸保平安的"智慧"，这真是无可奈何的"智慧"，君臣都处在博弈论的"囚徒的困境"中,由于建立不了更好的博弈机制,就都要防着对方"先下手为强"。这确实让人难受,但是历史就是这样。出类拔萃之人,避祸保平安太难了,被防备,被嫉妒,尾巴一天不夹紧,就要被修理。萧何是幸运的,他后来只被修理了尾巴,而很多人都被修理了脑袋。

7 刘邦回到栎阳。

8 夏天,五月二十二日,尊太公为太上皇。

9 当初,匈奴畏惧秦国,向北迁徙十余年。等秦朝灭亡后,匈奴才稍稍南渡黄河,又回到河套地区。

单于头曼的太子,叫冒顿(音mò dú)。后来,头曼又宠爱新的阏氏(音yān zhī,相当于中国的皇后),生了一个小儿子。头曼想改立这个小儿子。当时,东胡部落和月氏部落都比较强盛,头曼就派冒顿到月氏做人质,然后迅速发兵攻打月氏,想借月氏之手杀掉冒顿。月氏果然要杀冒顿,冒顿偷了一匹骏马,逃亡回来了。头曼喜爱这儿子壮勇,让他统率一万骑兵。冒顿却已洞悉父亲之前的阴谋。

冒顿于是制作了一种鸣镝(就是响箭,射出时能凌风而鸣),以训练他的部下骑兵,下令说:"我的鸣镝射向哪里,所有人都必须马上射向哪里,有迟疑不射的,即刻斩首!"练了几回,一天,冒顿突然把鸣镝射向自己的骏马,有人迟疑不敢射,即刻被斩首。又一日,冒顿突然将鸣镝射向自己最宠爱的妻子,左右又有迟疑不敢射的,即刻被斩首。再一天,突然射向头曼单于的爱马,这时候没有一个人迟疑不敢射了,全都跟着射。于是冒顿知道训练成功。这一天,冒顿跟从头曼单于一起出去打猎,冒顿突然将鸣镝射向头曼,他的部众不假思索,万箭齐发,全部射向头曼,就这样杀死了头曼。冒顿又将他的后母、弟弟和所有不服的大臣全部诛杀,自立为单于。

【华杉讲透】

造反政变这样的大事,一个人是干不成的,必须有同谋。有同谋,就要跟人商量，一商量，就可能被出卖，会泄密。谭嗣同就是去找袁世凯商量，结果被袁世凯出卖，丢了脑袋。但是，冒顿没跟任何人密谋，一个人就完成了。

两千多年后，苏联心理生理学家巴甫洛夫提出了条件反射理论。巴甫洛夫用狗进行试验。狗看到食物，会分泌唾液。巴甫洛夫每次先摇铃，再给狗食物，若干次之后，不给食物，只摇铃，狗也会分泌唾液。

巴甫洛夫就提出一个理论，人的一切行为都是条件反射行为，根据刺激信号，作出反射。所以，不用去研究心理，因为心理都猜测出来的，没有实验，也没有数据。只有肌肉和腺体的反射，是可以测量、可以把控的。条件反射是可以训练的，本来是食物信号的刺激形成分泌唾液的反射，最后可以变成摇铃信号的刺激形成分泌唾液的反射。冒顿的鸣镝，就是巴甫洛夫的铃铛。

巴甫洛夫的第二个理论，是"刺激信号的能量越强，则反射越大"。冒顿如果只是射射兔子和狼，刺激信号的能量不够，达不到他要的行动反射要求，所以他不断加强刺激信号能量，从他的爱马，到他的爱妻，到父亲的爱马，最终完成条件反射回路的建立，射杀了头曼单于。

冒顿绕开了部下的心理和思想，不用做任何人的思想工作，直接谋求条件反射。这是一个非常创新的思想。1948年，美国科学家维纳提出《控制论》，这本书的副标题是"动物和机器中控制与通信的科学"。从方法论上，第一次把人和机器放在同一个概念体系来考虑，提出了可以自己学习的机器，可以自我繁殖的机器等概念。维纳被称为信息时代之父，他的思想就是今日机器学习、人工智能、机器人、人的永生等概念的基础。人的永生，就是把人的刺激反射回路从人的有机体中抽离出来，放到机器里去，所以有一句话叫"人会成为机器人的祖先"。而人工智能就是说，人其实没有什么"智能"，都是通过刺激反射的训练所习得的，所以也可以由机器来完成。这就是21世纪的显学。维纳用他自己发明的英文单词cybernetics来命名"控制论"，而不是用control。cyber是什么呢，就是我们今天说的赛博空间。人类是活在真实世界，还是活在赛博空间，这是大家经常讨论的话题了。

冒顿当然不知道这么多理论，但正如克劳塞维茨说："天才不需要理论，但是理论家需要天才，需要把天才的所作所为，发展成理论。"冒顿把他的部下训练成了机器人，让他们的世界里，没有现实，没有思想，没有立场，没有判断，只有条件反射。他把条件反射回路从人的大脑里抽离出来，实现控制，不控制思想，直接控制行为。

冒顿是个天才，以后刘邦要吃他的亏。

东胡听说冒顿新立，就派使臣来找冒顿要东西，说："想要当年头曼的千里马。"冒顿问群臣意见，都说："这是匈奴的宝马，不给！"冒顿说："和他国相邻怎么能舍不得一匹马呢？"于是给了。过了些日子，东胡又派使臣来，说："想要单于的一个阏氏。"冒顿又问左右意见，都说："东胡无道！居然敢要您的阏氏，请发兵攻击他！"冒顿说："和他国相邻怎么能放不下一个女人呢？"于是把他宠爱的阏氏送给东胡。东胡王更加骄傲。东胡与匈奴之间，有一片无人区，绵延一千余里，双方各设边防哨所。东胡又派来使臣说："这片无人区，也没什么用，希望划归我国所有。"冒顿又问群臣，群臣中有人说："这没用的土地，给他也行，不给也行。"冒顿大怒说："土地是国家之本，怎么能送人？"于是将所有说可以给的人全部斩首。冒顿上马，下令说："国中有延迟出发的，斩首！"于是挥师突袭东胡。东胡之前轻视冒顿，毫无防备，于是冒顿一战就灭了东胡。

从东胡回师，冒顿又向西击溃月氏，月氏人向西逃亡迁移。冒顿再向南兼并楼烦、白羊两个部落居住在黄河以南的部分，于是侵入燕、代，全部恢复了之前蒙恬侵夺的匈奴土地。将与汉朝的边界推进到河套以南诸要塞，从朝那到肤施，互相接壤。那时候，汉军正与项羽苦战，无暇北顾，所以冒顿得以迅速壮大，控弦之士三十万人，威服诸国。

这年秋天，匈奴将韩王信包围在马邑。韩王信数次派使者求和。汉政府发兵救韩，其间得到情报，怀疑韩王信有二心，于是派人责问。韩王信害怕被诛杀，以马邑投降匈奴。于是冒顿率军从马邑南下，越过句注山，攻击太原，前锋抵达晋阳。

10 刘邦取缔了秦朝所有的严苛礼仪，一切简易从事。群臣饮酒争功，喝醉了酒，有人大呼小叫，甚至拔剑击打柱子。刘邦觉得非常厌烦。叔孙通对刘邦说:"儒生虽然不能帮您进取,但是可以帮您守成。臣愿意征召鲁地的儒生,和我以及我的弟子一起,共同起草皇家礼仪。"刘邦问:"做起来会不会很难?"叔孙通说:"五帝不用一样的音乐,三王不用同样的礼仪,礼仪因时事、人情而变化。我将采纳古代的礼仪,再掺杂着秦朝的礼仪来综合制定。"刘邦说:"你可以试试,要选择大家容易知道,我也能够做到的,不要太复杂。"

于是叔孙通到鲁地征召儒生三十余人。有两个儒生不愿意参与,对叔孙通说:"你都侍奉了多少主子了?从始皇、二世、陈涉、项梁、楚怀王、项王,到今天的皇帝,都是阿谀谄媚,得到亲贵的位置。如今天下初定,死者还未下葬,伤者还未恢复健康,又要搞什么礼乐!礼乐之由起,是积德百年之后,才能兴起。我不忍去帮你做事,你快走吧,别玷污了我!"叔孙通笑道:"这真是迂腐不通的鄙儒,不知道时代的变化。"于是带着所征召的三十人回到长安,和皇帝身边有学问的近臣,以及自己的弟子百余人,在郊外搭上帐篷,反复演习。过了一个多月,对皇上说:"陛下可以去看看了。"刘邦视察了他们的整套礼仪流程,说:"这个适合我!"于是下令群臣练习。

高帝七年(辛丑,公元前200年)

1 冬,十月,长乐宫建成,诸侯群臣都来朝贺。天色未明之时,礼宾官主持礼仪,依照顺序,引领大家进入殿门,东西两边相对站立,御前侍卫武官沿着台阶布岗,并在庭院中守卫戒备,都手持兵器,旗帜招展。于是前方传声而唱:"皇帝驾到!"皇帝坐着御用的人力辇车缓缓而至。礼宾官带领诸侯王以下,年薪六百石以上官员,依次上前行礼道贺,气氛庄重肃静,诸侯百官无不敬畏振恐。行礼毕,摆上酒宴,大家弯腰低头,不敢仰视,以爵位高低,尊卑位次,依次起身向皇上敬酒。九次之后,礼宾官宣布朝会礼成:"罢酒!"其间有御史监督,发现有培训不到位、举动不符合礼仪的诸侯或官员,马上叫人带出大殿。于是整个朝会过程,没有一个敢大声喧哗失礼的。这一天结束，刘邦感叹说："我今天才知道皇帝的尊贵！"于是拜叔孙通为太常，掌宗庙礼仪，赐五百金。

当初，秦国得天下，综合了六国的礼仪，采择其中尊崇君王，压抑臣下的部分。到了叔孙通制礼，对秦礼有所增减，但大抵还是沿袭秦朝的礼仪。从天子称号，到百官官位名称、宫殿名称，都很少有什么更改。所制定的礼仪章程，后来与法律文本一起装订，收藏在司法部门保管。法官们又不肯外传，所以其他官吏百姓不知道它的具体内容。

【司马光曰】

礼的作用价值太大了！用到个人身上，则举手投足都有章法，应事接物待人，一举一动都尽善尽美；用到家庭，则能够分别内外，敦厚亲睦九族亲友；用到乡里，则长幼有序，风俗和美；用到国家，则君臣有序，而政治有成；用之于天下，则诸侯顺服，而朝纲严明。岂止是管管朝堂上的礼仪，酒宴户庭之间不要乱来那么简单！以高祖之明达，听到陆贾崇礼的言论而称善，看到叔孙通的礼仪而感叹，但是，高祖还是不能和夏、商、周三代之王比肩，那是因为他懒惰不愿意学习啊！在汉朝开国之时，如果能得到大儒来辅佐他，他的功绩岂止于此！可惜啊！叔孙通器局太小！如果说礼是粮食，他只用了一些糠秕！只是能够因应当时世俗的要求，向上邀君王之恩宠而已。正是因为他，让先王之礼沉沦而不振，以至于今，岂不痛哉！所以扬雄讥讽他说："以前鲁国有一个大臣，史书上没有记载他的名字，有人问他：'怎么样才算是大？'他说：'叔孙通要制定君臣之仪，到鲁国征召先生，有两个人不愿意参与。'问：'不愿意出山就算大吗？当年孔子周游列国，不就是为了有机会能出山做事吗？'答：'孔子周游列国，是为了自用，为了行自己的道，传播学说，得到机会执政任事，贡献社会，而不是枉道事人，放弃自己的价值观和原则，去屈从别人。随俗邀宠，那就算有一些规矩、准绳，又有什么意义呢？'善哉扬子之言！真正的大儒，怎么肯自毁规矩、准绳而邀一时之功呢！"

【华杉讲透】

刘邦和叔孙通的制礼，一开始出发点就立意不高，刘邦是看群臣无礼，没规矩，心里厌烦，要给他们立立规矩；叔孙通呢，是为了"尊君抑臣"，用排场、仪式和礼节，凸显君王的至高无上和臣子的卑微，然后自己能立功受奖，得到利禄。所以司马光说，他只是得了些糠秕，没有用到本质。

儒家礼的本质，要修身齐家治国平天下，凝聚国家人民，为万世开太平。司马光感叹叔孙通器局太小，孔子也曾经感叹"管仲之器小也哉！"说管仲器局太小。

荀子说："成侯、嗣君，聚敛计数之君也，未及取民也。子产，取民者也，未及为政也。管仲，为政者也，未及修礼也。故修礼者王，为政者强，取民者安，聚敛者亡。"成侯、嗣君这样聚敛民财的，就会灭亡。子产是能得民心的，但是得民心，根本就不算搞政治。子产冬天过河，看见老百姓蹚水过河冻脚，就让自己的车带老百姓过河，所以他非常得民心，郑国人民对他爱戴得不得了，都说他爱民如子。孔子就批评说："那河上没有桥，是谁的责任啊？他不修桥，成天用自己的车去带人过河吗？子产执政根本就不及格。"管仲则是能富国强兵的为政者了，但是他不能修礼，所以齐桓公最后死都不得好死。别说国家长治久安了，管仲是人亡政息，而他的主公是人亡于政，没有得到善终。

修礼者王，不是用礼节去压制群臣，而首先是君王自己要修礼，然后要修全天下之礼。周朝建立，有周公修礼。汉朝建立，叔孙通就不能及周公之万一。

今日企业之修礼，就是价值观和企业文化。"修礼者王，为政者强，取民者安，聚敛者亡。"成天竭泽而渔抓销售业绩还盘剥员工的聚敛者会灭亡；能和员工共享利益和成长的公司，老板能安心；雄才大略能征惯战的，公司能强盛；经营使命有高度，价值观正的公司，能基业长青。

2 刘邦亲率大军讨伐韩王信，在铜鞮击破韩王信的军队，斩其将王喜。韩王信逃亡匈奴。白土人曼丘臣、王黄等立赵国王族后裔赵利为王，收集韩王信的残兵败将，与韩王信及匈奴同谋攻打汉朝。匈奴派左、右贤王率领一万多骑兵,与王黄等屯兵在广武以南,前锋抵达晋阳。汉军攻击,匈奴败走,然后又集结,汉军乘胜追击,赶上天气大寒,雨夹雪,士卒手指冻掉的有十分之二三。

刘邦在晋阳,听说冒顿在代谷,想要攻打他,派人去探虚实。冒顿把他的壮士、肥马都藏匿起来,使者去了十几拨,都只看到老弱残兵,马匹牲畜都骨瘦如柴。所以使者们回报,都说匈奴可击。刘邦又派刘敬(就是劝刘邦定都长安的娄敬,被赐姓"刘")再去确认一次,刘敬还没回来,汉军三十二万大军就已开拔,越过了句注山。刘敬回来,汇报说:"两国交兵,都相互亮肌肉,耀武扬威。这次我去,看见的全是老弱病残,这显然是故意示弱,埋伏奇兵,引诱我们去。我认为匈奴不可攻击!"

这时候,汉军大军已经行动起来,刘邦大怒,骂刘敬说:"你这个齐国佬,以口舌得我官位(指当初建议定都长安而得封赏),如今又以妄言来乱我军心!"即刻将刘敬逮捕下狱,关押在广武。

刘邦先到平城,大军还未全部抵达,冒顿就率精兵四十万人,将刘邦在白登包围了七天。汉军内外断绝,危在旦夕。刘邦用陈平密计,派使者偷偷去见冒顿的阏氏,重金贿赂买通了她。阏氏对冒顿说:"两国之主,不应该互相围困,如今就算得了汉的土地,也不适合咱们匈奴人居住。而且汉主能得天下,他也是有神灵相助的!希望您仔细考虑!"冒顿与王黄、赵利约定了会师攻击刘邦的日期,但是两人没来,冒顿也怀疑他俩和汉有阴谋,于是解开包围圈的一角。正好天降大雾,汉军派人往来,匈奴也没人察觉。陈平命卫士用强弓劲弩,弦上还多加一支箭,箭朝外御敌,从解围的那一角悄悄地溜出去。刘邦出了包围圈,要加速狂奔。太仆滕公夏侯婴坚持要慢慢走,于是到了平城,汉军主力也到了,匈奴骑兵于是解围而去。汉军也撤军,留下樊哙平定代地。

刘邦到了广武,马上释放刘敬,说:"我不听您的话,以至于被困平城,我已经将之前告诉我匈奴可击的十几个家伙斩了!"于是封刘敬一千户,为关内侯,号为建信侯。

刘邦南行,经过曲逆,说:"曲逆县城,真是壮美啊!我走遍天下,只有洛阳可以和这里相比!"于是将陈平改封为曲逆侯,全县都作为他的采邑。陈平跟从皇帝征伐，六次出奇计，所以给他加封。

【柏杨曰】

陈平六出奇计：一、请拨付巨金，在项羽内部行离间之计；二、用简陋的饭菜接待项羽使者，让他怀疑范增；三、夜间派出娘子军出东门，让纪信冒充刘邦投降，使刘邦得以从西门逃出荥阳；四、踩刘邦一脚，请封韩信为齐王；五、假装云游云梦，擒韩信；六、行贿单于阏氏，解白登之围。

3 十二月，刘邦还师，经过赵国。赵王张敖娶了鲁元公主，对刘邦执子婿之礼，非常谦卑。刘邦则非常傲慢粗鲁，像簸箕一样叉开两腿坐着，动不动就破口大骂。赵国宰相贯高、赵午等不堪其辱，非常愤怒，说："咱们大王啊，真是太卑微了！"于是游说张敖说："天下豪杰并起，能者先立。如今大王您侍奉皇帝毕恭毕敬，而皇帝却这么无礼！请您允许我们，杀了他！"张敖紧咬自己的手指，咬出鲜血，以示至诚忠心，绝不叛汉，说："你们这是什么话！我的父亲失去了他的国家，全靠皇上的恩德，才得以恢复。如今能德被子孙，一丝一毫，都是陛下所赐，希望你们不要再说出这样的话！"贯高、赵午二人退出，相互说："我们错在把这事告诉了大王，咱们的大王是仁厚长者，不愿意背叛恩德。但是，我们义不能受辱，如今皇帝侮辱我们的大王，我们就应该把他杀掉！不要把我们大王牵扯进来。事情成功，天下归大王；事不成，我们自己承担责任！"

【华杉讲透】

老板要对自己的下属彬彬有礼。孔子说："君使臣以礼，臣事君以忠。"老板要下属的忠诚，下属要老板的尊重。刘邦在赵国，就因为对自己的女婿粗鲁，差点遭受血光之灾。这一灾，刘邦幸运躲过了。但是，历史上有一个人没躲过，就是日本战国的织田信长。信长是旷世奇才，雄才大略，天下布武，几乎统一日本。但是，他就有一个性格缺陷，极度傲慢，经常辱骂臣下。那些个臣下，也都是有身份、有尊严的国士啊！其中有一个自尊心超强的，叫明智光秀，就不堪其辱，愤而发动兵变，在本能寺包围织田信长。最终织田信长突围无望，切腹自杀。

曾子说："用师者王，用友者霸，用徒者亡。"领导者把下属当老师来尊重，能王天下；当朋友来尊重，能称霸；当伙计呼来喝去，就有危亡之祸。千万不要以为自己是老板，就能作威作福。

4 匈奴攻击代国，代王刘喜弃国而逃，自己跑回家来了。刘邦赦免了他的罪，贬为郃阳侯。十二月辛卯日，立皇子如意为赵王。

5 春，二月，皇上到了长安。萧何负责兴建的未央宫落成。刘邦看见未央宫非常壮丽，大怒，对萧何说："天下汹汹，劳苦多年，成败还未可知，你为什么把宫殿搞得这么过分！"萧何说："当天下还没有平定的时候，宫室简陋，还可以将就。如今天子以四海为家，不壮丽，就没有威严。另外还有一个道理，咱们一次到位，就不需要子孙后代再添加了。"刘邦听了这话，这才高兴了。

【司马光曰】

王者以仁义为丽，以道德为威，还没听说过用宫室的壮丽来镇服天下的。天下未定，应该克己节用以救济人民，却以宫室之壮丽为先，这还知道自己该干什么吗？当初大禹的宫室就很卑小，而夏桀的宫室极为壮丽。创业垂统之君，就算躬行节俭以示子孙，也拦不住子孙走向奢靡，更何况你自己就以奢靡示范呢？萧何说："一步到位，就不需要子孙后代再添加了。"真是谬论！后世到了汉武帝，终于因大兴宫殿而让天下穷困，未必不是今天萧何启发他的吧！

【华杉讲透】

萧何老成谋国，治宫室以威服天下。当时天下豪杰人心，并未顺服，好多人还心不定，连张敖的手下都想让他们的大王取刘邦而代之，可见蠢蠢欲动的人还有很多。让他们朝见的时候，看到自己远远不可企及的财富和庄严，能够让他们放弃自己挑战中央的野心。这也是折冲樽俎之计，在壮丽的宫殿下，体验自己的渺小，放弃造反的念想。这是帝王之术，也是《孙子兵法》——上兵伐谋——不是打仗要用计谋，而是伐掉他心里谋划的念头。萧何用壮丽的宫室，伐掉诸侯造反的念头；当匈奴使者前来的时候，也伐掉单于挥师南下的念头。

排场就是气场，气场就是百万雄师。做企业也一样，办公室要有排场，客户才有信心；公司集体活动要有排场，员工才有自豪感，有士气。

至于后来汉武帝疲惫天下，不是因为大兴土木，而是因为开疆拓土，穷兵黩武。

6 皇上从栎阳迁都长安。

【胡三省曰】

之前以娄敬、张良之言定都长安，但宫室未成，所以暂住在栎阳。如今未央宫落成，才从栎阳正式迁都长安。

7 设置宗正官，管理皇族。

8 夏，四月，皇上前往洛阳。

卷第十二　汉纪四

（公元前199年—公元前188年，共12年）

主要历史事件

刘邦派假公主和亲匈奴　080
令六国后裔、豪门名家迁居长安　081
贯高谋反后，舍身救赵王　082
韩信谋反被杀　086
刘邦杀彭越，栾布冒死为其收尸　088
赵佗接受南越王册封　089
英布谋反被杀　092
刘邦去世，太子刘盈即位，是为汉惠帝　099
吕后毒死刘如意，将戚夫人做成人彘　102
萧何去世　104
冒顿写信羞辱吕后　106
惠帝去世，吕后掌权　110

主要学习点

和亲之计，是开创性战略　081
不骗人，不贪心，不夸大　087
凭着良知去做，不要趋利避害　089
小人之心难测，因为他没逻辑　098
有过错是正常的，但不要错上加错　108

太祖高皇帝下

高帝八年（壬寅，公元前199年）

1 冬，刘邦击韩王信残部于东垣，经过柏人。赵国宰相贯高等派杀手埋伏在厕所夹壁中，准备行刺皇上。刘邦本来准备在柏人留宿，突然心生不安，问："这个县叫什么名？"左右回答说："柏人。"刘邦说："柏人，柏人，就是迫人啊！"于是不在柏人住宿，马上离去。

十二月，刘邦从东垣回到长安。

2 春，三月，刘邦到洛阳。

3 刘邦下令，商人不准穿锦绣衣裳，不许穿绸缎衣裳，不准穿纱布或细纱布衣裳，不准穿细麻布衣裳，不准穿毛料衣裳，不准携带兵器，不准坐车，不准骑马。

4 秋,九月,刘邦从洛阳返回长安,淮南王英布、梁王彭越、赵王张敖、楚王刘交,都跟从随行。

5 匈奴冒顿不断攻击北方边境,刘邦很苦恼,问刘敬意见。刘敬说:"天下初定,士卒疲惫,都不想打仗,所以不能以武力征服匈奴。冒顿杀父自立,把一群庶母都当成自己妻子,以暴力相威服,所以不能用仁义去说服他。暴力和仁义都用不上,只有一计,让他的子孙向我们臣服,只是怕陛下办不到。"

刘邦问:"具体说,什么计策?"

刘敬说:"陛下如果能以皇后所生的嫡长公主,嫁给冒顿做妻子,给予丰厚的嫁妆,冒顿一定爱慕,立为阏氏,生子,一定立为太子。陛下再以汉朝过剩而匈奴短缺的东西,经常派使节送去,馈赠问安,并且派辩士去教谕礼节。冒顿在,他是您的女婿;冒顿死,则是您的外孙为单于,哪有外孙敢兴兵攻打外公的呢?这样,就可以不战,而逐渐让匈奴臣服。不过,陛下一定要嫁皇后所生的长公主,不能令宗室或后宫女子诈称公主。如果被他发现有假,不以为贵,不肯接近,那没有什么好处。"

刘邦说:"善!"于是想嫁长公主。吕后日夜哭泣,说:"我就一子一女,奈何弃之匈奴!"刘邦也不忍心,只能作罢。

高帝九年(癸卯,公元前198年)

1 冬,刘邦物色了一位普通人家的女子,宣称她就是长公主,嫁给冒顿单于为妻,派刘敬前往匈奴缔结和亲盟约。

【司马光曰】

刘敬说冒顿是残暴之贼,不可以仁义相说,却要和他结为婚姻之好,为何前后如此矛盾!上世帝王抵御夷狄,服则怀之以德,叛则震之以威,没听说过跟他们结婚的!况且那冒顿,把自己的父亲都当禽兽一样射杀,他还管什么岳父！刘敬的计策，实在是太不严密，况且鲁元公主已经是赵王的王后，还能把她夺回来吗？

【华杉讲透】

先讲一个技术问题，鲁元公主已经嫁给赵王张敖，能不能再嫁给冒顿？对于刘邦来说，这不是问题，刘敬也知道不是问题。后世有案例，日本战国，丰臣秀吉为了让德川家康臣服，就把自己的妹妹旭姬嫁给他为妻。当时旭姬已经四十四岁，有过两次婚姻。秀吉逼她与恩爱多年的第二任丈夫副田吉成离婚，嫁给家康。给吉成的条件是增加五万石封地。吉成同意离婚，但拒绝了封地，隐居山林。

刘敬的和亲之计，是开创性的战略。而且看一个问题，不是只看到眼前，而是看到子孙万代之利。和亲政策，稳定了西汉边境，带来了和平发展的环境。和亲政策，不仅是以婚姻换和平，而且是长远的文化渗透，同化战略，后世到了唐朝，更往后的清朝，将和亲政策发挥到极致，周边邻国，全是皇亲国戚。

和亲政策，是皇上牺牲自己的女儿，为国家换来和平。所以刘敬说他有一计，"然恐陛下不能为"，可见刘邦君臣的沟通是光明磊落的。吕后哭泣不舍，但是她也没有恨刘敬出馊主意。换一个皇后，恐怕会说：打主意打到我女儿头上，先把他斩了！

2 刘敬送了"长公主"去匈奴，回来说："匈奴南部的白羊部落、楼烦部落，距离长安近的地方只有七百里，轻骑一日一夜就可以到达秦中。秦中刚刚经历战祸，人口稀少，土地肥沃，可以大量增加人口，充实土地。诸侯当初起事的时候，齐国的田氏，楚国的昭氏、屈氏、景氏，这些家族最有号召力，如果不是他们响应，就不能成功。陛下虽然建都关中，但实际上人口稀少，而东边六国都很强大，一旦有变，陛下不能高枕无忧啊！臣建议陛下将六国后裔，以及地方上的豪杰、名家迁居关中，无事时可以防备匈奴；如果诸侯有变，也可率领他们东伐，这是强本弱末之权术啊！"刘邦说："善！"十一月，将齐、楚大族昭氏、屈氏、景氏、怀氏、田氏五大家族及豪杰迁于关中，拨给他们良田美宅。这次一共移民十余万人。

3 十二月，刘邦从长安到洛阳。

4 贯高的仇家知道了他行刺皇上的密谋，向上告发，于是刘邦下令逮捕赵王及谋反者。赵午等十余人都争相要自刎，贯高发怒说："谁让你们自杀？如今大王根本就不知道我们的密谋，也一起被逮捕。如果你们都死了，谁来还大王清白？"于是张敖和贯高等，都被用密不透风的囚车送到长安。贯高招供说："是我和手下谋划的，赵王确实不知道。"官吏刑讯逼供，打了数千下，又用铁锥乱刺，全身没有一块地方是好的，再找不到地方下手，始终不发一言。吕后数次对刘邦说："赵王因为公主的缘故，不至于做出这种事。"刘邦怒道："如果张敖得了天下，还缺你的女儿吗？"不听吕后的求情。

廷尉将贯高的口供呈上去。刘邦赞叹说："真是壮士！谁和他关系好？以私人身份再问问他。"中大夫泄公说："我和贯高是同乡，一向了解他，他就是那种典型的赵国义士，以义自立，不受侵辱，重于承诺的人。"刘邦派泄公拿着皇上符节，去见贯高。贯高被打得遍体鳞伤，靠在一个竹筐上。泄公在一旁和他唠家常，谈论家世和别后各自情况，慰问他的劳苦，然后问："赵王到底参与没有？"贯高说："人之常情，谁不爱自己的父母妻子呢？如今我将要被灭三族，难道我爱赵王，还胜过爱自己的亲人吗？赵王确实没有参与谋反，就是我们自己干的。"然后详细跟泄公讲了整个过程，他们为什么要这么做，以及赵王确实不知云云。于是泄公回去，一一向皇上汇报。春，正月，皇上赦免赵王张敖，废为宣平侯，将代王如意迁为赵王。

刘邦很欣赏贯高的为人，派泄公告诉他说："赵王已经出狱，没事了。"贯高激动地问："我家大王真的出来了？"泄公说："真的出来了。"又说："皇上敬重你的为人，所以也赦免你！"贯高说："我全身都被打烂了，还不肯死，就是为了还赵王清白呀！如今赵王已经出来了，我的责任完成了，死而无憾！况且我身为人臣，有篡弑之名，哪还有面目去侍奉君上呢？就算皇上不杀我，我能无愧于心吗？"说罢，将头部猛烈后仰，折断颈动脉而死。

【荀悦曰】

贯高首为乱谋,杀主之贼,虽然能证明赵王的清白,但小忠不能抵消大逆,私德不能抵消公罪。春秋大义,以居正为大,贯高罪无可赦。

【司马光曰】

高祖骄以失臣,贯高狠以亡君。让贯高谋逆,是高祖之过;让张敖亡国,是贯高之罪。

5 下诏说,十月二十七日之前犯罪,死刑以下的囚犯,全部赦免。

6 二月,皇上从洛阳返回长安。

7 当初,皇上下诏说:"赵国群臣宾客敢跟从张敖到长安的,全部灭族。"但是赵国郎中田叔、孟舒都自己剃光头发,脖子上挂着锁链,伪装成是张敖家奴以跟从。等到张敖免罪,皇上欣赏田叔、孟舒的贤德,召见他们,谈话之后,发现汉朝的廷臣也没有能比得上他们的。于是皇上再拜他们为郡守和诸侯国丞相。

8 夏,六月三十日,日食。

9 提升丞相萧何为相国。

【胡三省曰】

看来相国比丞相尊贵。

高帝十年（甲辰，公元前197年）

1 夏，五月，太上皇崩于栎阳宫。秋，七月十四日，葬太上皇于万年。楚王刘交、梁王彭越，都来送葬。赦免栎阳囚犯。

2 定陶戚夫人有宠于皇上，生赵王如意。刘邦认为太子仁弱，觉得如意更像自己，虽然将如意封为赵王，但人却留在长安。刘邦到关东，戚夫人经常跟从，日夜哭泣，要求立她的儿子做太子。吕后年长，经常留守在长安，和刘邦越来越疏远。刘邦想要废太子而立赵王如意，群臣都说不可，却不能说服刘邦。其中御史大夫周昌争辩最激烈，刘邦问他什么道理。周昌口吃，又盛怒，说："我说不出来！但是我期期（口吃）知其不可！陛下要废太子，臣期期不奉诏！"刘邦欣然而笑。吕后侧耳在东厢房偷听，散会后，见到周昌，下跪拜谢说："如果没有您，太子几乎就被废了。"

当时赵王如意十岁，刘邦既不能立他为太子，就担心自己死后，戚夫人母子遭到吕后报复。符玺御史赵尧请为赵王设置一位强势的丞相，以及吕后、太子、群臣平时都比较忌惮的人。刘邦问："那谁可以呢？"赵尧说："御史大夫周昌，就是这个合适的人！"刘邦于是以周昌为赵国丞相，而让赵尧替代周昌为御史大夫。

3 当初，皇上任命阳夏侯陈豨为赵国相国，兼赵、代边防部队监军。陈豨出发前向淮阴侯韩信辞行。韩信拉着陈豨的手，屏退左右，拉着他在庭院中散步，仰天长叹，说："我能不能和你说出心腹话？"陈豨说："请将军吩咐。"韩信说："你所待的地方，是天下精兵所在。而你，又是皇上的幸臣。别人说你要谋反，陛下一定不信；第二次有人说呢，皇上就起疑心了；再有第三次，皇上就怒而御驾亲征了。到时候，我配合你从中央政府发动，天下就可图了。"陈豨素来知道韩信的能耐，信服他，于是说："我听您的！"

陈豨经常仰慕战国四大君子之一信陵君魏无忌那种养士的做派，等到他为相守边，也是大养宾客。有一次回家省亲，经过赵国，跟从的宾客车辆，就有千余乘之多，邯郸的政府招待所全部住满了。

赵相周昌请求进京，求见皇上，详细汇报陈豨宾客之盛，又数年在外掌握兵权，恐怕有变。刘邦派人调查，发现陈豨的宾客在代地多有不法之事，而这些事大多和陈豨有牵连。陈豨被查，心中恐惧。韩王信乘机派王黄、曼丘臣等策反他。

太上皇驾崩，刘邦派人召陈豨。陈豨称病不来。九月，与王黄等造反，自立为代王，劫掠赵国、代郡土地。刘邦亲率大军征伐，到了邯郸，高兴地说："陈豨不先占领邯郸，却去据守漳水，我知道他的无能了！"

周昌上奏说："常山郡一共二十五座城，丢了二十座，请诛杀郡守、郡尉。"刘邦问："郡守、郡尉也都反了？"周昌说："那倒没有。"刘邦说："那是力所不足，没有罪。"

刘邦让周昌从赵国本地子弟中选拔出四个可以做将领的，刘邦亲自接见，谩骂说："小子们有能耐当将领吗？"四个人惭愧害怕，趴在地上不敢吱声。刘邦当场将四个人都封为千户，让他们率领军队。左右进谏说："我们从蜀国杀出来，取汉中，伐西楚，从来没有这么轻易封赏的，今天这四个人第一次面试，就都封了千户，他们有什么功劳啊？"刘邦说："这就不是你们所能懂得的了。陈豨造反，赵、代土地都为陈豨所有。我征调天下封国军队，没有一个来的，如今只能依靠这邯郸的当地军队。我怎么会吝啬四千户人家，不用来激励赵国子弟呢？"群臣都说："好的！"

又听说陈豨的部下以前大多是商人。刘邦高兴地说："我知道怎么对付他了。"于是用重金收买陈豨的部将，很多都投降了。

高帝十一年（乙巳，公元前196年）

1 冬，刘邦在邯郸。陈豨手下将领侯敞率领万余人沿着邯郸外围游击。王黄率领千余骑兵驻军曲逆。张春率领步兵万余人渡过黄河攻打聊城。汉将军郭蒙与齐国将领联合攻击，大破张春部队。太尉周勃经太原进入代地，抵达马邑，马邑顽抗，周勃攻破城池，残杀市民。赵利守东垣，刘邦攻陷东垣后，将其更名为真定。刘邦悬赏千金捉拿王黄、曼丘臣，结果二人都被他们的部下活捉来请赏。于是陈豨的军队就溃散了。

淮阴侯韩信称病，不跟从刘邦去讨伐陈豨，秘密派人到陈豨处通谋。韩信与家臣密谋，准备夜里矫诏诈称赦免劳役犯和官府奴隶，然后率领他们袭击吕后、太子。部署已定，就等陈豨的消息。韩信有一个随从舍人得罪了韩信，被他关押起来，准备杀掉。春，正月，那舍人的弟弟上告，将韩信谋反之事告诉吕后。吕后想召见韩信，怕他不来，于是和萧何密谋，诈称有人从皇上那边来，说陈豨已被平定，人已经死了。列侯、群臣都来祝贺。萧何点醒韩信说："你虽然在生病，但这么大的喜事，也应该去祝贺！"韩信入宫，吕后派武士绑了韩信，就在长乐宫钟室将其斩首。韩信临被斩前，说："我后悔不用蒯彻之计，于是被小儿女子所诈，岂不是天意吗！"于是夷灭韩信三族。

【司马光曰】

世间有人认为韩信首建大策，与高祖起兵汉中，平定三秦，又分兵北进，消灭魏国，征服赵国，胁迫燕国，向东攻击齐国而成为齐王，然后向南灭楚于垓下，汉之所以得天下，大半是韩信的功劳。再看他拒绝蒯彻的游说，亲自到陈丘去迎接高祖，怎么能说他有反心呢？无非是被贬职之后，心中郁闷，于是陷于悖逆罢了。那卢绾不过是高祖的儿时故旧，尚且能被封为燕王，韩信却只能封侯，要按时入朝上班，这岂不是刘邦对不起韩信吗？

我认为，高祖用诈谋在陈丘擒了韩信，说他有负于韩信是对的。但是，韩信也是咎由自取。当初，楚汉在荥阳对峙，韩信灭齐，不回师来向刘邦报告，自己就在齐国称王了。其后汉军追击楚军到固阳，约韩信来一起攻楚。韩信却不来。在那个时候，高祖恐怕就已经有把韩信拿下的心思了吧！只是他力所不能而已。等到天下已定，韩信还有什么要挟皇上的筹码呢？要挟以图利，那是市井之志；酬功而报德，那是君子之心。韩信以市井之志对待刘邦，却希望刘邦以君子之心对待他，这不是太难了吗？

所以司马迁评论说:"假使韩信能了解君臣相处之道,虚怀谦让,不夸耀自己的功劳,不骄肆自己的才能,或许可以保全。以他对汉家的功勋,可以和周公、召公、姜太公相比,他的后代荣华不绝,永享子孙祭祀。他不追求这个,却在天下已经大定的时候,还想造反,以至于夷灭宗族,这不都是自找的吗?"

【华杉讲透】

司马光所论:"不伐己功,不矜其能。"出自《论语》。孔子问弟子们的志向,其中颜渊说:"愿无伐善,无施劳。"伐,是矜夸;施,是夸大。我希望不要张扬我做了什么好事,也不要夸大我有多少功劳和辛苦。这是君臣相处,臣子应守之道。我将我的公司"华与华"的核心价值观定为九个字:"不骗人,不贪心,不夸大。"也是受这思想的影响。

2 将军柴武在参合将韩王信斩首。

3 刘邦回到洛阳,听说韩信已死,又高兴,又怜惜,问吕后:"他死前说了什么吗?"吕后说:"他说后悔没有用蒯彻之计。"刘邦说:"我知道这个人,齐国辩士蒯彻。"于是下诏逮捕蒯彻。蒯彻被带来,刘邦问:"是你叫韩信造反的吗?"蒯彻说:"是啊!我教他的。不过这小子不用我的计策,所以今天被夷灭三族。如果他听我的,陛下能夷灭他吗?"刘邦大怒:"把蒯彻给我烹了!"蒯彻说:"哎呀!我被烹真是冤枉啊!"刘邦说:"你教韩信造反,有什么冤枉?"蒯彻说:"秦失其鹿,天下共逐之,才高腿快的先得。盗跖的狗对着尧帝狂吠,不是尧帝不仁,是那狗只忠于他的主人。当时,臣只知道韩信,不知道陛下啊。况且天下锐精持锋的英雄豪杰,想做皇帝的多的是,只是力所不及而已,陛下能把他们都烹了吗?"

刘邦说:"把他放了吧!"

4 立子刘恒为代王,首府在晋阳。

5 大赦天下。

6 刘邦征讨陈豨的时候，向梁国征兵，梁王彭越称病不来，只派了一个将领带兵到邯郸。刘邦大怒，派人去质问他。彭越恐惧，想要亲自去向刘邦解释，他手下将领扈辄说："大王您开始时不去，现在被责备又去，去就给擒了，不如干脆发兵反了！"彭越不听。

正好梁国太仆有罪，逃亡到汉，告发彭越与扈辄谋反。于是刘邦派人去抓捕彭越，彭越没防备，被装进囚车送到洛阳。有司审讯结果，说："反形已具，请依法判决。"刘邦赦免了彭越，只是将他废为庶人，流放到蜀郡青衣县。

彭越被押解西行，走到郑县，正遇到吕后从长安来。彭越向吕后哭泣求情，说自己确实无罪，即便被废为庶人，也希望能允许他留在故乡昌邑居住生活，别去蜀郡。吕后许诺，带他一起又东行回来，到了洛阳，吕后对刘邦说："彭越是壮士，您把他流放到蜀郡，这是给自己留祸患，不如干脆把他杀了。所以我为您把他带回来了。"于是吕后让她的随从告发彭越再次谋反，廷尉王恬奏请将彭越灭族，刘邦批准。三月，夷灭彭越三族，将彭越的头斩下，在洛阳悬挂示众，下诏说："有敢来收敛彭越尸首的，即刻逮捕！"

梁国大夫栾布之前出使齐国，回来后，就在彭越人头下向彭越汇报工作，恸哭祭祀。官吏将他逮捕，向上级报告。刘邦召见栾布，骂他，要把他烹了。正要揪着往锅里扔，栾布回头说："希望说一句话再死！"刘邦说："你有什么话？"栾布说："当初陛下被困彭城，兵败荥阳、成皋之间，项王之所以不能乘胜西进，就是因为彭王在梁地，和汉联盟，共同打击西楚。在当时，彭王向着楚，汉就要破亡，向着汉，楚就要破亡，况且垓下之会，没有彭王参与，项王还亡不了。等到天下已定，彭王剖符受封，他也想传给子孙万代。如今陛下以此向他征兵，因为他生病没有亲自来，就怀疑他谋反。谋反之事，并没有确凿证据，只以一些小事为罪名诛灭其三族。我恐怕陛下的功臣人人自危。如今彭王已死，臣已生不如死，把我烹了吧！"

于是刘邦赦免了栾布的罪，拜为都尉。

【华杉讲透】

这又是博弈论所说的"囚徒的困境",由于建立不起新的博弈机制,都防备着对方,想要"先下手为强"。正如栾布所说,彭越也想把梁国传给他的子孙,他怎么会造反呢?真正想造反的臣下是很少的,但是,要让君王相信你不会反却很难。刘邦已经明白彭越没有反心,但吕后一说,他还是担心他以后会反,就把他杀了。

面对这种情况,为忠臣者有两种选择,一是功成身退,自剪羽翼,明明白白让君王看到自己没有造反的资源,比如张良,比如清朝的曾国藩。二是光明磊落,对君王绝不设防,比如唐朝的郭子仪,任何时候君王召见,马上就自己一个人去,手下提醒他防备,他说:我这人头本来就是皇上的,皇上要就拿去,我防备啥?

最重要的原则:

不要有利必趋,有害必避!

人人都想趋利避害,但是,你越趋利,越得不到利;你越想避害,那祸事换一条道还冲你来,而且来得更狠。韩信、彭越,都是趋利避害之祸。人只须凭着自己的良知、凭着大是大非去做,因为,反正随便怎么做都有风险,那为什么不做自己呢?

不要妄图避免所有的危机,不要一有危机就以为自己能把它解决,解决问题主要靠时间和天意,不靠你。要学会与风险和危机共存,不试图解决所有问题,带着问题前进。因为解决问题的举措,往往会制造出更大问题。

7 丙午日,立皇子刘恢为梁王。三月十一日,立皇子刘友为淮阳王,撤销东郡,划归梁国;撤销颍川郡,划归淮阳国。

8 夏,四月,刘邦从洛阳回到长安。

9 五月,下诏立秦朝时南海郡尉赵佗为南越王。派陆贾前往授予印信符节,与他剖符通使,让他团结南方百越民族,不要成为南国的边患。

当初在秦二世的时候,南海郡尉任嚣重病将死,召来龙川县令赵佗对他说:"秦为无道,天下苦之,我听说陈胜等作乱,天下大结局怎么样,不得而知。南海偏僻遥远,我担心盗兵侵袭到这里,所以想兴兵封锁新道自备,以应诸侯之变,不巧赶上自己得了重病。况且番禺有大山之险,又有南海阻隔,东西数千里,颇有中原人相辅佐,这也是一州之主的事业,可以立国。郡中其他官吏,都没法跟他们交流这些话,所以把你请来,托付给你!"于是给赵佗委托书,代理南海郡守职权。

任嚣死。赵佗即刻传檄横浦、阳山、湟溪关,说:"盗兵将至,迅速封锁道路,聚兵自守!"于是逐渐利用法令诛杀秦国所任命的官员,换上他的亲信党羽。等到秦朝破灭,赵佗即刻出兵,攻打兼并桂林、象郡,自立为南越武王。

陆贾抵达番禺。赵佗非常傲慢,头发束成一撮,竖在头上,又开两腿像簸箕一样坐在那里,接见陆贾。陆贾说:"足下是中原人,亲戚、昆弟、祖先坟墓都在真定。如今足下反天性,弃冠带(胡三省注:背弃父母之国,不念祖坟、宗族,就是反天性;不戴帽子,头发束成一撮,从蛮夷风俗,就是弃冠带),想以区区南越与天子抗衡,你马上就要大祸临头了!况且秦国失去政权,诸侯、豪杰并起,唯有汉王先入关,占据咸阳。项羽背叛盟约,自立为西楚霸王,诸侯都归属于他之下,他可以称得上强大了。但是,汉王起兵于巴、蜀,鞭笞天下,于是诛灭项羽。五年之间,海内平定。这不是人力可以做到的,实乃上天的安排。天子听说你在南越称王,不派兵协助天下正义之师诛灭暴逆,朝中将相,都要移师来灭你!只是天子怜悯百姓劳苦,让大家休养生息,这才作罢,于是派我来,授予你君王之印,剖符通使。我来,你应该到郊外迎接,北面称臣。没想到你竟然想以刚刚立国,还没有什么凝聚力的越国来拒绝向汉朝臣服,如此强横不屈!汉政府如果得到报告,恐怕会掘了你的祖坟,夷灭你的宗族,再派一偏将,带十万军队来征讨,那时候,你的手下,杀了你降汉,也是反掌之间的事吧!"

赵佗听得霍然而起,规规矩矩坐好,向陆贾道歉说:"我在蛮夷之中时间久了,丢失了中原礼仪!"于是又问陆贾,"我与萧何、曹参、韩信相比,谁更贤能呢?"陆贾说:"您似乎比他们更贤能。"赵佗又问:"那我与皇帝谁更有贤德呢?"陆贾说:"皇帝继承五帝、三皇的事业,统理中原,中原的人口以亿计，地方万里，万物殷富，政治由一家统一，这是开天辟地以来，从来没有过的事。如今大王您不过统治了几十万人，还大都是蛮夷，在崎岖山海之间，和汉的一个郡相当而已，您怎么敢和汉相比！"赵佗大笑说："那是我没在中原，所以才在此称王。如果我在中原，你怎么知道我不如他！"于是留陆贾饮宴，挽留数月，说："越国没有能与我说得上话的人，先生来，让我每天都听到新东西！"于是赐给陆贾价值千金的珠宝，仔细地包裹装入行囊，其他散装的礼物，也价值千金。陆贾于是拜赵佗为南越王，令他向汉称臣，接受汉的法律约束。陆贾回来汇报，皇帝大悦，拜陆贾为太中大夫。

陆贾之前经常跟刘邦谈论《诗经》《尚书》，刘邦骂他说："乃公居马上而得之，安事诗书！"（你大爷我在马上得天下，看什么诗、书！）陆贾说："马上得天下，能在马上治天下吗？况且商汤、周武王，都是逆取而顺守，文武并用，才是长久之术。之前吴王夫差、晋国的智伯，还有秦始皇，都是极武而亡。假使秦国在统一天下之后，能施行仁义，取法先圣，陛下还能有机会吗？"刘邦面有惭愧之色，说："请您将秦之所以失去天下，我之所以得到天下，以及古今成败的经验教训，写下来给我看！"陆贾于是概略地叙述存亡的征兆，写了十二篇。每上奏一篇，刘邦没有不称善的，左右则高呼万岁，称陆贾的书为《新语》。

10 刘邦生病，不愿意见人，在寝宫里躺着，命令宫门守卫，不许放群臣进来。连绛侯周勃、颍阴侯灌婴等都不敢进去，过了十几天，舞阳侯樊哙撞开守卫，直接闯进去（他上一次撞开守卫闯入，是在鸿门宴上），群臣跟着一拥而入，看见皇上枕着一个宦官在那儿躺着。樊哙等见到皇上，流泪说："当初，陛下和我们起于丰、沛之间，平定天下，何其壮也！如今天下已定，又何其疲惫！况且陛下病重，大臣震恐。陛下不跟大臣们计议大事，难道就跟一个宦官诀别，留下遗言给他？况且陛下难道不记得赵高的教训了吗？"

刘邦听了樊哙的话，笑了笑，坐起身来。

【胡三省曰】

樊哙所指赵高，是赵高杀扶苏而立胡亥之事。

11 秋，七月，淮南王英布反。

当初，淮阴侯韩信被处死，英布已经觉得恐惧，等到彭越被诛杀，刘邦下令把彭越的尸体剁成肉酱，分别赐给各地诸侯。使者到了淮南，英布正在狩猎，见到彭越的肉酱，大为恐惧，秘密派人部署军队，加强战备，防止临近的郡县有异动。

英布有一个宠幸的姬妾生病，到医生家看病，正好医生家和中大夫贲赫住对门，贲赫送给英布的宠姬很厚重的礼物，又在医生家和她一起饮宴。英布怀疑他二人有奸情，想要逮捕贲赫。贲赫于是乘坐政府的驿车，到长安举报英布，说："英布反形已露，建议乘他还没有发动，先下手诛杀他。"

刘邦接到举报信，问萧何。萧何说："英布不至于此，恐怕是仇家诬告。先把贲赫控制起来，再派人去调查。"

英布见贲赫因得罪自己而逃亡到中央，报告淮南国内的情况，本就怀疑他告发自己的秘密举措，紧接着中央政府的使臣又来，也验证了一些事情。于是杀光贲赫全家，举兵造反。刘邦接到报告，立即赦免贲赫，任命贲赫为将军。

刘邦召集诸将问计，都说："发兵攻击，坑杀那小子，他能成什么事！"汝阴侯夏侯婴，找来前任楚国令尹薛公，向他请教。薛公说："英布当然要反！"夏侯婴问："皇上对他裂土封王，他为什么要造反呢？"薛公说："往年杀彭越，前年杀韩信，这三人，是同功一体之人，英布怀疑下一个就轮到自己，当然要反了。"夏侯婴把薛公的话向刘邦汇报。刘邦于是召见薛公问计。薛公说："英布之反，不足为怪。如果英布出上计，崤山以东的土地，就不再属于汉所有了；如果英布出中计，胜败之数，还不确定；如果英布出下计，陛下可以高枕无忧。"

刘邦问："上计是啥？"

薛公说："向东攻取吴，向西攻取楚，兼并齐，攻取鲁，接着传檄燕、赵，使其臣服，然后固守，那崤山以东，就会完全脱离中央政府。"

"那中计呢？"

"向东攻取吴，向西攻取楚，兼并韩，攻取魏，占领敖仓粮库，封锁成皋咽喉道路，那胜败之数，还未可知。"

"那下计呢？"

"向东攻取吴，向西攻取下蔡，把战略物资运到越这一大后方，自己跑到长沙，这样陛下可以安枕而卧了，因为他对汉构不成威胁。"

刘邦问："那你认为英布会出什么计呢？"

薛公说："出下计。"

"为什么？"

"英布，原来不过是一个骊山的劳役犯，爬到封王的高位，只知道顾自己，顾自己还顾前不顾后，更谈不上让天下百姓万世太平的思想，他的格局，只能出下计。"

刘邦说："很好！"封薛公千户。于是立皇子刘恢为淮南王。

【华杉讲透】

薛公所论上、中、下三计，都是下计。造反本身已经是下下计，没有什么上计了。在天下已定之后，没有任何人想再打仗了，也没有人内心里服英布，这时候假若英布使出薛公所论之上计，想以武力胁迫，实现割据，将吴、楚、齐、鲁、燕、赵凝聚成一个新国家来"固守"，那是根本不可能的。其他中计、下计就更不用说了。

造反这件事，本身是置之死地而后生，速战则生，拖延则死，原则只有三条：一是"大胆！大胆！再大胆！"这话是法国大革命时丹东说的。二是"进攻！进攻！再进攻！"三是"快！快！快！"造反是和时间赛跑，因为时间对中央政府有利，克劳塞维茨《战争论》中说："时间对大国有利，所以小国只能进攻。"

所以没有什么上计、中计、下计，只有一计，就是拼死一搏，直取首都。如果能拿下，就赌赢了。一旦时间拖延，跟你的人就会杀你的头取富贵，根本不用皇上动手。

唐朝徐敬业反武则天，他不取首都，而想先在中原南部实现割据，他就败了；明朝朱棣反建文帝，直取南京，他就赢了。后世类似案例很多。

这时候，刘邦生病，想让太子作统帅去征讨英布。太子宾客东园公、绮里季、夏黄公、角里先生一起去找建成侯吕释之，说："太子带兵，功劳再大，地位也不能再提高；但是，如果没有功劳，那就反而会受损遭祸。您为什么不赶紧跟吕后说说，让她去向皇上哭求，就说：'英布是天下猛将，善于用兵。而朝中诸将，起事建国以前，都是和皇上平起平坐的人，如今让太子去领导这帮老油条，无异于让羊去领导狼，指挥不动。况且英布要是知道是太子为帅，他恐怕就击鼓西进了。皇上您虽然生病，还是勉强躺车里走一趟吧！您就是躺着，也能把英布擒了，只要您在，诸将不敢不尽力。这样虽然苦了皇上您，但是为了妻子儿女，只能强打精神！'"

于是吕释之当天晚上就去见吕后，如此这般跟吕后一说。吕后又找到机会跟刘邦把那四个人教的话学了一遍。刘邦说："我就知道那小子不成器，派他没用！老子自己走一趟吧！"

于是刘邦御驾亲征，群臣留守。群臣都送军到霸上。留侯张良正生病，强打精神起来，送到曲邮，觐见皇上，说："我应该跟着去的，但实在是病重。楚人剽悍善战，陛下尽量避免和他们对决争锋！"于是请皇上令太子为将军，统御留在关中的所有武装部队。刘邦说："子房虽然生病，也请勉强躺着辅佐太子！"当时，叔孙通为太子太傅，张良行少傅事，征发上郡、北地、陇西的地方民兵，巴、蜀正规军和长安卫戍部队三万人，为太子禁卫军，驻军霸上。

英布当初造反，对左右说："皇上老了，厌倦打仗，肯定不能亲自来。手下的将领呢，除了韩信、彭越，其他的都不是我的对手。"于是举兵造反。他的策略，正和薛公的预计一样，向东攻击荆国，荆王刘贾逃跑，死在富陵。英布兼并了荆国军队，渡过淮河，再攻击楚。楚国发兵和他战于徐县和僮县之间，楚军分兵为三支，准备互为奇正，相互救援。有人对楚将说："这样不行！英布善战，我们的兵都畏惧他。况且兵法云，'诸侯自战其地为散地'，如今我们分兵为三，他只消打败我们其中一支，另外两支就散了，哪里还能来救援！"楚将不听。果然英布击破其中一支军队后，另外两支自己就一哄而散了。英布于是挥师西进。

高帝十二年（丙午，公元前195年）

1 冬，十月，刘邦与英布两军在蕲西相遇，英布的兵马，全是精锐。刘邦在雍城坚壁扎营，看见英布阵地，跟项羽当初一模一样，心里非常厌恶。刘邦和英布可以遥遥相望，刘邦远远地问英布："你何苦造反？"英布说："想当皇帝呗！"刘邦大怒，痛骂他，于是大战。英布败走，渡过淮河，数次停下来再战，都不利。于是英布只带了一百多骑兵逃往江南。刘邦派别将追击。

2 刘邦回师，经过老家沛县，留下来，在沛宫摆上酒宴，将以前的故人、父老、父母辈以及年轻子弟，都召来同饮，一起说说过去的趣事，以为笑乐。酒酣，刘邦自己唱歌起舞，慷慨伤怀，泣数行下，对沛县父兄说："游子悲故乡！朕当初以沛公的身份起事，以诛杀暴逆，于是得天下。现在我要把沛县作为我的汤沐邑，私人领地，赋税不归政府，归我个人。但是，我也不要你们缴纳，让全县人民世世代代不必服劳役，缴赋税。"高兴地饮宴了十几天才离去。

3 汉别将击英布军于洮水南、北，两战皆大破之。英布之前跟番君吴芮结有婚姻之好，是吴芮的女婿。所以吴芮的儿子，现在的长沙王吴臣派人引诱英布，假装要和他一起逃亡越国。英布信以为真，跟着吴臣的使者去长沙，到了番阳。番阳人在乡民的田舍中杀死了英布。

4 周勃将代郡、雁门、云中等地全部平定，斩陈豨于当城。

5 因为荆王刘贾没有子嗣，所以皇上将荆国改为吴国，十月九日，封皇兄刘仲的儿子刘濞为吴王，王三个郡，五十三座城。

【胡三省曰】

为以后刘濞以吴国造反埋下伏笔。

6 皇上经过鲁,以牛、猪、羊各一的太牢标准祭祀孔子。

7 皇上击破英布回来,病得更重了,更加急于改立太子。张良进谏,皇上不听,于是张良称病,不愿再管事。

叔孙通进谏说:"以前晋献公因为宠爱骊姬,废太子,立奚齐,结果晋国因此乱了几十年,为天下笑。秦国因为不早立扶苏,让赵高得以诈立胡亥,结果让自己国破家亡,这是陛下您亲眼所见。如今太子仁孝,天下人都知道他的美名。况且吕后和陛下是患难夫妻,怎么能背弃她呢?陛下如果一定要废长立少,臣愿意先行伏诛,把我脖子上的血,洒在您的面前!"刘邦说:"算了算了,我不过是开个玩笑罢了!"叔孙通说:"太子是天下根本,本一摇,天下震动,陛下怎么能拿天下来开玩笑!"当时群臣固执地为太子争辩的人很多,刘邦知道群臣心里都不归附赵王,于是打消了废立的念头。

8 相国萧何因为长安地方狭小,而上林苑中有很多空地、弃地,所以他希望能让百姓进入上林苑耕种,收获之后,不用再收秸秆,就留给禽兽吃。刘邦大怒,说:"相国自己经常收受商人财物,他倒来打我猎苑的主意!"于是逮捕相国,将之戴上枷锁关起来,交给廷尉治罪。过了几天,王卫尉侍奉皇上,上前问道:"相国有多大罪啊,陛下这么粗暴地给他上枷锁?"刘邦说:"我听说李斯给秦始皇做丞相时,有对老百姓的善政,就归功于皇帝;有伤害百姓的事呢,就说是自己的主意。如今相国自己收受商人贿赂,反倒请求开放我的猎苑给百姓耕种,收揽民心,所以把他抓起来治罪。"

王卫尉说:"有利于民的事,就请求去做,这本来就是宰相的职责。陛下怎么会怀疑萧何受贿呢?况且陛下当初和项羽相持数年,之后陈豨、英布造反,陛下御驾亲征,在那些时候,相国镇守关中,只要他在关中一只脚稍微摇动,关西土地就非陛下所有了。相国不以此为利益,倒把商人送的那点小钱当利益吗?况且秦二世就是因为听不到自己的过失而失去了天下,李斯为皇上分过，又有什么值得效法的呢？陛下您怀疑相国，未免把相国看得太肤浅了吧！"

刘邦听了，心中有愧，但余恨未消，不过，仍在当天就派使者拿着符节将相国放出来。

萧何年老，对人一向恭谨，徒跣（光着脚）进来谢罪。刘邦说："相国免礼！相国为民请苑，我不许。我不过是桀纣之君，而相国为贤相。我故意囚禁相国，就是要让人民知道我的过失。"

【华杉讲透】

都是之前"剑履上殿，入朝不趋"惹的祸，萧何获得了上殿不用脱鞋，穿着鞋子就进殿，还不用快步小跑，踱着方步慢吞吞去见皇上的特殊礼遇，那时候祸根就埋下了。到了现在，不仅脱鞋，袜子也脱下来，罪人待遇——徒跣——光着脚丫子去谢罪，君臣的位置重新调整归位了。

萧何功劳太大，人太好，一辈子只做好事，不做坏事，刘邦就不高兴了，生疑心了，要防备了。百姓都说相国好，皇上坐的是相国的江山吗？《史记》上记载得更详细，刘邦征讨陈豨、英布时，经常问左右："相国在干啥？"回答都说在安抚勉励百姓，全力以赴供应军需。消息传来，萧何左右近臣就警告他："您离灭族不远了！您做了十几年相国，关中百姓都爱戴您，皇上能安心吗？您赶紧干点坏事！"于是萧何听了这"君子自污"之计，不能做圣人，要做皇上的好人、百姓的烂人，赶紧给自己身上泼点脏水！于是派人巧取豪夺，低价抢夺民田民宅，一时民怨沸腾。等刘邦打仗回来，被萧何家族侵夺的老百姓拦路上书，举报相国不法之事。刘邦这才开心了，对萧何说："你自己找老百姓谢罪哈！"

这危机本来已经度过去了，但萧何仁厚本性难移，又为百姓利益，打起皇家猎苑的主意，刘邦就爆发了。

9 当初，陈豨造反，燕王卢绾发兵攻击他的东北部，陈豨派王黄到匈奴那儿求援。燕王卢绾也派张胜为使臣，去跟匈奴说：陈豨已经兵败，你们别参与了。张胜到了匈奴处，前任燕王臧荼的儿子臧衍正在匈奴流亡，他对张胜说："您之所以在燕国被重用，是因为您熟悉匈奴事务；而燕国之所以还能存在，是因为诸侯接连造反，战事不绝。如今您为了燕国，急于消灭陈豨等人。陈豨等都灭了，下一个就到燕国了，你们也要成为俘虏。您何不让燕国暂缓攻打陈豨，而与匈奴配合？天下无事，可以常保燕国王座。如果汉要对燕国下手，也好有个外援。"张胜觉得有道理，于是自作主张，让匈奴协助陈豨攻打燕国。燕王卢绾发现形势不对，怀疑张胜和匈奴勾结，上书请将张胜灭族。等到张胜回来，详细跟卢绾汇报了他的打算，卢绾认为有理，但是已经向中央政府汇报了要族灭张胜，于是找了一个替死鬼，将他灭族，却把张胜和他的家族，秘密送到匈奴，充当使节。又秘密派范齐去勾结陈豨，让他长期抵抗，不要急于在战场上决胜负。

【华杉讲透】

臧衍游说张胜，又献给卢绾的这一计，叫"养寇自重"。但是卢绾没搞清楚，要使这一计，得有个前提，就是离了我不行，皇上就算心知肚明，也只能睁一只眼闭一只眼。这属于欺骗皇上，双方都不说穿而已。卢绾哪有这个分量呢？他根本不知道自己手里有几张牌。

卢绾能封王，既不是本事，也不是功劳，而是他跟刘邦是同年同月同日还在同一条巷子出生的发小，又是同学。他跟刘邦的关系，谁也比不了，所以刘邦封他为燕王。

但是他却跟刘邦耍心眼儿。

要指挥千军万马在前线打假仗，还不是一次，要长年累月，一个假仗接一个假仗地打，还不是两方的假仗，是卢绾、陈豨、匈奴三方配合打假仗，这是根本没法保密的事儿，很快就会败露，一旦败露，卢绾就收不了场。这么简单明白的道理，卢绾却看不清，还把这当立国的战略，准备传给子孙后代。

所以为什么小人之心难测，因为他没逻辑，他自己都不知道自己在干什么，你也就没法知道他在想啥了。

汉军攻打英布，陈豨经常将兵在代郡。等到汉军击杀陈豨，陈豨的副将投降，交代了燕王卢绾派范齐和陈豨勾结的情形。刘邦派人找卢绾来对质。

卢绾称病不敢去。刘邦又派辟阳侯审食其、御史大夫赵尧去接他来，并向卢绾的左右调查真相。卢绾更加恐惧，躲避起来不见面，对他的幸臣说："如今不姓刘还当王的，就我和长沙王吴臣了。去年春天，诛杀韩信，夏天，又杀彭越，都是吕后的主意。如今皇上生病，都是吕后掌权，吕后妇人之心，专门找借口要诛杀异姓王和有功的大臣。"于是称病坚决不肯进京。他的左右，看见势头不对，纷纷逃亡。卢绾说的话，逐渐泄露，审食其听说了，回京向刘邦汇报。刘邦更加愤怒。这时，又得到匈奴投降过来的人报告，说张胜在匈奴，为燕国使节。于是刘邦说："卢绾果然反了！"春，二月，派樊哙率兵攻打卢绾，立皇子刘建为燕王。

10 刘邦下诏："南武侯织，也是南越世家，立为南海王。"

【胡三省曰】

高祖五年，以象郡、桂林、南海、长沙立吴芮为长沙王，但象郡、桂林、南海都是赵佗的地盘。那时候赵佗还没有投降，吴芮实际统治的地盘只有长沙。后来赵佗降汉，立为南越王，国土包括象郡、桂林、南海，如今又封一个南海王，恐怕也是虚名，南海还是赵佗的地盘。

11 刘邦攻打英布的时候，被流矢射中，回长安途中，病情恶化。吕后请来良医。医生诊断之后，说："能治好。"刘邦谩骂说："我从一介布衣平民，提三尺剑以取天下，这不是天命吗？我命在天，就算是扁鹊来，又有什么用！"拒绝医治，赏给医生黄金五十斤，让他回去。

吕后问："陛下百岁之后，如果萧相国死了，谁能接任？"刘邦说："曹参。"吕后再问曹参之后，刘邦说："王陵可以，但是王陵有点憨，让陈平协助他。陈平智慧有余，但是不能独当大任。周勃为人厚重，不善言辞，但是将来保护刘氏平安的，一定是周勃，可以让他做太尉，掌军事。"吕后再问后继人选，刘邦说："再往后，也不是你的事了。"

夏，四月二十五日，刘邦在长乐宫驾崩（享年六十二岁）。

四月二十八日，发丧，大赦天下。

12 卢绾带着数千人驻屯在边境，守候消息，希望等刘邦病愈之后，进京谢罪解释，听说皇上驾崩，于是逃亡投降匈奴。

【华杉讲透】

卢绾闯了那么大祸，还敢等着要亲自向高祖解释，可见他和刘邦的关系，确实非同一般。他的罪，也确实还不算造反。卢绾一年后在匈奴去世，他的妻子儿女子孙，后来回归汉朝，也得到善待。吕后和刘家还是念他们的旧情。

13 五月十七日，葬高帝于长陵。

当初，高祖不修文学，而性情明达，好谋略，又能听取别人的意见，从看门的守卫，到最基层的士兵，一见面就跟老朋友一样。刚开始进入关中，能顺应民心，约法三章，废除秦朝苛法。天下既定之后，命萧何制定法律、政令，韩信制定军法，张昌制定历法、节气、度量衡标准等，叔孙通制定礼仪，又与功臣剖符作誓、丹书铁券，妥善地保藏在宗庙的石屋金柜之中。高祖虽然每天忙碌，片刻不得休息，但所创立的制度，规模宏远。

【柏杨曰】

剖符，用金、玉、铜、竹、木之类做成，上刻文字，然后当中劈开，君王自留一半，一半交给当事人。丹书铁券，把字铸在铁券上，用朱砂涂在字上，表示永远有效，颁发给功臣，世世代代保存，关键时候可以免除很多重罪，包括死刑。

14 五月二十日，皇太子刘盈继位（汉朝第二任皇帝汉惠帝，本年十六岁）。尊吕后为皇太后。

15 当初，高帝病重，有人诬陷樊哙说："樊哙与吕后一党，一旦皇上晏驾，就要起兵诛杀赵王如意和他的随从。"刘邦大怒，用陈平的计谋，召绛侯周勃到病床边下诏说："陈平即刻乘坐驿车，带着周勃，到前线军中，斩下樊哙头颅，用周勃代替樊哙为将。"二人受诏，上了驿车，走到中途，商量说："樊哙是皇上老友，功劳又多，还是吕后妹妹吕媭的丈夫，又亲又贵，皇上震怒，要斩他，之后恐怕要后悔。还不如把他抓捕起来，用囚车押送到皇上那里，让他自己处理。"在军营不远处，修筑高台，用符节召樊哙前来。樊哙受诏而来，即刻将之反绑，装上囚车送往长安，而令绛侯周勃代樊哙为将，统率军队平定燕国还在造反的郡县。

陈平走到半路，听到皇上驾崩的消息，害怕吕媭向太后进谗言，于是火速先行。半路遇到使者，下诏让陈平与灌婴镇守荥阳。陈平受诏，但并不去荥阳，飞车急行到未央宫，悲恸大哭，固执地请求能留在宫中守卫灵柩。太后于是任命他为郎中令，掌宫殿门户，并担任汉惠帝的师父。于是吕媭向吕后进的陈平的谗言，没有发挥作用。

樊哙被押送到长安，即刻赦免，爵位采邑如故。

16 太后下令将戚夫人逮捕，关押在宫中的女监永巷，剃光头发，穿上囚服，戴上刑具，负责舂米。然后，派使者召赵王如意。使者去了三次，赵国丞相周昌不放行，说："高帝将赵王托付给我，赵王年少。我听说太后怨恨戚夫人，要把赵王召去，一起诛杀，我不敢让赵王去。更何况赵王正在生病，不能远行。"太后怒，先派人召周昌，周昌只得自己到长安。吕后再派人召赵王。赵王来，还没到长安，汉惠帝刘盈知道太后之怒，亲自到霸上迎接赵王，接到自己宫中保护起来，吃饭睡觉都在一起。太后想杀赵王，却找不到机会。

孝惠皇帝

惠帝元年（丁未，公元前194年）

1 冬，十二月，皇帝刘盈早晨出去打猎。赵王年少（只有十三岁），不能早起，太后得到机会，派人给赵王灌下毒酒。等到刘盈回来，赵王已死。

太后又将戚夫人砍去手足，挖掉双眼，用火熏聋耳朵，灌下破坏声带的哑药，然后把她扔到厕所，命名为"人彘"（彘，就是猪）。

几天之后，吕后请刘盈去看"人彘"，刘盈见了，问这是什么东西，回答说是戚夫人。刘盈大哭，精神受到很大刺激，病倒在床上一年多都不能起身，派人给太后传话说："这不是人干的事！我作为您的儿子，终究不能治天下。"

从此汉惠帝每日饮宴淫乐，不再听取政事。

【司马光曰】

为人子者，父母有过则进谏，谏而不听，则号泣以随之。怎么能守着高祖留下的基业，为天下之主，只因不忍母亲之残酷，就弃国家而不顾，纵酒色以伤身？像汉惠帝这样，真是有小仁而不知大义了。

【胡三省曰】

汉惠帝的意思，是让吕后治天下，自己还跟做太子时一样。或者说，自己身为皇帝，连父亲的宠姬和自己弟弟的性命都不能保护，也不配治理天下了。

【华杉讲透】

司马光的评论太冷漠了。正如刘盈所说，吕后干的，已经不是人干的事了，怎么"号泣以随之"？刘盈如果要执政，就要和吕后争权，要和吕后争权，他的生命也会受到母亲的威胁，因为这个母亲不是人。天子家中无亲情，母亲为了权力甚至都会忍心杀死亲生儿女，后世武则天就干过。但武则天也仅止于杀人而已，达到政治目的就行，也不会干出人彘这样的事。吕后特意叫刘盈去参观人彘，是炫耀，也是恐吓。刘盈只是一个心地善良而软弱的十六岁少年，刘邦一直认为他"仁弱"，想换掉他，不是没有道理。刘盈遭遇这样大的刺激，没有精神失常，已经是幸运了。以酒色自戕，不问政事，是自暴自弃，也是保护自己。

好人不知道坏人有多坏，坏人不知道好人有多好。刘盈说吕后干的事"此非人所为"。吕后恐怕也觉得刘盈居然要保护差点夺了他皇位的弟弟，也不是正常人。

2 将淮阳王刘友改封为赵王。

3 春，正月，开始修筑长安城西北方。

【胡三省曰】

汉定都长安，萧何修建了宫殿，但还没有修筑城墙。到汉惠帝时才开始筑城，到汉惠帝五年完成。

惠帝二年（戊申，公元前193年）

1 冬，十月，刘邦的庶长子、齐悼惠王刘肥来朝，在太后跟前饮酒。惠帝认为齐王是兄长，请他上坐。太后大怒，暗暗叫人拿来毒酒，放在刘肥面前，向他敬酒。齐王起身致谢，惠帝也起身，拿起毒酒来，太后害怕，自己起身把汉惠帝的酒杯打翻了。齐王觉得奇怪，也不敢再喝，假装喝醉告辞了。后来一问，知道是毒酒，大为恐惧。齐国一个名叫士的内史向齐王献计，让他把城阳郡献给鲁元公主做汤沐邑。太后高兴了，这才放齐王回国。

2 春，正月，兰陵一户平民家水井中，出现两条龙。

3 陇西地震。

4 夏，旱灾。

5 郜阳侯刘喜逝世。

6 酂侯萧何病重，惠帝亲自去探视他，问："君百岁之后，谁可以替代您为相？"萧何说："知臣莫如主。"惠帝问："曹参如何？"萧何说："帝得之矣！臣虽死不恨。"

秋，七月五日，萧何去世。萧何买田置宅，一定选穷乡僻壤，而且从不修围墙，说："子孙如果有本事，那就要学会我的简朴；如果没本事呢，这些贫田陋屋也没人看得上，不会被权势人家夺走。"

七月二十七日，任命曹参为相国。

曹参听说萧何死了，就通知随从们说："赶快准备行装，我要去做相国了。"过了没多久，使者果然来召曹参。曹参微贱时，和萧何关系很好，等到各自做了将相，相互有了一些矛盾。但是到了萧何将死的时候，他推荐的人只有曹参。曹参代替萧何为相，所有政事都不做变更，一切按萧何之前的办。在各郡和各封国官吏中，选拔那木讷而不善言辞的厚重长者，做丞相府的官员；而对那些言语锋利、文辞深刻、务求声名的，则予以辞退。曹参自己呢，每天只是喝着美酒，啥也不干。卿大夫以下官吏和宾客，见曹参不理政事，都来求见说事，曹参就劝酒，喝酒中间想插空说两句，曹参又劝酒把他堵回去，喝到最后都喝醉了，也没说一句正事，这样成了常态。他发现谁有什么小过错，也不追究，反而帮忙遮掩过去，所以丞相府中，清闲无事。

曹参的儿子曹窋，在朝廷做中大夫。惠帝对曹参不理政事很奇怪，心想：莫非是欺负我年轻，不懂政治？派曹窋回去，以私人身份问曹参怎么回事。曹参怒，把曹窋鞭笞二百下，说："赶紧回去侍奉皇上！天下事不是你该问的！"到了上朝的时候，惠帝责备曹参说："曹窋的话，是我让他去劝谏你的。"曹参脱帽谢罪说："陛下觉得您的英明神武，比高帝如何？"惠帝说："我怎敢与先帝相比！"又问："那陛下觉得我比萧何如何？"惠帝说："好像也赶不上。"曹参说："陛下所言极是！高帝与萧何定天下，法令明确。如今陛下垂拱而治，曹参等固守职责，遵从先帝和萧何定下的章程，不就行了吗？"惠帝说："好！"

曹参为相国，出入三年，百姓歌颂他说："萧何立法，清楚整齐，曹参接任，守成不失，清静无事，百姓安宁。"

【张居正曰】

高帝、萧何开国之初，纪纲法度，事事齐整。为曹参者，只宜安静守法，与民休息，这是审时度势，不得不然也。若承平日久，人心怠玩，法度废弛，则又当修举振作一番，乃为长治久安之道。若不审于时势之宜，因循偷惰，旷日废职，而借口于曹参之安静，则将至于颓靡废坠而不可救矣。此又为君为臣者之所当知。

【钱穆曰】

秦灭六国，二世而亡，此乃古代贵族封建势力的逐步崩溃，而秦亡为其最后一幕。直至汉兴，始为中国史上平民政权之初创。汉初政府纯粹代表一种农民素朴的精神，无为主义即为农民社会政治思想之反应。因此恭俭无为，与民休息，遂为汉初政府之两大信念。因乱后社会经济破产，人心厌乱，战国晚年黄老一派的消极思想，遂先在农民政府中得势。"无为"之实，则为"因循"。这种趋势，在文景时期逐渐开展，到汉武帝时才孕育出新一朝之变法。

【华杉讲透】

这就是"萧规曹随"的成语典故。作为新一任领导，不改前任的章程，这不仅是无为，也是一种无我的精神。

惠帝三年（己酉，公元前192年）

1 春，发动长安方圆六百里内男女十四万六千人修筑长安城，大干了三十天。

2 以宗室女子为公主，嫁给匈奴冒顿单于。

当时，冒顿正是强盛时期，派使者送书信给吕后，言辞傲慢，甚至污秽。吕后大怒，召将相大臣，商议斩其使者，发兵攻击。樊哙说："臣愿率精兵十万，横行匈奴！"中郎将季布说："樊哙可斩也！当初匈奴在平城包围高帝，汉军三十二万，而樊哙为上将军，不能解围。如今呻吟之声未绝，伤者还未痊愈起身，樊哙却想动摇天下，妄称能率十万精兵横行匈奴，这是当面欺君！况且夷狄之人，譬如禽兽，他说一句好话没什么可高兴的，口出恶言也不值得生气。"吕后说："好！"于是放低自己的身段，主动示弱，写了一封非常谦卑的回信给冒顿，婉拒他的骚扰，并赠送冒顿两辆车、八匹马。冒顿又派使臣来道谢，说："我不懂得中原礼仪，冒犯之处，请陛下原谅！"于是也献上马匹，与中原和亲。

3 夏，五月，立闽越君摇为东海王。摇与无诸，都是越王勾践之后，跟从诸侯，参与了灭秦战争，功劳多，当地百姓也依附他，所以立他为王，首府在东瓯，所以俗称东瓯王。

4 六月，征发各封国囚犯和奴隶两万人，继续修筑长安城。

【胡三省曰】

汉惠帝元年开始修筑长安城西北方，本年春天已经征发长安周围方圆六百里的百姓继续修筑，所以现在轮换，征调各王国和侯国的人。

5 秋，七月，皇家马厩失火。

6 本年，蜀郡湔氐部落造反，派兵平定之。

惠帝四年（庚戌，公元前191年）

1 冬，十月，立皇后张氏。张氏是皇帝的姐姐鲁元公主之女，太后希望亲上加亲，所以把她许配给皇帝。

【胡三省曰】

这是人伦之变（刘盈娶了自己亲姐姐的女儿，说是亲上加亲，实际成了乱伦），也是外戚固宠之计。

2 春，正月，下令各地推举百姓中孝顺父母、友爱兄弟、勤力农事的模范代表，免除他们的赋税和徭役。

3 三月七日，皇帝加冠，举行成年礼，大赦天下。

4 撤销若干扰民的法令，废除"挟书律"。

【柏杨曰】

秦政府时代颁布的挟书律——携带、收藏书籍的，灭族。

5 皇帝除了正式到长乐宫朝见太后，平时也经常过去逛逛，每次出行，都要戒严，皇帝觉得太扰民，于是在武库之南修建上下两层的复道。负责祭祀的奉常叔孙通进谏说："这是高帝每月衣冠出游之道，子孙怎么能在这宗庙之道上行走呢？"皇帝慌忙说："赶紧把复道拆毁！"叔孙通说："天子永远没有过失，如今这复道已经修了，老百姓都看见了、知道了，再拆掉，岂不是自己承认错误？我建议陛下在渭水北岸给高帝再盖一座宗庙，每月让高帝衣冠出游一次。多盖宗庙，本身也是大孝之本啊。"皇帝于是下诏有司再盖一座宗庙。

【司马光曰】

过错，是人所不能免的，但唯有圣贤能知错、改错。古代圣王，担心自己有过错却不自知，所以设立一根诽谤之木，设置敢谏之鼓。（诽谤之木是一块木牌，人民有意见可以写在上面；敢谏之鼓是一面大鼓，人民有意见，就来擂鼓，进见陈述。）所以商朝宰相仲虺赞美商汤说："改过不吝。"傅说警诫高宗武丁说："不要因为耻于承认错误，反而错上加错。"由此观之，则为人君者，不应该以没有过错为贤德，而应该以能改正错误为美德。如今叔孙通向汉惠帝进谏，说："人主无过举。"这是教人君文过饰非，岂不是大谬吗！

【柏杨曰】

皇家礼仪规定，每月一次将刘邦生前穿的衣服和戴的帽子，从墓园捧出来，捧到刘邦的祭庙，称为"游衣冠"。刘盈的双层大道，刚好就建在游衣冠的那条路上。

【华杉讲透】

《论语》中子贡曰："君子之过也，如日月之食焉：过也，人皆见之；更也，人皆仰之。"

子贡说："君子的过错，就像日食月食一样：有过错时，人人都看得见；改正的时候，人人都仰望着。"

有过错，无损于你的"形象"，不过是证明你也是个正常人，不是妖怪。如果文过饰非，错上加错，别人看你，"如见肺肝然"，清楚得很。

6 长乐宫鸿台发生火灾。

7 秋,七月二十日,未央宫藏冰的房间发生火灾,二十一日,织机房又发生火灾。

惠帝五年（辛亥,公元前190年）

1 冬天打雷,桃李开会,枣树结果。

2 春,正月,又征发长安方圆六百里内男女十四万五千人修筑长安城,为期三十天。

3 夏,大旱,江河水量减少,溪谷干涸。

4 秋,八月,阳懿侯曹参薨。

惠帝六年（壬子,公元前189年）

1 冬,十月,以王陵为右丞相,陈平为左丞相。

2 齐悼惠王刘肥薨。

3 夏,留文成侯张良薨。

4 以周勃为太尉。

惠帝七年（癸丑，公元前188年）

1 太尉灌婴为将，率领骑兵及预备役部队进驻荥阳。

2 春，正月初一，日食。

3 夏，五月二十九日，日全食。

4 秋，八月十二日，皇帝在未央宫崩逝（得年二十四岁），大赦天下。九月五日，葬于安陵。

当初，吕太后命张皇后收养别人的孩子，并杀掉那孩子的母亲，把这孩子立为太子。皇帝下葬之后，太子即皇帝位，年幼，太后临朝称制。

【胡三省曰】

天子之言，一个叫诏书，一个叫制书。制书，就是制度之命的意思，不是皇后能称的。如今太后临朝，行天子事，所以称制。

卷第十三　汉纪五

（公元前187年—公元前178年，共10年）

主要历史事件

吕太后封吕氏为王　113

吕太后杀少帝　116

刘章以军法行酒，杀吕氏族人　119

陈平、周勃结盟，吕氏势力衰减　120

吕太后去世　121

吕氏一族篡汉失败被诛灭　121

代王刘恒被立为帝，是为汉文帝　125

陆贾说服南越王赵佗再次归汉　132

文帝广开言路　135

贾谊《论积贮疏》　137

主要学习点

贪心就会招祸，侥幸就没有意志力　124

个人的人生，要服从历史的天命　128

说话不诚心诚意，就会发动祸机　130

始终从待罪和免祸的角度看问题　132

高皇后

高后元年（甲寅，公元前187年）

1 冬，太后想要立诸吕为王，问右丞相王陵。王陵说："高帝当初曾与大臣杀白马盟誓：'非刘氏不封王，非有功不封侯，非刘氏而称王者，天下共击之。'如今封吕氏为王，是违反誓约的。"太后不高兴，又问左丞相陈平、太尉周勃，两人都说："当初高帝定天下，将刘氏子弟封王。如今太后称制，封吕氏为王，没有什么不可以。"太后很高兴。

退朝后，王陵责备陈平、周勃说："当初和高帝歃血盟誓，你们不在现场吗？如今高祖崩逝，太后女主当政，要给吕氏封王，你们却纵容太后的欲望，阿附她的意思，背叛和高帝的誓约，你们有何面目见高帝于地下？"陈平、周勃说："在目前这种情况下，当面指责谏诤，我们不如你。不过，保全社稷、安定刘氏之后，您也不如我们。"王陵无以应对。十一月三日，太后将王陵任命为皇帝的太傅，实际上是夺了他的相权。王陵于是称病，免职回乡。

于是以左丞相陈平为右丞相，以辟阳侯审食其为左丞相。但审食其并不管丞相的事，只是监管宫廷事务，相当于郎中令的职责。审食其一向得宠于太后，所以公卿们都找他裁决政事。

当初，赵尧建议刘邦给赵王如意安排一个强势的宰相，以保护赵王，最后选了周昌。吕后记恨这件事，就给赵尧罗织罪名惩治他。

上党郡守任敖，之前曾经在沛县做狱吏，有德于吕后。吕后便提升他为御史大夫。

太后又追封亡父临泗侯吕公为宣王，亡兄令武侯吕泽为悼武王，为封诸吕为王做铺垫。

2 春，正月，废除灭三族的刑罚，并废除"妖言罪"。

3 鲁元公主薨逝，封公主之子张偃为鲁王，给公主定谥号为鲁元太后。

4 四月二十八日，封所谓汉惠帝的儿子刘山为襄城侯，刘朝为轵侯，刘武为壶关侯。

【柏杨曰】

所谓汉惠帝的儿子，原文是"所名孝惠子"，强调"所谓"，是为后面斩草除根式的屠杀，埋伏合理解释。

吕后打算给诸吕封王，先封所谓汉惠帝的儿子刘强为淮阳王，刘不疑为恒山王，然后指使礼宾官、大谒者张释，给大臣们吹风，让他们请求立悼武王的长子郦侯吕台为吕王，割齐国的济南郡为吕国。

5 五月四日，赵王宫中丛台发生火灾。

6 秋，桃树、李树开花。

高后二年（乙卯，公元前186年）

1 冬，十一月，吕肃王吕台薨逝。

2 春，正月二十七日，地震，羌道、武都道山体滑坡。

3 夏，五月九日，封楚元王子刘郢为上邳侯，封齐悼惠王子刘章为朱虚侯，命令他入宫宿卫，又将吕禄的女儿嫁给刘章。

4 六月三十日，日食。

5 秋，七月，恒山哀王刘不疑薨逝。

6 发行八铢钱。

【柏杨曰】

铢是重量单位。秦朝时使用八铢钱，而汉初财政困难，政府铸钱时便减少铜的含量，重仅四铢。人民不愿接受，所以如今又恢复为八铢钱。

7 立襄城侯刘山为恒山王，改名为刘义。

高后三年（丙辰，公元前185年）

1 夏，长江、汉水发生洪灾，淹没四千多家房屋。

2 秋，在白昼可看见天上的彗星。

3 伊水、洛水泛滥,淹没一千六百余家。汝水泛滥,淹没八百余家。

高后四年（丁巳,公元前184年）

1 春,二月七日,立所谓汉惠帝儿子刘太为昌平侯。

2 夏,四月二十一日,太后封妹妹吕嬃为临光侯。

3 少帝年纪渐长,知道了自己不是皇后的儿子,于是说:"太后怎么能把我的母亲杀了,把我挂名为皇后的儿子?我长大之后,一定要改变!"太后听说后,把他关押在宫中的永巷中,左右近臣都不能相见。太后对群臣说:"皇帝病了很久都不好,精神失常,不能继承皇统治理天下,另选一人代替吧!"群臣都叩头说:"太后为了天下百姓,为了安定宗庙社稷,深谋远虑,我们顿首奉诏,一切听太后安排!"于是废少帝,在宫中监狱将他处死。五月十一日,立恒山王刘义为帝,再改名为刘弘,不称元年,还是太后统治,继续使用太后的纪年。另封轵侯刘朝为恒山王。

4 本年,以平阳侯曹窋为御史大夫。

5 有司请求关闭和南越贸易的关市,禁止铁器出口到南越。南越王赵佗说:"高帝立我为南越王,通使贸易。如今高后听信谗臣之言,隔绝器物贸易,这一定是长沙王的主意,想要依仗中原的汉王朝,吞并南越,使之都成为他的地盘和功劳。"

高后五年（戊午,公元前183年）

1 春,赵佗自称为南越武帝,发兵攻打长沙,接连攻破几个县,才退兵回去。

2 秋，八月，淮阳怀王刘强薨逝，封壶关侯刘武为淮阳王。

3 九月，征调河东、上党骑兵屯驻北地。

4 首次下令边防军每年轮调。

【胡三省曰】
秦朝滥用民力，边防军数年不能回家，死在驻地的很多。到现在，汉政府才正式下令，每年轮调一次。

高后六年（己未，公元前182年）

1 冬，十月，太后因为吕王嘉骄纵恣肆，便废了他，另立肃王的弟弟吕产为吕王。

2 春，在白昼能看见天上星辰。

3 夏，四月三日，大赦天下。

4 封朱虚侯刘章的弟弟刘兴居为东平侯，也让他进宫担任宿卫。

5 匈奴入侵狄道，又攻打阿阳。

6 发行五分钱。

【胡三省曰】

五分钱也就是荚钱（又叫榆荚钱，轻而薄，和榆荚一样）。

7 宣平侯张敖卒，赐谥号为鲁元王。

高皇后七年（庚申，公元前181年）

1 冬，十二月，匈奴入侵狄道，掳走两千人。

2 春，正月，太后召赵幽王刘友。刘友的王后是吕家女儿，但刘友不爱她，而是爱其他姬妾。吕氏女发怒离去，向太后进谗言说："赵王说：'吕氏怎么能封王！待太后百年之后，我一定会攻击他们！'"太后于是召见赵王。赵王到了长安，住在赵国的府邸，吕后却并不接见他，还派兵将他包围，不给他食物。有官员私下送去食物，结果被逮捕论罪。正月十八日，赵王饿死，以平民之礼葬于长安民间坟场。

3 正月三十日，日食，白昼如同黑夜，吕后非常厌恶，对左右说："这是针对我！"

4 二月，改封梁王刘恢为赵王，吕王吕产为梁王。吕产并没有到梁国，而是留在京师给皇帝做太傅。

5 秋，七月丁巳日（柏杨注：七月没有丁巳日），封昌平侯刘太为济川王。

6 吕媭的女儿是将军营陵侯刘泽的妻子。营陵侯是高祖的堂弟。齐国人田生替他游说大谒者张卿："诸吕封王，大臣们还不服。如今营陵侯刘泽，在刘氏宗族中辈分最高。您向太后建议，封他为王，那么吕氏的封王就更巩固了。"

张卿于是进宫向太后进言，太后认为有道理，于是割齐国的琅琊郡，封刘泽为琅琊王。

7 赵王刘恢前往赵国就任，心怀不乐。因为太后立吕产的女儿为赵国王后，而王后的随从也都是吕氏子弟，他们专擅权力，监视赵王，赵王什么事也做不了主。赵王有一个宠爱的姬妾，王后却派人把她毒死了。六月，赵王因不胜悲愤而自杀。吕后听说后，认为赵王为了一个女人，竟然抛弃宗庙社稷的责任，便不让他的后代继承赵国王位。

8 那时，诸吕擅权用事。而二十岁的朱虚侯刘章，慷慨雄壮，有勇气魄力，他对刘氏被压制身份这件事感到愤慨。他曾经侍奉太后酒宴，太后让他做监酒令，刘章请求说："我是将门之后，请以军法行酒。"太后说："可以。"酒酣耳热之际，刘章要求唱一首耕田歌，太后同意，刘章便唱道："深耕密种，立苗欲疏，非其种者，锄而去之！"太后默然不语。过了一会儿，诸吕中有一人醉酒，离席躲酒不喝，刘章便追出去，拔剑将他斩杀，然后回来汇报说："有一个人避酒而逃，臣已经依法将他斩决！"太后左右皆大惊，但之前已经同意他以军法行酒令，所以他没有罪，于是酒宴提前结束。这件事之后，诸吕都忌惮朱虚侯，大臣们则依附他，刘氏的势力开始转强。

陈平对诸吕势力的膨胀十分忧虑，又没有力量制约他们，害怕祸事落到自己头上，便独自在家里待着，冥思苦想。陆贾去拜访，不等门人通报，就直接进他家坐下，而陈平却没看见他。陆贾问："你想什么事这么出神啊？"陈平说："你认为我在想什么呢？"陆贾说："足下已经富贵至极，也没有什么新的欲望了，但是还有忧虑，不过是担心诸吕的势力和皇帝年少罢了。"陈平说："是。怎么办呢？"陆贾说："天下安，注意相；天下危，注意将。将相和调，则军民团结，天下就算有变，权力也不至于分散。为社稷安危计，就在您二位的掌握之中。我想跟太尉绛侯周勃说，但是我平时和他嬉笑惯了，他不会重视我的话。您为什么不和太尉做朋友，结成深交呢！"于是又为陈平谋划若干对付诸吕的计谋。

陈平用陆贾之计，以五百金为太尉祝寿，准备了丰盛的酒食，宴请周勃。周勃也回请陈平，于是二人深相结交，吕氏的势力也就衰减了。陈平以奴婢百人、车马五十乘、钱五百万送给陆贾做饮食费。

【华杉讲透】

什么事都得有人领头，有打冲锋的，有在后面谋划布局的。前有刘章争气，后有陈平、周勃结盟，吕氏之祸就埋下了。

9 太后派使者告诉代王刘恒，要改封他为赵王。刘恒辞谢，表示愿意为国戍边、守在代国。太后于是立自己兄长的儿子吕禄为赵王，追尊吕禄的亡父建成康侯吕释之为赵昭王。

10 九月，燕灵王刘建薨逝，有美人所生之子。太后派人杀了他，撤销了他的封国。

11 派隆虑侯周灶率兵攻打南越。

高后八年（辛酉，公元前180年）

1 冬，十月十六日，立吕肃王之子东平侯吕通为燕王。封吕通的弟弟吕庄为东平侯。

2 三月，太后到郊外举行除恶消灾的祭祀，回程途中经过轵道时，看到一个东西，好像一只灰白色的狗。这狗扑到太后腋下，忽然又不见了。命巫师占卜，巫师说："这是赵王如意的鬼魂作祟。"太后于是觉得腋下疼痛，开始生病。

太后觉得外孙鲁王张偃年少孤弱，夏，四月十五日，封张敖姬妾所生的两个儿子——张侈为新都侯，张寿为乐昌侯，以辅佐鲁王。又封中大谒者张释为建陵侯，以赏赐他鼓动大臣们建议封诸吕为王的功劳。

3 长江、汉水洪灾，淹没一万多户人家。

4 秋，七月，太后病重，于是任命赵王吕禄为上将军，掌管北军，吕王吕产掌管南军。太后告诫吕禄、吕产说："吕氏封王，大臣们心中不平。我将死，皇帝年少，恐怕大臣们会发动政变。如果我死了，你们一定要拥兵保卫皇宫，不要出城送丧，为人所制！"三十日，太后崩逝，遗诏：大赦天下，以吕产为相国，以吕禄之女为皇后。高后下葬之后，以左丞相审食其为皇帝太傅。

5 诸吕准备政变，但顾忌大臣周勃、灌婴等，未敢发动。朱虚侯刘章的妻子是吕禄的女儿，所以知道了他们的阴谋。于是刘章秘密派人告诉他的哥哥齐王刘襄，想让他发兵西进，朱虚侯刘章、东牟侯刘兴居为内应，以诛诸吕，立齐王为皇帝。齐王于是与他的舅舅驷钧、郎中令祝午、中尉魏勃阴谋发兵。齐国宰相召平拒绝合作。八月，齐王想派人诛杀召平。召平得到消息后，派兵包围王宫。魏勃骗召平说："齐王想要发兵，但并没有中央政府的兵符，您包围王府是完全正确的！我愿意替您带兵保卫王宫！"召平轻信，将军权交给魏勃。魏勃取得军权，即刻包围相府。召平自杀。于是齐王以驷钧为宰相，魏勃为将军，祝午为内史，动员齐国全国军队。

齐王派祝午东行，骗琅琊王刘泽说："吕氏作乱，齐王要发兵向西诛杀他们。齐王觉得自己年轻，不懂军事，愿意举国听命于大王您。您在高帝的时候就是将军，请您大驾到临淄，与齐王计事。"刘泽相信了他的话，飞车驰往临淄见齐王。齐王于是羁留软禁了琅琊王，又派祝午动员琅琊国全国军队，一并归齐王统率。

琅琊王对齐王说："大王您是高帝嫡长孙，应该立为皇帝。如今诸位大臣狐疑，没有决定。而在刘氏宗族中，我的年纪最大，恐怕他们也希望跟我商量。如今大王您把我留在齐国，也没有什么用，不如派我入关，去和大臣们议事。"

齐王觉得他言之有理，于是给他增加车马，送琅琊王进京。琅琊王一出发，齐王就举兵西攻济南，向各诸侯王送去书信，陈述诸吕罪行，号召诛杀诸吕。

相国吕产得到消息，便派颍阴侯灌婴率兵迎战。灌婴到了荥阳，与左右谋划说："诸吕拥兵关中，想要除去刘氏，自立为帝。如今我攻破齐军，那是增加了吕氏的势力。"于是留在荥阳，按兵不动，派使者与齐王及各诸侯联合，以待吕氏之变，一起诛灭吕氏。齐王听说后，就回师在齐国西部边境，等待消息。

吕禄、吕产准备发动政变，对内忌惮绛侯周勃、朱虚侯刘章等，对外又害怕齐国、楚国的军队，还担心灌婴叛变，想等到灌婴与齐军交锋之后，看看形势再动手，便犹犹豫豫，没有发动。

这时候，济川王刘太、淮阳王刘武、常山王刘朝、鲁王张偃，都还年纪太小，没有到他们的封国就任，居住在长安。而赵王吕禄、梁王吕产分别统御南、北两军，都是吕氏党羽。列侯和群臣，人人自危，对自己的生命安全都没有信心。

太尉周勃没有兵权。他看曲周侯郦商年老生病，他的儿子郦寄又与吕禄关系很好，便与陈平密谋，派人去劫持郦商为人质，让他派他的儿子去骗吕禄说："高帝与吕后一起平定天下，刘氏封了九个王，吕氏封了三个王，都是大臣们一起商议的，大家都觉得公平合理。如今太后崩逝，皇帝年少，而您佩着赵王的王印，不到自己的封国镇守一方，却霸着上将军的位置，掌握军队，留在首都，大臣们和各诸侯王当然要怀疑您的用心。足下何不归还将印，把军队交给太尉。也请梁王归还相印，与大臣们谈判盟誓。这样，您回您的赵国做赵王，梁王回他的梁国做梁王，齐国也就没有理由再发兵了。如此，大臣们心安，您也高枕无忧，得千里之国为王，这才是真正万世之利啊！"

吕禄相信了他的话，想把兵权交给太尉周勃，派人把这个打算告诉吕产以及吕氏家族的老人们，族中商议后，有的人觉得可行，有的人觉得不可行，于是又犹豫不决。

吕禄信任郦寄，经常与他一起外出游猎，有一次经过他姑姑吕媭家。

吕媭大怒骂他："你当将军，却不在军营待着，吕氏如今要死无葬身之地了！"盛怒中还把家里的珠玉、宝器全部搬出来，扔在堂下，说："不要为别人守着这些东西了！"

九月十日，平阳侯曹窋担任御史大夫，见相国吕产商议工作。郎中令贾寿刚好从齐国出使回来，责备吕产说："大王不早到梁国就任，如今想走还走得了吗？"于是将灌婴与齐、楚合谋要诛灭吕氏的事告诉吕产，催促他赶紧进宫。曹窋听到了这些话，赶紧飞驰而去，向陈平、周勃报告。

太尉周勃想进入北军军营，但没有符节，进不去。襄平侯纪通负责掌管符节，太尉就命令他矫称皇帝之命，持符节带太尉入北军。太尉又下令郦寄与典客刘揭先去游说吕禄，说："皇帝派太尉掌管北军，要让您回您的封国。您赶快归还将印，辞职离开，不然就要大祸临头。"吕禄认为郦寄是好朋友，不会欺骗自己，于是解下将印，交给纪通，让他将兵权移交给太尉。等到太尉到了军营，吕禄已经离去。太尉一进军营大门，就说："效忠吕氏的，露出右臂；效忠刘氏的，露出左臂！"军士们全都露出左臂，太尉于是掌握了北军，但是还有南军由吕氏控制。丞相陈平于是召朱虚侯刘章辅佐太尉。太尉下令刘章把守军门，让平阳侯曹窋告诉掌管皇宫大门的卫尉说："不要放相国吕产进皇宫！"

吕产不知道吕禄已经离开北军，于是进入未央宫，想要发动政变，到了宫殿大门，却进不去，在门口徘徊往来。曹窋担心不能取胜，飞驰去向周勃报告。周勃也没有必胜把握，不敢公开说诛杀他，就对刘章说："你赶紧进宫保卫皇上！"刘章要兵，周勃就给了他一千多人。刘章进入未央宫门，在庭院中看见吕产。这时是黄昏时分，刘章攻击，吕产逃跑，可突然狂风大作，吕产的从官惊慌混乱，不敢抵抗。刘章追逐吕产，在郎中府的厕所里将他杀死。刘章杀了吕产，皇帝令谒者持节慰劳刘章。刘章马上要抢夺他的符节，而谒者却不肯给。刘章就把谒者挟持上车，与他同车直闯宫门。因为有符节在车上，门卫见符节而放行，刘章得以进入长乐宫，斩长乐宫卫尉吕更始。然后又回来，飞驰进北军向周勃报告。太尉起身拜贺。刘章说："我们担心的只有吕产，如今吕产已死，天下定矣！"于是派人分头抓捕吕氏男女，无论年纪长幼，全部斩杀。十一日，捕杀吕禄，又将吕媭活活打死（吕婴跋扈，得罪的人太多，所以被残酷处死）。又派人诛杀燕王吕通，废鲁王张偃。十八日，改封济川王刘太为梁王。派朱虚侯刘章出使齐国，将诸吕已经被诛灭的消息告诉齐王，让他撤兵。

灌婴在荥阳，听说魏勃教齐王举兵，便派使者召魏勃来责问。魏勃说："家中失火，难道先报告家长，然后才去救火吗？"（意思是说，社稷将危，所以举兵救国，没法等待皇帝的诏命啊！）说完这一句话，就退下站立，双腿打战，再也说不出一句话。灌婴看他半天，笑道："都说魏勃勇敢，我看也不过是个庸人，能有什么作为？"于是放魏勃回去。灌婴也率军从荥阳撤回。

【班固曰】

孝文帝的时候，天下人都说郦寄出卖朋友。但是，他的父亲是国家的功臣，又被太尉劫持为人质。他摧毁吕氏，救了国家，救了皇家，救了父亲，已经可以了。

【胡三省曰】

父子之伦和朋友之伦，孰先孰后？为人臣、为人子者，自然应该知道。

【华杉讲透】

贪心是最大的祸患。吕后贪心，想要把天下都给自己娘家人，结果给自己家招来灭族之祸。人性的弱点，就是得陇望蜀，不知止，总想多要一点。殊不知，比自己"该得的"再少要一点，才是家道绵长之道，张良就有这样的修养。

贪心和侥幸，是一对孪生兄弟，就是患得和患失的关系。贪心就会招祸，侥幸就没有意志力。

权力斗争是专业的工作，也是要有最强大的意志力才能胜任的工作。吕氏家族，只想要富贵，不知道自己德不配位。富家子弟，根本没有经历过残酷斗争的经验，事变一起，就毫无斗志，犹犹豫豫，完全像小孩子一样被人哄骗，最后死得稀里糊涂。吕后临死前已经明确交代，吕媭又严厉警告，吕产和吕禄二人，相权和军权都在手里，却完全不知道自己在干什么。

一心想把别人都消灭，却指望一旦自己没有能力消灭对方，对方还能善待自己，还能给自己保留王位，这不是太可笑了吗？

贪心和侥幸，能迅速将人的智商和逻辑能力直接降到零。吕产和吕禄不知道，姑妈给他们安排的是一个零和游戏，一旦入局，就是你死我活，根本没有双赢。

那何必当初呢？罪魁祸首还是吕后，是她将自家幼稚的孩子，投入了虎狼之群。

6 大臣们私底下在一起议论说："少帝及梁王、淮阳王、恒山王，都不是汉惠帝真正的儿子。吕后用计夺取他人之子，杀掉孩子的母亲，把孩子养在宫中，让汉惠帝认作儿子，立为太子继位，或者封王，以增强吕氏的势力。如今我们诛灭了诸吕，以后他们所立的皇帝长大亲政后，我们可就要被族灭绝后了。不如在其他诸侯王中，选拔一个最有贤德的，立为皇帝。"

有一位说："齐王是高帝长孙，可以立齐王。"

大臣们都反对，说："吕氏就是外戚凶恶而危及宗庙，乱及功臣。如今齐王的舅舅驷钧，也是非常霸道暴戾，就像个戴着人帽子的老虎，如果立齐王为帝，那驷钧家族可能变成新的吕氏。只有代王刘恒，是高帝现有儿子中年纪最长的，仁孝宽厚。他的母亲薄氏，一家人都谨慎善良。立长子本来就顺理成章，更何况他还有仁孝的美名传于天下呢？"

于是大臣们秘密派出使者，去代国迎接代王。

代王问左右，郎中令张武等人说："朝中大臣都是高帝当年手下的大将，熟悉军事，多谋诡诈，常有异志，不满足于今天的爵位俸禄，只是畏惧高帝、吕后的威严罢了。如今已诛灭吕氏，刚刚喋血京师，这时声称来迎接大王，实在不可信。愿大王称病不去，以观其变。"

中尉宋昌进言说："大家说的都不对，不需要怀疑大臣们的诚意。我讲三点：第一，秦国失去政权，诸侯、豪杰并起，自以为能当上皇帝的，恐怕有一万人，但最终能践天子之位的，只有刘氏，天下英雄都已绝望，没人敢再觊觎皇帝之位了。第二，高帝将刘氏子弟封王，封国土地，犬牙交错，宗族之势，坚若磐石，天下都畏服刘氏之强。第三，汉朝兴起，废除秦朝苛政，制定法律，施行德惠，天下人心安定，难以动摇。吕太后那么厉害，立诸吕为三王，擅权专制。然而太尉入北军一呼，士兵们都露出左臂效忠刘氏，背叛诸吕，并马上就把他们诛灭。这些都是上天授予，不是人力可以做到的。如今就算大臣们想要发动政变，百姓也不会为他们所驱使，他们能靠自己一小撮人就干？如今内有朱虚侯、东牟侯这样的刘氏亲族，外有吴、楚、淮阳、琅琊、齐、代这样的刘氏封国，他们不敢动乱。方今高帝之子，唯有淮南王与大王您，而您的年纪最长，贤圣仁孝闻名于天下，所以大臣们是从天下人心所向考虑，想要迎立大王。大王您不用怀疑！"

代王向太后汇报，商量来商量去，还是犹豫不决，就请巫师用龟甲占卜。烤出来全是横的裂纹，这是"大横"之兆，卦辞说："大横庚庚，余为天王，夏启以光。"意思是，横纹昭彰，我是天王，就像夏启继承大禹，光辉发扬！

代王说："寡人已经是王了，又做什么王？"

巫师说："天王，就是天子！"

于是，代王派太后的弟弟薄昭去见绛侯周勃，周勃等人详细向薄昭讲述了要迎立代王的意图。薄昭回来汇报说："可以相信！没有什么可怀疑的！"代王于是笑着对宋昌说："果然跟你说的一样！"

代王于是命宋昌陪同乘车，张武等六人则乘政府驿车，跟随代王到长安。到了高陵，停下休息，并派宋昌先飞驰而去，进城探听消息。宋昌到了渭桥，丞相以下官员都在那里等着迎接。宋昌返回汇报。于是代王快马前进到渭桥，群臣都跪拜称臣。代王下车答拜。太尉周勃进言说："请单独说话。"宋昌说："你如果要谈公事，就当着大家说；如果要谈私事，王者没有私事。"太尉于是跪下，呈上天子的御玺、符节。代王推辞说："到了代国府邸再说吧！"

闰九月二十九日，代王到长安，住在代邸，群臣也跟着到了代邸。丞相陈平等再拜进言说："刘弘等不是汉惠帝的儿子，不应该奉守宗庙。大王您是高帝长子，应该继承帝位，愿大王即天子之位！"代王向西谦让三次，向南谦让两次，然后即天子位。群臣以尊卑次序，侍奉左右。

东牟侯刘兴居说:"诛灭吕氏,我没有什么功劳,请让我去清除皇宫吧!"于是与太仆汝阴侯夏侯婴进入皇宫,上前对少帝说:"足下不是刘氏的儿子,不应该立为皇帝!"喝令少帝左右执戟卫士放下兵器离开,有几个人不肯放下武器,宦官总管张释叫他们服从,便也放下了。夏侯婴于是召来马车,载少帝出宫。少帝问:"你要把我带到哪里去?"夏侯婴说:"出去住。"于是将少帝安置在少府。

然后,派出天子的仪仗法驾,前往代邸迎接代王,报告说:"皇宫已经清除。"代王当晚就住进了未央宫。有谒者十人,持戟守卫未央宫前殿正南门端门,说:"天子还在,你是什么人?"代王于是告诉太尉。太尉上前晓谕谒者,十个人都放下兵器离开,代王进宫。当晚,拜宋昌为卫将军,镇抚南北两军;以张武为郎中令,守卫宫廷安全。

有司分头诛杀梁王刘太、淮阳王刘武、恒山王刘朝及少帝刘弘。

汉文帝刘恒正式坐到前殿,当夜下诏,大赦天下。

【王夫之曰】

汉朝聚劲兵于南北两军,这是在天子肘腋之下,用以拱卫天子,以防不测。但是,天子又能亲自去做大将吗?还是要委之于人。那交给谁呢?谁都不可信,就交给了外戚,交给了宦官,以为他们不会背叛自己。于是吕禄掌北军,吕产掌南军。吕后死前,告谕他们率领军队,掌控皇宫,以逞其狂谋。刘氏天下,差一点就被吕氏取代。

耀武于法官明堂之前,舍德而欲以观兵,弃略而欲以炫勇,天子之服天下,难道就是靠左矛右戟的兵器吗?唯有大军远离京师,兵在外以守边疆,与奸臣宦官遥远而不相及,想勾结也勾结不起来,就算有逆臣谋乱,也会因为互相牵连而溃败。

反之,如果聚兵于王室,则只以招乱,而不能救亡,这不应该成为天子的炯戒吗?

【柏杨曰】

刘盈十六岁继位,二十三岁逝世。七年之间,正是青春壮士,生儿子的可能性，远超过不生儿子。史书上只说皇后无子，没说刘盈无子。史书上强调刘恭、刘弘是"他人子"，只是跟其他嫔妃生的儿子，不是皇后的儿子罢了。我们敢断定，刘弘兄弟两人，全是汉惠帝刘盈的亲生儿子。他们的罪状在于他们身上所流的四分之一吕氏血液。

【华杉讲透】

吕氏想要得天下，被灭族。齐王想要当皇帝，白忙乎。代王在家修身进德，什么想法也没有，什么也没参与，最后天下人都要他出来当皇上。人生是命运和运气，个人能把握的，只有那么一点点。刘邦的功业，也非人力，而是天授，这"天"，就是这世上的所有人，和已经发生、正在发生的所有事。我们今天的世界，是历史上曾经有过的所有人和发生过的所有事的总和的结果。天命，是历史的"总结果"。个人的命运，则是这"总结果"的一小部分。个人能对大历史有多大作用力，可以自己掂量掂量看。最可悲的是只为欲望所驱使，而不知天命所在，这就是吕氏的教训了。

太宗孝文皇帝上

文帝前元年（壬戌，公元前179年）

1 冬，十月一日，将琅琊王刘泽改封为燕王，封赵幽王之子刘遂为赵王。

【胡三省曰】

齐王起兵，刘泽的琅琊国被齐王控制。刘泽到京师，与大臣们一起参与立汉文帝，便以这功劳得封燕王。吕后将赵王刘友拘禁，饿死于长安，改封梁王刘恢为赵王，刘恢后来又被逼死，赵国被封给吕禄。如今吕禄伏诛，便又重新封刘友的儿子刘遂为赵王。

2 陈平称病辞职，皇上问他原因。陈平说："高祖的时候，周勃功劳不如我。可到了诛灭吕氏，我的功劳又不如周勃。所以，我愿意把我的右丞相位置，让给周勃。"十一月，皇上重新任命陈平为左丞相，周勃为右丞相，大将军灌婴为太尉。诸吕当年所夺取的齐、楚故地，都复归原主。

3 论诛诸吕的功劳，右丞相周勃以下，都被增加采邑封地，或赏赐金银，各有等差。周勃每次散朝出来，都得意洋洋。而皇上也对他非常礼貌恭敬，常常目送他远去。郎中安陵人袁盎进谏说："诸吕悖逆，被大臣们一起诛灭。丞相当时是太尉，掌握兵权，机缘巧合成了大功。如今丞相有傲视陛下的神色，陛下又谦让，这样君臣失礼，我认为并不恰当！"后来再上朝，皇上就变得更加庄严，而丞相也越来越畏惧皇上。

【王夫之曰】

诚以安君之谓忠，直以正友之谓信，忠信为周，君子周而上下睦，天下宁矣。

周勃面有得色，不是他有什么欺君罔上的二心，只是不学无术，不读书，没有修养而已。袁盎与他同朝为臣，如果袁盎诚心诚意要君臣相安，他应该找周勃，直言规正周勃的过失，如果周勃不改正，就应在朝堂上当面批评他。袁盎不找周勃，却直接找皇上说："今丞相如有骄主色，陛下谦让，君臣失礼。窃为陛下不取也！"这话一出，皇上对周勃的猜忌顿生，周勃之后的大祸也就埋下了，袁盎是多么险恶的小人啊！

皇上对周勃谦让，并不是什么失德失礼，而是发自内心的尊有功而礼大臣，袁盎却迅速把他引向猜忌刻薄之路，这是袁盎对皇上不忠；周勃并没有什么二心，袁盎不去直言规正他，却向皇上进谗言，这是袁盎对朋友无信。袁盎之不忠不信和险恶，在后来杀晁错的事情上达到高潮，而实际上在周勃这件事上就已经显露。小人之可怕，就是如此！

4 十二月，下诏说："法律，是治国的正义。如今有人犯法，明明已经治了他的罪，却还要把他无罪的父母、妻子、兄弟姐妹也加以逮捕。朕认为这非常不恰当！废除逮捕亲人的连坐法令！"

5 春，正月，有司请早立太子。皇上说："朕既不德，纵然不能广泛访求天下贤圣有德之人，将帝位禅让给他，反而还要早点立自己的儿子做太子，这是更加加重我的无德了，你们不要再提这件事。"有司官员说："早建太子，以作预备，正是以宗庙社稷为重，不忘天下之重任。"皇上说："楚王，是我的叔父；吴王，是我的兄长；淮南王，是我的弟弟，怎么说没有预备呢？如今不推行选举，而一定要传给自己的儿子，那是让大家都觉得我不重视贤德，只顾自己的儿子，而不以天下福祉为优先考虑啊！"有司固执地再请求说："古代商朝、周朝，长治久安一千多年，就是这个机制。合法继承人一定是亲生儿子，这是由来已久的规矩。高祖平定天下而为太祖，子孙继嗣世世不绝，如果舍弃自己的亲生儿子，而在诸侯和宗室子弟中选举，这不是高帝的意愿，不应该再讨论了。皇上的儿子中，刘启年纪最长，纯厚慈仁，请立刘启为太子。"于是皇上同意了。

【王夫之曰】

文帝这番话，是欲擒故纵之术，把自己放到谦让的位置，而利用了别人的忍耐，这话太危险了！你看后面，吴王刘濞、楚王刘戊、淮南王刘长，没有一个能保全性命的，恐怕也有这番话埋下的祸机吧！

夫言者，机之所自动也。你说一句话，就要想想这话启动了哪里的机关。文帝这番话，吴王、楚王、淮南王听见了，自然妄心萌动，想要把欲望扑灭下去，也做不到了。正所谓"火生于木，而焚生火之木"，这对文帝又有什么好处呢？

君子立诚以修辞。说话，就只说自己真要去做的；做事，也坦坦荡荡，不需要回避什么。这样，大家就都能明白你的心，连鬼神都信服你，其他人也不会有兴兵革的妄心，祸患之机就不会发动。你要做什么，不需要谦让。该谦让的地方，要出于诚心诚意，不要说一些虚伪的话来求虚名。

6 三月,立太子母亲窦氏为皇后。皇后是清河观津人,出身贫贱,有一个弟弟叫窦广国,字少君,幼年时被人掠夺贩卖,转卖了十几家。他听说姐姐被立为皇后,便上书陈述身世。窦皇后召见他,验问得实,于是厚厚地赏赐良田美宅金钱,让他与哥哥长君,都住在长安。周勃、灌婴等商量说:"我们的性命,以后恐怕要落在这两人手里。两人出身低微,如果不给他们谨慎地选择师父、宾客,教他们学好,恐怕以后又会培养出一个吕氏家族,这是国家大事!"于是,他们选拔了有节操品行的人,与他们同住。窦长君、窦少君也由此退让为君子,不敢以尊贵骄人。

7 下诏救济鳏夫、寡妇、孤儿、没有子女的老人、穷困户。又下令:"八十岁以上的老人,每月赐给米、肉、酒。九十岁以上的,加赐布匹、棉絮。所赐物品中,应该给米的,由县令亲自查看,县丞或县尉亲自送到。不满九十岁的,由啬夫(下级官员)、令吏送达。二千石官员(各郡郡长)要派人巡视救济情况,凡是没有按规定办的要责罚。"

8 楚元王刘交薨。

9 夏,四月,齐、楚地震,二十九座山同日崩塌,大水溃出。

10 有人献上千里马。皇帝说:"天子之旗在前,车队跟随在后,急事时一天走五十里,平常一天走三十里,我一个人骑着千里马,跑前面去干吗?"于是把马还给了他,发给他路费送回,并下诏说:"我不接受什么献礼,四方诸侯不要访求什么珍稀来献。"

11 皇帝既已施惠于天下,诸侯、四夷远近欢乐融洽,于是总结回顾从代国到京师以来的功劳,封宋昌为壮武侯。

12 皇帝逐渐了解了如何治理国家的事务。有一次早朝,他问右丞相周勃:"全国一年判决案件多少?"周勃谢罪说不知道。又问:"一年钱谷收入多少呢？"周勃又谢罪说不知道，羞愧惶恐，汗流浃背。皇上转头问左丞相陈平。陈平说："这个有具体负责的官员。"皇上问："谁具体负责？"陈平说："陛下如果问决狱，要问廷尉。问钱谷收入，要问治粟内史。"皇上接着问："具体事都各自有负责的官员，那你负责的是什么事呢？"陈平谢罪说："陛下不知道我才能低劣，让我待罪为宰相。宰相的职责，对上辅佐天子，使其为圣君；调理阴阳，使寒暑有常；顺序四时，使气候不差；对下顺遂万物之宜，使飞走动植各得其所；对下镇抚四夷诸侯；对内亲附百姓，使卿大夫各尽其职。"皇帝称赞陈平说得好。

周勃大为惭愧，出来埋怨陈平说："你平常怎么不教教我？"

陈平笑道："您在宰相位置，却不知道宰相的职责吗？假如皇上问您长安城中有多少盗贼，您也要勉强回答吗？"于是周勃知道自己的才能比陈平差得太远了。

过了一些日子，又有人对周勃说："您诛杀诸吕，迎立代王，威震天下。如今受厚赏，处尊位，时间长了，将要祸及其身矣！"周勃也觉得自危，于是称病，请归还相印，皇上批准了。秋，八月二十七日，免去周勃丞相之职，任命左丞相陈平为丞相。

【华杉讲透】

陈平说："陛下不知其驽下，使待罪宰相。"这"待罪"二字，是谦辞，也是本质。都是待罪之身，无非暂时免祸。别看今天蹦得欢，小心明天拉清单，可能躲得过，也可能躲不过。所以周勃想一想，还是提前躲了。能始终从"待罪"和"免祸"这两个角度去看问题，《资治通鉴》就读懂一半了。

面对待罪和免祸，有三种人生态度：一是小人，利欲熏心，无所忌惮；二是君子、"明白人"，能进能退，明哲保身；三是英雄，苟利国家生死以，岂因祸福避趋之。

13 当初，隆虑侯周灶攻击南越，正好遇上暑热潮湿的天气，军队发生瘟疫，士兵无法翻越五岭。过了一年多，吕后崩逝，于是撤兵。赵佗因此以兵威震服，又以财物收买，闽越、西瓯、骆，都成为了他的属国，土地东西纵横一万余里。他乘坐皇帝专用的以黄绫为车盖的马车，左边竖起天子大旗，称制与中原汉朝平起平坐。

皇帝于是在真定赵佗祖坟设置了守邑，每年定时祭祀；又召见赵佗的堂兄弟们，给他们官职、赏赐和恩宠。然后再派陆贾出使南越，赐给赵佗书信说："朕，高皇帝侧室之子也，放逐到首都之外，在北部边境代国镇守藩国，道路遥远，闭塞愚昧，所以没有跟大王你通过信。后来，高皇帝和汉惠帝相继去世，高后执政，又不幸生病，诸吕乘机作乱，幸而靠功臣之力，已经将他们全部诛灭。朕因为各诸侯王、侯、官吏们坚持要求，不得不被立为帝，如今已经即位了。听说你给将军隆虑侯书信，要求保护你的亲族兄弟，并请撤去长沙的两支军队。我根据你的要求，已经撤去长沙将军博阳侯。你的亲族兄弟在真定者，已经派人慰问，并修治你的先人坟墓。前几天，又听说你发兵攻打边境，兵祸不止。当时长沙遭受苦难，南郡尤其严重，即便是你的国家，难道就有什么利益吗？也一定有许多士卒丧生，伤害良将良吏，增加不少寡人之妻、孤人之子、独人父母，这种得一亡十的事情，朕不忍心做！朕也想把双方边境犬牙交错的地方，重新划界，向官吏们征求意见，可他们说：'这是高皇帝划定的！'那朕也不能擅自改变。如今我得了你的土地，也不足以为大；得了你的财物，也不足以为富；我对你没有什么欲求。五岭以南，都归你自治。但是，你也称号为帝，那天下两帝并立，又没有一个使者来往通信对话，那就要起争执了。争而不让，仁者不为也。我愿与大王你尽释前嫌，从今往后，通使如故。"

陆贾到了南越，赵佗恐惧，顿首谢罪，愿奉明诏，长为藩臣，奉行朝贡之职。于是下令国中说："我听说两雄不并立，两贤不并世。汉皇帝是贤德天子。从今天开始，我不再称皇帝，并去除黄绫车盖、左纛大旗。"于是上书文帝说："蛮夷酋长、老夫、臣赵佗昧死再拜上书皇帝陛下：老夫，之前是越郡官吏，高皇帝赐给我王玺，封我为南越王。汉惠帝继位，义不忍绝，所以对老夫赏赐甚厚。高后用事之后，歧视蛮夷，下令说：'不要给蛮夷越金属铁器、农具、马、牛、羊，即便要给，只给公的，不给母的。'老夫地处偏僻，马、牛、羊都老了。我以为我祭祀不修，有死罪，于是派内史藩、中尉高、御史平，三次上书谢罪，结果他们都被扣留，有去无回。又风闻老夫的父母坟墓已被破坏，兄弟宗族被诛灭，官吏们一起商量说：'如今对内得不到汉帝国的支持，对外就没法彰显我国的形象了。'于是被迫更改称号为皇帝，自己做一个帝国，并不是有野心要危害天下啊！高后听说后，大怒，削去南越的藩国之籍，断绝通使，阻绝交通。老夫得不到消息，怀疑是长沙王进谗言，所以发兵攻打他。老夫身处南越四十九年，如今已经是抱孙子的人了，但是夙兴夜寐，寝不安席，食不甘味，目不视靡曼之色，耳不闻钟鼓之音。对美女音乐都没心思，就是因为不能侍奉汉朝啊！如今陛下哀怜，能恢复我过去的南越王号，与汉朝通使如故，老夫就算今天死了，名声也不会毁灭。我已如愿以偿，马上就去除帝号，再也不敢称帝了！"

【华杉讲透】

文帝的谦逊揖让和仁厚修养，在对赵佗家族的处理和给赵佗的这封信中，表现得淋漓尽致。大臣们立他为帝，真是得其人也！

14 齐哀王刘襄薨。

15 皇上听说河南郡守吴公，政绩天下第一，召他来京师，任命为廷尉。吴公推荐洛阳人贾谊，皇帝召见贾谊，任命为博士。贾谊建议修改正朔，改变官服颜色，重新制定各级官职名称，修订礼乐，以确立汉朝礼制，不要一切都按秦朝制度。但皇帝谦让，不敢做这样大的事。

【华杉讲透】

改正朔，是要修改历法。历法代表政权，历代新朝建立，第一就是要改纪元、定年号。这个规矩，一直持续到民国，直到中华人民共和国成立，才确立了公元纪年，和全世界接轨了。第二，还要定历法，改正朔，把哪个月是正月也给改了。所以贾谊雄才，一出场就要做大事，他要做的事，比宰相的事还大，是天子要做的事，而且是开国天子要做的事。以文帝谦让仁厚的性格，既然这是开国天子做的事，高皇帝没做，他也就不敢做。谁敢做呢？后来的汉武帝敢做，他把这件事给办了。

贾谊的意见，孔子当年就提出来了，《论语》里面有记载，孔子说要"行夏之时"，就是说要恢复用夏历。因为夏历、殷历、周历的正月都不一样。夏历，就是我们现在用的阴历。殷替代夏之后，殷历就把正月往前提前了一个月，以阴历的十二月为正月，为一年的开始。到了周朝，又把正月再提前了一个月，以阴历十一月为正月。所以夏、商、周三朝，春夏秋冬的开始时间都不一样，各差一个月。夏历现在叫阴历，又叫农历，为什么呢？因为它是最适合农业生产的。正月就差不多春天来了，该准备播种了，符合春种秋收的节奏，所以孔子才说应该恢复夏历。不过等秦始皇统一天下后，为了和前朝不同，他又把正月提前了一个月，提到了阴历十月，这下，春夏秋冬全乱了。

到了汉武帝，才恢复了夏历的正朔，以夏历正月为正月，这才一直沿用到我们今天。我们过的春节，正月初一，就是夏历的正月初一，这是孔子的意见，贾谊又一次提出来，而汉武帝作了最后决策。

文帝前二年（癸亥，公元前178年）

1 冬，曲逆献侯陈平薨。

2 诏令列侯各自回自己的封国。凡是因在中央政府担任官职，或者皇上特许他留下的，则派自己的嫡长子就国。

3 十一月二日，重新任命周勃担任丞相。

4 十一月三十日傍晚，日食。下诏说："请群臣检讨朕的过失，以及朕所见不及之处，一一告知。并请举荐贤良方正以及能直言极谏者，以匡正我的疏忽。"下令各尽职责，务必减少赋税徭役，与民休养生息。裁撤卫戍京师的卫将军部队。减少太仆的马匹，够用就行，多余的拨给驿站使用。

淮阴侯灌婴手下的骑兵将领贾山，上书言治乱之道，说："我听说雷霆之所击，无不摧折；万钧之所压，无不糜灭。如今人主之威，远甚于雷霆，人主之重，远甚于万钧。国君广开言路，诚恳地请求臣子们进谏，和颜悦色地听取，采纳他的意见，赏赐给他们荣耀，即便如此，士人们还是恐惧害怕，不敢把话都说出来，更何况那纵欲恣暴、厌恶听到别人说自己过失的国君呢？震之以威，压之以重，虽有尧舜之智，孟贲之勇，又怎能不被摧折！如此，则人主听不到自己的过失，社稷就危险了！

"周朝的时候，有大小封国一千八百个，以九州之民，供养一千八百个国君，却仍然能做到君有余财，民有余力，而颂声作。而秦始皇呢，改封建而行郡县之制，过去那一千八百国的人民，就供养他一个人。人民的力量都用尽了，还是不能完成他的劳役，人民的财物也搜刮光了，仍然不能满足他的欲求。他就是一个人而已，他的欲求，无非是驰骋狩猎之类的娱乐，但是，全天下民穷财尽都供应不了！秦始皇到处立自己的功德碑，以为自己丰功伟德，子孙后代应享有天下万世不绝！但是，他才死了几个月，就天下豪杰并起，四面攻击秦国，以至于宗庙灭绝。那秦始皇处于灭绝的险境之中，他却一点也不知道！为什么呢？因为没人敢跟他说而已！他不行养老之义，没有辅弼之臣，辞退诽谤之人，诛杀直谏之士，身边剩下的，都只是阿谀谄笑、苟且逢迎之辈。一说起皇上的贤德，那是超过了尧舜；再说起皇上的功绩，那是超过了汤武。天下已经溃烂了，要崩溃了，却没有一个人告诉他。

"如今陛下下令举荐贤良方正之士，天下人都欢欣鼓舞，说：'国家将要兴起尧舜、三王的功业了。'天下之士，无不努力治学进德，供陛下选拔。如今贤良方正之士都来到了朝廷，就要在其中选拔贤者，任命他们为直接侍奉皇上的常侍、诸吏。然而皇上就成天带着他们出去驱驰射猎，一天之中，要出去两三次。我担心朝廷会懈怠松弛，百官也会越来越懒于政事。陛下即位以来，常勉励自己厚待天下，节用爱民，司法公平，宽缓用刑，天下百姓无不喜悦。我听说山东的官吏公告诏令时，百姓中有残弱疾病的老人，也要拄着拐杖去听，希望自己晚一点死，能亲眼看到天下道德教化之成。如今功业刚刚有一点成就，名誉刚刚开始昭显，四方之士都向往效仿陛下的风范，而陛下却带着这些豪俊之臣、贤良方正之士，日日射猎，追兔子，追狐狸，伤害国家大业，让天下人大失所望，我觉得非常痛心！

"古代的时候，大臣不能参与国君的宴会游乐。大臣行为方正，节操高洁，下面的群臣就不敢不正身修行，于是尽心尽力工作，一举一动都符合礼节。如今这些贤良方正之士，他们在家里修身为贤良方正，因为贤良方正被选拔进宫，可到了宫廷中却学坏了，我很为他们感到痛惜！希望陛下宴游时，不要带着他们，而是带那些专门侍奉陛下生活的近臣。这样，与低级别的近臣宴游，与大臣、贤良方正之士在朝廷议论政事，两拨人分开，游不失乐，朝不失礼，这是大事！"

皇上嘉许贾山的进言。

皇上每次上朝途中，无论是宫廷禁卫的郎官，还是其他从官，只要上书言事，没有不停下辇车来接受的。言不可用的，放在一边；言可用的，采纳并且夸奖。

皇上从霸陵回宫，打算西驰下一个陡坡。中郎将袁盎跑上去紧傍马车，揽住缰绳。皇上说："将军胆怯了？"袁盎说："我听说，'千金之子，坐不垂堂'，有身价的人，都不在屋檐下坐，怕被瓦片掉下来砸破脑袋，更何况有天下的皇上呢？圣主不会冒险，没有侥幸心理。如今陛下要以六匹骏马的马车，飞驰下陡坡，万一马惊车毁，陛下纵然自己不在乎，又怎么对得起高皇帝之宗庙和太后呢？"皇上于是停了下来。

皇上宠幸慎夫人，她在内廷中经常与皇后同席而坐。有一次到宫廷禁卫的郎署，袁盎却单独给慎夫人准备了一个位置，不让她跟皇后同席。慎夫人怒，不肯坐；皇上也怒，起身回后宫。袁盎追随而入，对皇上说："我听说：'尊卑有序，则上下和。'如今陛下既然已经立后，则慎夫人是妾。妾和主子怎么能同席而坐呢？陛下如果宠幸慎夫人，厚厚赏赐她就是了，而您今天给慎夫人的待遇，却是在给她埋下祸根啊！陛下忘了'人彘'的事了吗？"

皇上醒悟，又把慎夫人召来，告诉她袁盎的话。慎夫人也醒悟，赐给袁盎五十斤黄金。

贾谊上书说："管子曰：'仓廪实而知礼节，衣食足而知荣辱。'人民衣食不足，还能天下大治，这种事还没有听说过。古人说：'一个男人不耕田，就有人挨饿；一个女人不织布，就有人受冻。'生产需要时间，而挥霍毫无节度，则物资必然匮乏。古人治天下，连非常细小的事情，也考虑周到，所以粮食和物资储备非常充足，有备无患。如今，抛弃农业生产而从事工商的人很多，这是对国本最大的伤害。奢侈淫逸的风气日益增长，这样发展下去，是天下最大的祸患。这种事情公开横行，愈演愈烈，却没人制止，国家便将要倾覆，没有人能拯救。从事生产的人越来越少，而奢侈浪费的人越来越多，天下的财产怎么够用呢！

"汉朝立国，已经四十年了，政府和民间的积蓄，还是少到令人哀痛！如果长时间不下雨，人民就会惊恐张望；庄稼歉收，富人家里有存粮的，就把粮食交给政府，换取爵位；而老百姓呢，还是得不到足够的赈济，要卖儿卖女。天下如此危急，在上位者怎能不惊心呢？

"世上有荒年，有丰年，这是天之常道，大禹、商汤也改变不了。如果不幸有方圆二三千里的旱灾，国家拿什么来赈济呢？如果边境突然有军情，数十百万兵马去了前线，国家有没有能力供应军粮呢？如果兵祸、旱灾同时发生，天下财物用尽，有勇力的人，就会聚集徒众党羽，到处冲击抢掠。老弱之辈，就只能易子而食了。这时候，法令政令，便完全不能通行，远方的野心家，就要并起而争夺天下。到了那个时候，才突然惊骇，图谋挽救，还来得及吗？

"粮食储备，是天下之大命。如果粮食多而财有余，还有什么事办不成？以攻则取，以守则固，以战则胜，怀柔敌人，让远方归附，便没有人会不愿意来。

"现在如果能驱使人民回到农田，巩固根本，让天下人各食其力，让那些工商业者和寄食于他们的工人，都回归农耕，则蓄积足而人乐其所也，可以富国而安天下。陛下面对这样重大的事情，心怀犹豫，始终不肯有所作为，我很为陛下感到惋惜！"

皇帝为贾谊的话所感动。春，正月十五日，皇帝下诏前往天子籍田，亲自耕作，为天下表率。

5 三月，有司请立皇子为诸侯王。下诏先立赵幽王的小儿子刘辟强为河间王，朱虚侯刘章为城阳王，东牟侯刘兴居为济北王。然后立皇子刘武为代王，刘参为太原王，刘揖为梁王。

【胡三省曰】

河间本属于赵国，文帝元年，已经封赵幽王的儿子刘遂为赵王，这次把河间分出来又封给刘辟强。城阳、济北本属于齐国，刘章、刘兴居都是齐悼惠王的儿子，所以把这两个地方分别封给二人。

6 五月，下诏说："古之治天下，朝廷有进善之旌，要向天子进言的，就在旌旗下说；又有诽谤之木，设在桥头，人民对政治得失有意见，可以书写在这木板上。如今呢，反而有诽谤罪、妖言罪，这让众臣都不能直言无隐，君王也听不到他的过失，这怎么能请来远方的贤良方正之士呢？从现在起，废除诽谤罪、妖言罪。"

7 九月，下诏说："农业，是天下之大本，是人民赖以生存的事业。人民不事根本，而从事工商末计，所以生活才日益困难。朕深为忧虑，所以，亲自率领群臣耕种，以劝谕天下百姓，并免除农家今年一半的田租。"

【钱穆曰】

战国以来的田租税率无从考证，从孟子总是呼吁什一之税来看，战国各国的田租肯定是超过十分之一了。汉朝的税制是十五税一，只收十五分之一的税，又减半征收，那就是三十税一了。到文帝十三年的时候，干脆全免，至景帝元年重新收半租。其间有十一年没有收田租，这是中国历史所仅见。

【华杉讲透】

如今中国已经没有农业税，农业不仅免税，还有补贴。国家岁入，大部分来自工商业"末计"，这是古人没有想到的。但现在依然重视粮食安全问题，还有十八亿亩耕地红线等。说明农业是国本的思想并未放松。

8 燕敬王刘泽薨。

卷第十四 汉纪六

（公元前177年—公元前170年，共8年）

主要历史事件

济北王刘兴居造反兵败自杀　145
张释之执法公正不阿　146
文帝想提拔贾谊为公卿，被权臣阻挠　149
周勃蒙冤入狱，后被释放　150
文帝下放铸币权，邓钱、吴钱遍天下　151
淮南王刘长造反失败，绝食而死　152
冒顿单于去世，儿子老上单于即位　154
中行说投靠匈奴，成为单于谋臣　154
贾谊《治安策》　155

主要学习点

一味纵容而不管教，就是害了对方　145
每个人都有"不公平幻觉"　146
谨慎地选择接受谁的影响　149
坏人做好事，是在为干坏事创造条件　153
学习怎么提前避免问题的发生　157
走向理想，才能不成为禽兽　160
建功和立业是两件事　162

太宗孝文皇帝中

文帝前三年（甲子，公元前177年）

1 冬，十月三十日，日食。

2 十一月三十日，日食。

3 文帝下诏说："去年下诏令列侯各自回到自己封国，但是有的人并没有遵守诏令。丞相是朕最倚重的大臣，请丞相做个表率，回到自己封国。"十二月，免去周勃丞相职务，遣送他回国。十二月六日，任命太尉灌婴为丞相，取消太尉官职，武装部队由丞相直接统御。

【胡三省曰】

汉继承秦朝的制度，以丞相、太尉、御史大夫为三公，如今周勃被免职，回自己封国，灌婴由太尉为丞相，并撤销太尉官职，是三公不一定需要齐备的意思，兵权也不一定专属于某职了。

【王夫之曰】

文帝之前先裁撤了卫将军部队，相当于没有首都卫戍部队了，那是不想让军队冗集在京师。如今撤销太尉官职，相当于没有全国武装部队总司令了，把太尉的职责交给丞相，那是不想有人把持兵权。所以后来匈奴入侵，灌婴以丞相身份担任大将出征。要说撤销卫将军、太尉，也未尝不可，天子不以拥兵为威，也不能将兵权交给一个人。但是，把将相合二为一，以相为将，则万万不可。灌婴是能做大将的人，他做不了丞相。那能做丞相的人呢，他又做不了大将。

将不可以为相，相不可以为将。丞相有制礼、制度、考文、总揽百官、主持国家大典、变阴阳、兴教化、叙刑赏等重任，这些都不是灌婴能胜任的。

4 夏，四月，城阳景王刘章薨。

5 当初，赵王张敖献美人于高祖，得幸，有了身孕。到了贯高事发，美人也被连坐，关押在河内。美人的弟弟赵兼，通过审食其向吕后陈情。吕后妒忌，拒绝向高祖汇报。美人已经生下孩子，却得不到承认，悲愤自杀。官吏们将孩子送来给高祖，高祖悔恨，给孩子取名为刘长，让吕后做他的母亲，而将他的生母葬在真定。后来，封刘长为淮南王。

淮南王幼年失母，由吕后抚养长大，所以跟汉惠帝、吕后都亲近，并得到他们的保护，平安无事。但他心中常常怨恨审食其，认为他没有尽力向吕后争取，以至于自己的母亲悲愤自杀。到了文帝继位，淮南王自以为最亲，因为这时候高祖的儿子，只有他和文帝在了。淮南王于是十分骄纵，常为不法之事，文帝又总是宽免他的罪。这一年，淮南王入朝，跟着皇上打猎，与皇上同车，还总是喊皇上"大兄"。

刘长孔武有力，能扛鼎。于是他亲自去拜访审食其，袖子里藏着铁锥，自己用铁锥锤死了审食其，又令从者魏敬砍下审食其的头。刘长即刻飞驰到皇宫，光着膀子向皇上请罪。皇上感伤他是为母亲报仇，赦免了他的罪。这时候，薄太后、太子、诸大臣，都怕淮南王。淮南王自此更加骄纵恣肆，回到封国之后，出入都用皇帝的警卫仪仗，称制如天子。袁盎向皇上进谏说："诸侯王太骄纵，一定会生祸患！"皇上不听。

【胡三省曰】
为淮南王谋反埋下伏笔。

【华杉讲透】
文帝纵容刘长，最终导致刘长越来越骄纵，以至于谋反。刘长谋反失败之后，在流放途中绝食自杀。文帝心太软，刘长又骄纵刚烈，结果酿成悲剧。春秋时期，郑庄公故意骄纵他的弟弟叔段，让他"多行不义必自毙"，结果叔段终于发展到谋反，失败逃亡，死在他国。文帝虽然不像郑庄公那样阴险刻毒，但事情发展过程和结果都和郑庄公兄弟二人一样，客观上，也可以说是文帝害死了刘长。你不教他学好，他做坏事又不管教他，就是害他。

6 五月，匈奴右贤王入占黄河河套地区居住，侵占掠夺在上郡边塞戍边的蛮夷，杀戮掠夺当地居民。皇上亲自到甘泉，派遣丞相灌婴率战车部队八万五千人，抵达高奴，攻击右贤王，把中尉所属的步兵部队交给卫将军统率，驻守长安。右贤王逃走出塞。

7 皇上从甘泉到高奴，顺道去了太原，接见之前做代王时的旧臣，都给予赏赐，又免除晋阳、中都百姓三年租税，留在太原游玩十余日。

8 当初大臣们诛灭吕氏的时候，朱虚侯刘章功劳尤其大，大臣们许诺，将赵国全部土地封给朱虚侯，梁国封给东牟侯。等到皇帝即位，听说朱虚侯、东牟侯当初准备立齐王为帝，所以贬抑他们的功劳，拖到封自己的皇子为王的时候，才割了齐国两个郡，封他们为王。东牟侯刘兴居觉得他的功劳被侵夺，得到的封地比他应得的少太多，心里快快不乐。听说皇上到了太原，以为皇上要御驾亲征攻击匈奴，于是乘机发兵造反。皇上接到消息，即刻撤军回长安，任命棘蒲侯柴武为大将军，率领四位将军、十万军队讨伐刘兴居。祁侯缯霍为将军，驻守荥阳。

秋，七月，皇上从太原回到长安，下诏说："济北官吏人民，在朝廷大兵未到之前，先自己平定下来，不要参与刘兴居的造反行动，率领自己所部军队，或以城邑降汉的，都免罪，恢复原来的官爵。被刘兴居裹胁一起造反，现在起义投诚的人，也免罪！"八月，济北王刘兴居兵败自杀。

【华杉讲透】

刘兴居陷入了"不公平幻觉"，就是觉得社会对我不公平！有了不公平幻觉，就有了挫折感（怏怏）、义愤感，然后产生仇恨心理，进而产生破坏心理，成了"恐怖分子"，他就举兵造反了。他的封地比"该得的"小，这是小事；造反是灭族大罪，是天大的事。他的造反，智力正常的人，都知道不可能成功，但是他居然想凭一个小小济北的资源，就要造反夺天下。他那点实力，根本算不上造反，最多也就算一次自杀性恐怖袭击。"不公平幻觉"产生的不顾一切的破坏效应，就这么大！

为什么说这是"不公平幻觉"呢？因为他的愤怒也没多少道理，他兄弟二人，本来是和齐王密谋，拥立齐王。大臣们不同意，立了代王，然后他们又在代王这里以拥立之功领赏，还想怎样？

其实换个角度看，他已经占了便宜，毕竟他是反对立代王为帝的。但他就是只从自己的角度看问题，不从别人的角度来看。这也是人性的大弱点了。

不公平幻觉是很普遍的，每个人都有不公平幻觉。当你觉得社会对我不公平，说什么社会上升通道已经被堵塞了，觉得公司对我也不公平的时候，想一想，你是不是掉进了不公平幻觉？如果你是领导者，你也要注意员工的不公平幻觉，你以为你很公平，但是人家有不公平幻觉，他要愤而辞职。辞职之后，他在哪里又能得到他的"公平"呢？

9 当初，南阳人张释之做骑郎（骑兵禁卫官），十年都没有升职，想要辞职回家。袁盎知道他的贤能，向皇上举荐他，担任皇上的礼宾官，谒者仆射。

张释之跟随皇上出行，到上林苑虎圈。皇上询问负责管理上林苑的上林尉，问上林苑中各种禽兽的数量，上林尉左顾右盼，答不上来。管理虎圈的啬夫在一旁替上林尉回答，回答得十分详尽。皇上考察他的能力，又追问了很多问题，啬夫随问随答，无有穷尽。皇上说："做官吏，难道不就应该这样吗？上林尉实在是不称职。"于是下诏，让张释之拜啬夫为上林令。释之听了半响，上前说："陛下认为绛侯周勃是何等人？"皇上说："忠厚长者啊！"又问："东阳侯张相如呢？"皇上说："也是忠厚长者。"释之说："周勃、张相如都是忠厚长者，但是皇上问他们事情，他们曾经都答不上来，哪像这个啬夫一样伶俐善对呢？况且秦国就曾经任用这种刀笔之吏，争相以挑剔细微、明察秋毫为高，结果呢，只有表面文章，没有实质。皇上听不到他的过失，日日衰败，以至于土崩瓦解。如今皇上因为这啬夫伶牙俐齿，而将他破格提拔，我担心天下人都随风效仿，争相口辩而无其实，下级受上级的影响，如影随形，比影子来得还快，就像回声，马上响应，所以人君提拔或贬抑人才，不能不谨慎啊！"

皇上说："善！"于是不提拔啬夫了。皇上回宫，召释之上车参乘，徐徐而行，一路问他秦朝的政治得失，释之都回答得真诚实在。回到宫中，皇上拜释之为负责宫门的公车令。

过了不久，太子刘启和梁王刘揖同车入朝，经过皇宫大门司马门，不肯下车，直闯而入。张释之追上去，拦住太子和梁王，不许他们进殿门，并上奏弹劾他们："不下公门，不敬。"薄太后也听说了，太子和梁王被拦着不让进殿，还要治不敬之罪。皇上脱下帽子，向太后谢罪，说自己没有教好儿子。薄太后派使者下诏赦免太子、梁王之罪，然后他俩才得以进殿。皇上因为这件事，对张释之非常欣赏，拜为掌谏议的中大夫，没过多久，又提升为负责禁卫统领的中郎将。

释之随从皇上到霸陵，皇上对群臣说："如果以北山的石头为椁（古时棺木分两层，内层为棺，用木，外层为椁，用石），再用麻絮拌油漆涂上缝隙，谁还能动它分毫呢？"群臣都称善。释之说："如果墓里有财宝，就算坚固如南山，还是有隙可乘；如果里面没有财宝，就算没有石椁，又有什么好担心的呢？"皇上称善。

这一年，释之担任掌刑狱的廷尉。皇上出行，经过中渭桥，有一个人从桥下走过，惊吓到了皇上乘舆的马儿，于是派骑兵抓捕，交给廷尉治罪。释之上奏说："此人违反警跸令，应该罚款！"皇上怒道："这人惊了我的马！好在我的马温和柔顺，如果是别的马，我能不受伤吗？廷尉只治他罚款！"释之说："法律是天下之公器，法律就是这么定的，违反警跸令者，罚款。如果实际处罚比罚款更重，那法律就不能取信于民了。况且如果在当时，皇上自己把他诛杀，也就算了，那是皇上的权力。如今既然已经交给廷尉，廷尉掌天下之公平，只能依法办事。如果廷尉也可以自由裁量，那全天下执法者都可轻可重，人民就手足无措，不知道该怎么做了。请皇上明察！"皇上沉默良久，说："嗯，廷尉是应该这样做。"

其后，有人因偷盗高庙门上的玉环而被抓获。皇上大怒，下令廷尉治罪。释之按法律条款"盗宗庙服饰器物"一条治罪，上奏，应该斩首弃市。皇上大怒说："人之无道至此！竟敢偷盗先帝器物！我把他交给廷尉，是要治他灭族之罪，而廷尉所谓依法处置，不是我敬奉宗庙的本意！"释之脱下帽子，顿首谢罪说："法律就是如此，罪行的等级，以轻重大小为依据。如今因为偷盗高祖庙门的玉环就将他灭族，那假如万一有一天，有一个愚民取了高祖长陵一抔土，这样的大逆之罪，又如何能治他更重的刑罚呢？"皇上于是向太后汇报，批准了释之的判决。

文帝前四年（乙丑，公元前176年）

1 冬，十二月，颍阴懿侯灌婴薨。

2 春，正月十四日，以御史大夫、阳武人张苍为丞相。张苍喜爱读书，博学多闻，尤其精通法律和历法。

3 皇上召见河东郡守季布，打算任命他为御史大夫。有人说他刚勇、酗酒，不宜做天子近臣。季布到了，在官邸待了一个月，才刚见面，却又叫他回去。季布说："臣无功窃宠，待罪河东。陛下无故召臣，这一定是有人言过其实,说我有贤能吧。我来了,没有给我安排任何事,又叫我回去,那一定是有人诋毁我了。如今陛下因为一个人称誉我,就召我来;又因为另一个诋毁我,叫我回去。我担心天下有识之士听说这事,就可以看出陛下处事的深浅了。"皇上默然不语,面有惭愧之色,过了良久,说:"河东,是我最重要的郡,所以特意召你来见见面啊!"

4 皇上打算提升贾谊到公卿之位。大臣们都反对说:"洛阳之人,年少初学,专欲擅权,纷乱诸事。"于是,皇上对贾谊也疏远了,不采用他的意见,任命他为长沙王的太傅。

【华杉讲透】

贾谊是中国历史上五百年一世出的大才之一,就像诸葛亮自比为管仲、乐毅,唐代的陆贽和宋代的苏东坡,都以贾谊自比。当时的人,也以"当世贾谊"来称颂陆贽和苏轼。不过,王夫之评论说,辅少主,婴孤城,仗节守义,不丧其忠贞,陆贽不如贾谊;出入纷错之中,调御轻重之势,斟酌张弛以出险而经远,贾谊不如陆贽。至于苏轼,王夫之说他根本就不能和贾、陆二人相比。

贾谊年轻,当时只有二十多岁,有经天纬地的远见卓识,而且才华横溢,文采飞扬。他的见识和气魄,不仅远远超过了朝臣,而且也超前于文帝,所以之前"改正朔、易服色、制法度、兴礼乐"的建议,未能为文帝采纳。

文帝深爱其才。但是,文帝对他有多喜爱,大臣们对他就有多嫉妒,"年少初学,专欲擅权,纷乱诸事"之论,正是他们对这个年轻人所谈论的超出他们想象的国本大事的嫉妒和不爽。

贾谊被排挤,抑郁而终,是国家的重大损失。而贾谊之死,年仅三十三岁,这也是他的性格弱点。他若能心胸开阔,用之则行,舍之则藏,以待天时,三十岁以前的磨难,又算得了什么呢?

领导者要从中学到的教训是,每个人都受他人影响,无一例外,身居高位的人,对此要尤其警醒。所以我们不需要去注意不让自己受影响,因为这是不可能的,而是要去选择自己接受什么人的影响。文帝对季布的一召一罢,是受人影响;对贾谊的疏远,也是受人影响;能接受张释之的执法公平,那是受张释之影响。所以史书上匡正君王,始终强调六个字:"亲贤臣,远小人。"不是自信一切按自己的判断,因为你判断不了所有事,而是要谨慎地选择我接受谁的意见。

人生进步两件事,读书和交友,选择读什么书和选择交谁为朋友。不能随便盲目读书,不能随便跟什么人消磨时间,因为选择书、友,就是选择接受谁的影响,这是每个人都要给予最高度重视的大事。

5 绛侯周勃回到他的封国,每次河东郡守、郡尉巡行抵达绛县,他都非常紧张,害怕是皇上派来诛杀他的,所以他总是身披盔甲,让家人拿着兵器护卫,才出来见面。其后有人上书告周勃谋反,皇上下诏让廷尉调查。廷尉逮捕周勃,审讯,周勃恐惧,不能作答。狱吏逐渐开始凌辱他,周勃给狱吏行贿千金,狱吏于是在木简背后写上:"请公主给你作证。"公主是文帝的女儿,嫁给周勃的儿子周胜之。薄太后也认为周勃不可能有谋反的事。文帝朝见太后的时候,太后愤怒,拿起头巾摔向文帝说:"绛侯当初诛灭诸吕,身怀皇帝印绶,掌握北军,那时候不谋反,现在住在一个小小的绛县,他倒是要造反吗?!"文帝已经看过周勃的口供,抱歉说:"官吏们已经调查清楚,正要释放。"于是派使臣持节去赦免周勃,恢复他的爵位和封邑。周勃出狱,感慨说:"我曾经率领百万大军,今天才知道一个狱吏有多么尊贵!"

6 兴建顾成庙(文帝的生祠)。

文帝前五年(丙寅,公元前175年)

1 春,二月,地震。

2 最初,秦朝用半两钱(重十二铢,二十四铢为一两),高祖嫌太重,使用不便，就重新铸造荚钱（薄如榆荚，重一铢半，又称五分钱）。于是物价飞涨，米价高达一石一万钱。夏，四月，又重新铸造四铢钱，废除偷铸钱有罪的法令，让民间可以自己铸钱。

贾谊上书劝阻，说："法令让天下人可以公开雇人用铜、锡铸钱，并且说，敢以铅、铁混杂取巧的，处以黥刑。但是铸钱这种事，如果不掺假，就不能赢利。有些事，是招祸的；有些法令，就是鼓励奸巧的。如今让老百姓有了铸钱的大权，各自隐蔽铸钱，又要禁绝他们被暴利引诱而偷奸耍滑，就算每天都有人被处以黥刑，也不能禁止。近日以来，一个县因此而获罪处刑的就一百多人，另外，被官吏怀疑审讯而受到鞭笞，或者逃走没抓到的，更是不计其数。政府制定法律来引诱人民犯罪，让他们掉入陷阱，没有比这铸钱法更严重的了！况且如今人民用钱，各个郡县都不一样，有的用轻钱，一百枚还不够，还要再加上若干；有的用重钱，因需要找回超过的数目，对方往往又不接受。法定的货币标准不能建立，如果官吏们着急，要统一标准，则大为烦苛，能力也不能胜任；如果放任不管呢，则市场上各种钱都有，钱币大乱。既然两者都行不通，怎么样才可以呢？如今放弃农耕而从事采铜的人太多了，都放下农具，而去操持烧炭熔铸，质量低劣的钱币每天都在增加，而五谷粮食却没有增加。本来善良的人被引诱去做坏事，本来谨慎的人陷入法网而遭受刑戮。刑戮是不祥之事，怎么可以这么轻忽呢！国家知道这个祸患，官吏们一定会说：'那就禁止民间铸钱吧！'但是，如果禁止的方法不对，伤害会更大。禁止民间铸钱，那钱就贵了；钱贵了，私铸的利益就更大，铤而走险的人更是蜂拥而起，就是处以斩首弃市之罪，也不能禁止。作奸犯科的人太多，而严法禁止也没有用，问题的源头在哪儿呢？在于铜矿！铜遍布天下，祸害太大，不如把铜矿全部收归国有！"

贾山也上书进谏说："钱币本来是没有实际用处的东西，却可以换来富贵。而让谁富贵，本来是人主所操持的权柄，让老百姓可以自己致富，那等于是他与人主一起操持权柄了，这样是不可长久的。"

皇上不听。

当时，太中大夫邓通，正受皇上宠幸。皇上想要让他富有，就赐给他蜀郡严道的铜矿，让他铸钱。吴王刘濞有豫章铜矿，也招揽天下亡命之徒来铸钱，又在东海煮海水制盐，所以吴王不必征收赋税而国家富足。于是，邓钱、吴钱遍布天下。

3 当初，皇上把代分为两个封国，立皇子刘武为代王，刘参为太原王。这一年，将代王刘武改封为淮阳王。以太原王刘参为代王，把之前整个代国故地，都封给他。

文帝前六年（丁卯，公元前174年）

1 冬，十月，桃、李开花。

2 淮南厉王刘长，自己擅自立法在国内施行，驱逐汉政府给他派遣的官吏，要求自己任命丞相和二千石以上的官吏。文帝都顺从他的意思批准。淮南王又擅自杀害无罪的人，给人赐爵，最高封到关内侯，而关内侯是只有皇上能封的，诸侯王没有这个权力。好几次上书皇上，都言辞不逊。文帝难以亲自责备他，就让薄昭写信讽劝他，跟他讲周公诛管叔、蔡叔等历史教训，以及之前代王刘喜因边境军情逃回京师，被贬为侯爵，济北王刘兴居造反、兵败自杀的事，让他引以为戒。

刘长接到薄昭的信，非常不悦，命令大夫但、士伍开章等七十人和棘蒲侯柴武的嫡长子柴奇，计划用四十辆战车在谷口发动突袭反叛，又派人到匈奴、闽越联络。事情被发觉，有司治罪，派使者召淮南王刘长。刘长到了长安，丞相张苍、典客冯敬行御史大夫事，与宗正、廷尉一起上奏说："刘长之罪，应当斩首弃市。"皇上说："赦免刘长死罪，废除王位，流放到蜀郡严道邛邮。"将与淮南王同谋的人全部诛杀，用前后有帷盖的辎车载着刘长，令沿途各县，依次传送。

袁盎进谏说："陛下历来骄纵淮南王，不给他设置太傅教导他，丞相辅佐他，以至于此。淮南王为人刚烈，如今遭到这样粗暴的待遇和挫折，我担心会遇到雾露而病死在路上，那陛下就会背上杀弟的恶名了，怎么办？"皇上说:"我就是让他吃点苦头而已,现在就放他回来。"

淮南王果然愤懑绝食而死。囚车传送到雍县,县令打开封条,才发现已经死亡。报告上来,皇上恸哭,非常悲痛,对袁盎说:"我没有听你的意见,以至于让淮南王死亡,如今奈何?"袁盎说:"只有斩了丞相、御史,向天下谢罪才行。"皇上下令,让丞相、御史逮捕审问一路上各县负责传送淮南王的人,没有打开囚车、供应饮食的官员,全部斩首弃市。以列侯之礼葬淮南王,置守冢人家三十户。

【王夫之曰】

袁盎请斩丞相、御史,什么居心?他是想以此向其他诸侯王显示自己对皇上的影响力,交上与诸侯王结交的投名状,以图非分之想吗?或者,他是嫉妒丞相和御史,要借机除掉他们,立威于朝廷吗?文帝虽然没有诛杀丞相、御史,但是也没有批评摒弃袁盎,还是继续信任他,于是袁盎肆无忌惮,之后他能够欺景帝而杀晁错,并且和吴、楚都有交易。从后面的事来看,他今天的言不由衷、别有用心,也十分明显了。袁盎是游侠出身,游侠之心不可测,一国之君而听任游侠,能不天下大乱的,那是很少了。

【华杉讲透】

袁盎对皇上很有影响力,因为他说的好多话都对皇上有益。不过,坏人做好事,只是在为他干坏事创造条件而已。

3 匈奴冒顿单于送书信来说:"以前,皇帝谈到和亲的事,信中所言和我们双方心意相符,共结欢亲。但是,汉朝边境官吏侵辱我们右贤王,右贤王没有向我请示,就听信后义卢侯难支等人的计谋,与汉朝官吏对抗,破坏了双方君主的盟约,离间了我们兄弟之情。所以我处罚右贤王,派他向西攻打月氏。蒙上天之福,我们兵强马壮,灭亡了月氏,他们的人,不是被斩杀,就是投降,完全平定。楼兰、乌孙、呼揭和周边二十六国,都已归顺匈奴,所有以弓箭为兵器的民族,已经并为一家,北部因而平定。我们希望停止战争,休养士卒马匹,过去的事让他过去,我们恢复友好和约,让边境人民得以安宁。皇上如果不想匈奴靠近边塞,也请下令您的人民远离。"

皇帝回信说:"单于想要不再提过去不愉快的事,恢复友好和约,朕十分嘉许!这正是古代圣王之志。汉与匈奴约为兄弟,所以一直厚待单于。背弃盟约,离间兄弟之情者,常常是匈奴一方。不过,右贤王的事发生在我国大赦之前,所以也请单于不要再深究了。单于如果真心履行信上的承诺,请明告您的官吏,不要背叛盟约,守信用,按您信中的意思去做。"

后来过了不久,冒顿单于死,子稽粥继位,号曰老上单于。老上单于刚刚继位,皇帝再送宗室女翁主(皇帝的女儿为公主,亲王的女儿为翁主)嫁给老上单于为阏氏,派宦官燕国人中行说做翁主的师父。中行说不愿意去,上级强迫他去。中行说说:"一定要我去,我以后就是汉朝的祸患!"中行说一到匈奴,即刻投降单于。单于非常亲近信任他。

当初,匈奴喜好汉朝的丝绸、棉布和食品。中行说:"匈奴的人口还不到汉朝一个郡,然而之所以强大,是因为衣食与汉朝不同,没有什么需要仰仗汉朝的。如今单于改变风俗,喜好汉物,那么汉朝不过花费他们物资的十分之二,匈奴就全部被汉朝控制了。"于是把汉朝的丝绸棉布,做了衣服,骑马驰骋在草原荆棘之中,衣服裤子都撕裂了,让百姓看到汉朝的丝绸棉布,不如匈奴的毡毯皮袍实用;得到汉朝的食物,则全部抛弃,以示不如匈奴的乳汁奶酪方便鲜美。中行说又教会单于左右,分别条目记事,统计人口、牲畜。匈奴送给汉朝的书信竹简和印信,都加长、加大,言辞倨傲,自称:"天地所生、日月所置匈奴大单于。"

有汉朝来使,讥笑匈奴没有礼仪的,中行说就怼回去说:"匈奴对百姓的约束,简便易行。君臣之间关系简单,就能长久。一国的政治,就像一个人的身体一样。所以,匈奴就算有乱事,最终立为单于的,一定还是宗室之种。而中原汉人,虽然自称有礼仪,一旦血缘疏远,就互相杀夺,以至于另外一个姓氏来当皇帝。其他种种名不副实的事情多了!嗟!你们这些住在土坯房里的人,不要喋喋不休那么多废话!你们需要做的,就是把每年输送匈奴的丝绸、棉布、大米,还有酿酒的酒曲,保质保量地送来,保证其善美。送来的东西,数量足,质量好,咱们就相安无事;数量不足,质量不好,则等到秋熟之时,我们就派出铁骑,蹂躏你们的庄稼!"

4 梁国太傅贾谊上书说:"臣以为今日天下之大事,让人痛哭的有一件,让人流涕的有两件,让人长叹的有六件。其他悖理而伤道的,难以一一列举。向陛下进言的人,都说已经安定大治了,我独自以为,还没有!说天下已安、天下已治的,不是愚蠢,就是阿谀,没有说出事实,也不懂得治乱之体。就像在柴堆下纵火,自己躺在柴堆上,火暂时还没有烧到他身上而已,他就说很安全!如今天下形势,和这有什么区别呢!陛下为什么不召见我,让我能当面向陛下一一详细列举,以陈治国安邦之策,以供陛下选择裁定呢?

"这些治国安邦之策,如果要让皇上焦虑其心志,劳苦其身体,减少了钟鼓之娱乐,那我也不建议皇上去做。如果该娱乐的还继续乐,而让诸侯的行为,符合中央的要求;兵革不动,而让匈奴宾服,百姓素朴。陛下生为明帝,死为明神,名誉之美传之后世,以至无穷,让今天陛下的生祠顾成庙,以后能称为太宗,上配太祖,与大汉国运同在。陛下立下的纲纪,能成为万世之法,就算后代子孙有愚笨、年幼、不成器的继位,也能蒙您奠定的纲纪而得以平安。以陛下的贤明通达,只需要用稍微知道一点治国大体的人辅佐,就可以做到。这对于陛下来说,真不是什么难事啊!

"树立诸侯国于险固之境,诸侯国强大,就必然与中央形成相互猜疑之势。上下猜疑,下面的就要遭殃,上面也要焦虑,这不是安心于上而保全于下之道。如今陛下的亲弟弟、淮南王刘长,他野心勃勃想要做东帝;陛下亲哥哥的儿子,济北王刘兴居,他居然发兵向西攻击。如今呢,又有人举报吴王!陛下正当盛年,没有什么不义之行,而有德泽于天下,还是会发生这样的事,况且有的诸侯大国,实力十倍于刘长、刘兴居呢!

"不过,天下如今还算安定,为什么呢?因为大国的诸侯王,年纪都还小,中央政府派给他们的太傅、丞相还掌握实权。数年之后,诸侯王大抵都成年了,血气方刚,中央派来的太傅、丞相,就会称病退休了。他就把丞、尉以上官员,全部安排自己人。如此,还和淮南王、济北王有什么区别呢?这时候还要想天下安定,那就是尧舜也做不到了。

"黄帝说:'太阳到了中午就要晾晒衣服,手里拿着刀就要割肉。'因为这时候下手,正当其时,轻而易举,会非常顺利,也能保障和平,保全骨肉亲情。如果不肯早下手，错过了时机，到时候不得不摧毁骨肉亲情，让他们身首异处，这和秦朝末年的情况，又有什么区别呢？那些异姓王自负强梁而造反的，汉朝侥幸将他们诛灭。但并没有改变让他们有条件造反的制度，而同姓王造反的苗头，又已经出现了，跟异姓王造反一模一样。灾祸之变，随时会发生，明君处世，也不能自安，后世又将如何！

"我研究之前的历史，结论是强者先反。陛下看咱们的封国，长沙国最小，只有两万五千户，他的功劳最小，封国却完整无缺传到现在。他的关系最疏远，却对中央最忠心。这不是长沙王一家人有什么特别，而是形势使然。如果给樊哙、郦商、周勃、灌婴数十座城池封王，他们今天也造反了，被诛灭了。如果韩信、彭越之流当初没有封王，而是只做列侯，今天他们的子孙可能都还安居侯爵之位。所以，安天下之大计就很清楚了，要想让诸侯王都忠心依附，就要让他们像长沙王那样，只有一个小小的地盘；要想让臣子们不要像彭越那样被剁成肉酱，就要让他们像樊哙、郦商那样，没有封国。要想让天下安定，就要大量增加封国，而削减他们的权力。他的权力小，就容易让他遵守礼仪；他的地盘小，就不会生出造反的邪心。让海内的形势，就像身体使唤手臂，手臂使唤手指一样，没有不听从的。诸侯之君不敢有异心，像车轮的横木归聚到车毂上一样，听命于天子。

"因此，我建议：分割大的封国，把齐、赵、楚各自分割为若干小国，让齐悼惠王、赵幽王、楚元王的子孙们，依次继承祖宗的土地，一直到分无可分为止。那些分割土地很多而子孙较少的，先建国，君位空置，等他再有子孙出生，再封给他。

"天子并不贪图他们的一寸土地、一个人民，一切还都是他们家族的。天子要的，只是政治安定。如此，就是一个婴儿坐在天子之位，也安然无事。就算是一个遗腹子，把先帝的衣冠挂在朝堂，天下也不会作乱。当时就能大治，后世称颂您的圣明。陛下是害怕什么，不肯这样做呢？

"如今天下之势，就像患了肿胀之症，腿肿得比腰粗，手指肿得像大腿，平常日子，已经不能正常屈伸，要是有一两个指头突然抽筋，全身都感到痛苦。如果今天还不下手医治，一定会成为顽疾，那时候就算是扁鹊再世，也无能为力了。况且，这脚上的病，不仅是肿胀，还有脚掌外翻之症。

楚元王之子刘郢客，是陛下的堂弟。现任楚王刘戊，是刘郢客的儿子。齐惠王刘肥之子刘襄，是陛下亲哥哥的儿子。现任齐王刘则，是刘襄的儿子。陛下子孙可能没有想到分割土地以安天下，诸侯王却可能掌握大权而胁迫天子。所以我说这不仅是肿胀，而且还脚掌外翻，可痛苦者，就是指这个天下之大病。"

【华杉讲透】

贾谊远见卓识。我们学习历史，首先不是要学习怎么解决问题，如何力挽狂澜，而是要在历史中学习那些问题是如何产生的，如何避免那些问题发生。中医说："上医治未病。"就是这个道理。《孙子兵法》说："善战者，无智名，无勇功。"为什么呢？因为他都提前预备，把问题消灭在萌芽状态，没有什么可歌可泣的英勇事迹。

但是，人性的弱点，就是在事情没有发展到不可收拾的地步时，都不懂得去有所作为，避免问题扩大。常常把那些力挽狂澜的人树为英雄，而那些提前避免问题发生的人，却没有奖赏激励。

我们举个例子，比如，千里之堤，毁于蚁穴。这人人都懂。但是，如果河堤溃坝了，跳下去堵缺口的人，一定是感动中国年度人物，是全国人民的英雄；反之，如果有一个护堤的人，是蚂蚁窝专家，他就能提前把蚂蚁窝都堵了，他负责的河段从来没有出过问题，那根本不会有人知道他。

我们到底更需要哪种人呢？

现在我们知道"海因里希安全法则"，是美国安全工程师海因里希（Herbert William Heinrich）提出的300∶29∶1法则。这个法则意为：当一个企业有300起隐患或违章，非常可能要发生29起轻伤或故障，另外还有一起重伤、死亡事故。

在汉文帝的治下，违章天天都有，而且是他纵容的。轻伤、故障、重伤、死亡也都已经出现了，再发展下去，就是倾覆天下，这已经很明显了。但是，他还是没能接受贾谊的建议，终于在景帝的时候，酿成七王之乱。作乱的头儿，就是贾谊已经指出的吴王刘濞。到了汉武帝的时候，才终于全面采纳贾谊的建议，颁布了"推恩令"。

我们要从中学到的教训，一是要养成把问题当问题看的眼光，能看到问题。不要"出事儿了"才是问题，没出事儿就不是问题。等到出事儿的时候，往往已经晚了。

第二，当出了问题的时候，不要光想着怎么解决问题，更重要的是，对问题出现之前的流程制度进行复盘，如何改善，避免这问题再次出现。

第三，要激励那些避免问题出现的人，而不是只激励解决问题的人。如果你只是能解决问题，而不是在流程上避免问题，你不仅得不到奖励，而且不是合格的领导者。

刘邦是懂这个道理的。之前娄敬为什么封侯？因为刘邦派了十几拨人去探匈奴的虚实，回来的人都说匈奴很虚，可以打。只有娄敬说匈奴是装虚，不能打。刘邦没有听娄敬的，吃了亏回来之后，给娄敬封侯。娄敬并没有"功劳"啊，但刘邦却给了他封侯、赐姓刘这么大的奖赏。

从"推恩令"开始，中国逐渐不再实行长子继承制，而是所有儿子平分父亲传下的土地。1776年，亚当·斯密写了一本《国富论》，他说中国的继承制度比欧洲好。因为欧洲的长子继承制，长子继承了全部土地，他就没有尽地力的动力，大片土地用于游猎，养一大堆食客寄生虫，都不事生产，只是享乐。中国平分给儿子们呢，土地越分越小，每个人都要全力开垦耕种，所以中国富裕。

"如今啊，天下的事都搞颠倒了。天子，是天下之首，因为他居于上位；蛮夷，是天下之脚，因为他居于下位。但是，如今匈奴对汉朝侮慢侵掠，至为不敬，而汉朝呢，每年用金银财宝、布匹绸缎去供奉他。脚跑到头的上面去了，颠倒到如此地步，却没人能拿出办法来，这国家还有人才吗？这是我所说的让人流涕的事！

"如今不去攻击强敌，却去田猎野猪；不去搏杀敌寇，却去追逐野兔。醉心于细小的娱乐，却不为国家的大患早作准备；恩德可以施于远方，可是皇上的政令，几百里之外就不能执行。这是第二件流涕的事。

"如今，平民家里墙上能挂着皇帝的服饰，倡优下贱者能戴着皇后的首饰。皇上自己只穿着黑色的丝袍，而富人家里的墙壁都挂满锦绣。天子的皇后只不过在衣领上缝一条花边，而富人的小妾鞋上都绣着花，这就是我所说的荒谬。如果一百个人的纺织，都不够一个人穿衣，要想让天下人不受寒，怎么可能？如果只有一个人耕种，却有十个人要吃饭，要让天下人不挨饿，又怎么可能？人民饥寒交迫，要让他们不作奸犯科，又怎么可能？这是我所说的让人长叹的事。

"商君放弃礼仪，抛弃仁德，只鼓励人们进取，推行了两年，秦国风俗开始败坏，所以秦国富家子弟，成年之后就分家出去，自立门户。贫穷人家呢，就卖身到富家为奴。把锄头、犁耙等农具借给自己父亲，还面有得色，自以为有恩于父亲；如果母亲没打招呼就拿了他家一个扫帚撮箕，马上就要站出来唠叨诘问。媳妇抱着孩子喂奶，竟然跟公公并排而坐；媳妇和姑姑相互不高兴，就反唇相讥。一般人不知孝义，只知道爱自己的儿女，贪利图财，和禽兽没什么两样。

"如今秦朝的遗风余俗，还有很多没有改正过来，不顾礼义廉耻之风，一天比一天更严重，可以说是每月每年都不同，每况愈下。人们只知道逐利，自己的行为是善是恶，根本就不考虑。如今更有甚者，就是要杀其父兄了。而大臣们只关注公文报告有没有交上来，开会有没有准时，以为那些是国家大事。对于风俗流失、世道败坏，则见怪不怪，全然不作任何考虑，连看都懒得看，听都懒得听，觉得那是理所当然的。

"要移风易俗，使天下回心转意，而向往道德，这不是一般俗吏能做的事。俗吏能做的，就是削削竹简，写写公文，整理整理装公文的筐子、箱子而已，而不知治国之大体。陛下自己也不以为忧，所以我私底下为陛下感到痛惜啊！为什么不现在就制定礼制，让君君、臣臣，上下有等差，父子六亲各得其宜，这才是立国的经制。这个经制奠定了，世世代代都有遵守的标准，能够长治久安，如果经制不定，就像要渡河却没有船桨，走到中流，遇到风波，船就一定会倾覆。这是我所说的让人长叹的第二件事。"

【华杉讲透】

贾谊对秦国风俗的指责，不完全准确。商鞅对秦国移风易俗，是做了不少工作的，比如之前秦国人是全家睡在一条炕上，公公婆婆、儿子媳妇、孙子孙女，都并排睡，商鞅下令必须分开在不同的房间睡。如果像贾谊说的，商鞅治下，媳妇和公公并排坐的话，那也已经比之前并排睡进步很多了。

但是，商鞅将秦国人全部导向功利，是秦国成功的原因，也是其败亡的根本。国家是一个理想的精神集团，用礼仪凝聚，并以这种理想、这种精神、这种礼仪，凝聚为一个文明。如果只有功利，则上下相争，同归于尽。

我们经营企业也是一样，基业长青的企业，一定是理想主义的，而不是实用主义的。经营是一项感情的事业，有对社会的使命和大爱，才能凝聚一群有理想、有抱负的人。如果都是为利而来，就会走向像地下传销公司那样，你看那些内部培训会，不是讲礼仪，而是反其道而行之，通过"魔鬼训练"，不断地突破人的廉耻底线，让每个人都走向不要脸，不要命，消灭羞耻心，消灭罪恶感，消灭同情心，消灭恻隐之心，消灭是非之心，不管别人的死活，甚至也不在乎自己能活到哪天，只有一个目的：赚钱！赚钱！赚钱！这就和禽兽没区别了。

对照现在的企业，公司有理想主义的公司和实用主义的公司。理想主义的公司能基业长青，实用主义的公司会发展成为禽兽公司。就像秦国是"虎狼之国"，那就是一家禽兽公司。还有一种，声称融合理想主义和实用主义的公司，其发展趋势必然会走向实用主义，因为人的本性是趋利的、实用的。只有立志坚定，走向理想，才能不成为禽兽。如果声称理想主义和实用主义"结合"了，那是已经没有理想了，理想只是遮羞布了。

"夏、商、周三朝，都传了好几十代，秦朝则二世而亡。人性都相差不远，为什么三代之君仁道长久，而秦国之君暴虐短促呢？这原因，我们是可以知道的。古代的王者，太子一生下来，就准备太牢为祭礼，有司斋戒冠冕，在南郊祭祀天地。嫡长子虽在襁褓之中，经过宫门，一定下车以示尊敬；经过太庙，一定快速通过以示敬畏；所以从婴儿时，就已经开始接受教育了。到了孩提时代，稍有知识，就派三公、三少（三公是太师、太傅、太保，地位介于皇帝和宰相之间，是国家最尊贵的元老。少师、少傅、少保，地位相当于宰相或比宰相略低一级），向他讲明孝仁礼义之道。驱逐邪恶小人，不让他看见恶人恶行。于是选拔天下端正、孝悌、博闻、有道、有术之士，作为他的辅卫羽翼，让他们在太子宫中居住出入。所以太子一生下来，所见、所闻、所行，都是见正事，闻正言，行正道，前后左右都是正人君子。从小习染于正人，一起起居，长大就不能不正，这就像在齐国长大，就不得不说齐国话一样。从小习染于不正之人，一起起居，长大就必然不正，就像在楚国长大，就不能不说楚国话一样。孔子说：'少成若天性，习惯成自然。'少年时代的成长，就是天性啊！习惯与智慧一起成长，常常为正人正事所切磋，就不会有可羞耻之事。教化与心智一起成熟，所以坦然中道，不偏不倚，中正就成了他的天性。所以三代的天下能够长久，就是因为他们有这样辅翼培养太子的制度。到了秦朝则不然，让赵高教导胡亥，教他狱政，教什么呢？教的都是斩首、割鼻子、夷灭三族之类。所以胡亥今天即位，明天他就要杀人。对他忠心进谏的，他说人家诽谤；为他深谋远虑的，他说人家妖言。在他的眼里，杀人就跟割草一样。难道胡亥天性是恶人吗？非也！是因为他们教导他的，就不合天理。谚语说：'前车倾覆，后车警戒！'秦朝为什么那么快灭亡，它的覆辙还清晰可见。但是如果我们不知道躲避，那汉朝这辆后车，也要倾覆了。天下之命运，悬于太子；而太子之善，在于早教谕，选配左右良臣。在他的心还没有泛滥的时候，就先施以教谕，则教化易成。引导他上正道，让他能够通达道术，开启智慧，认识义理的旨趣，那都是靠教育的力量。那胡、粤两地的人，刚生下来时声音相同，嗜欲也一样，等到他们长大，各自成了不同的习俗，找几个人转译，也不能沟通；让他们去做对方做的事，他们就算是死也不愿意做，做不了。为什么呢？就是因为教化习染不一样。所以我说，为太子选左右，早教育，是当今的第一急务。如果教育得法，左右得人，则太子得正。太子正而天下定矣！《尚书》说：'一人有庆，兆民赖之。'意思是说，天子有善，得兆民赖以得利。这就是当下的时务啊！"

【华杉讲透】

建立万世基业，需要有两代创始人，一代是高祖，一代是太宗。高祖是以武功打天下，完成建国大业；太宗是以文治，建立礼制，平治天下。

刘邦庙号是高祖，文帝庙号为太宗，高，是功高；太，是创基立业。祖宗呢，胡三省注解说："祖有功而宗有德，功莫盛于高帝刘邦，德莫盛于文帝刘恒。到了唐朝以后，皇帝的庙号全都是'宗'，玄宗、肃宗等，原来那个标准的含义就没了。"事实上，唐代的唐高祖和唐太宗，才真正符合这个定庙号的标准。

建功立业是两件事，往往需要两代人。为什么呢？第一代是白手起家，他的关注点只在建功，在进取，不择手段地进取，慌不择路地进取，放手一搏地进取。第二代呢，他的功勋不可能超过老爸了，他的使命是守成，是传承，传承就要立业，这和建功是两件工作。

建功立业，一代人的时间往往不够，建造一个伟大的建筑，比如天鹅堡，比如巴塞罗那五指教堂，一代人都不能完成，更何况是建立一个国家呢？

秦始皇到处建他的功德碑，自以为功高盖世，他确实功高盖世，而且不是盖一世，确实是盖了万世，因为之后两千多年，中国从统一文字，统一度量衡，到郡县体制，基本还是建立在秦制的基础上的。但是，秦始皇和李斯都不知道，建功立业，他们只完成了一半，只是建功，根本还没立业！所以秦朝之亡，不能简单地说亡于暴政，而是亡于没有立业，具体来讲，是贾谊说的亡于"子女教育"。假如二世是一位像汉文帝那样的仁厚慈爱之君，谁能说秦朝就不能像汉朝一样传四百年呢？

建功和立业是两件事，要时刻对照我们自己的工作，哪些是建功？哪些是立业？要建功，才能立业。但如果建功之后，还沉醉于建功，荒废了立业，就是不知取舍，舍本逐末，不能基业长青。

"凡人的智慧，能看见已经发生的已然，看不见将要发生的将然。礼，是防患于将然之前；法，是禁止于已然之后。所以，法的作用易见，而礼的价值难知。奖赏可以鼓励善行，刑罚可以惩治恶行，古代君王以此治理国家，坚如磐石。法令的执行，就像春夏秋冬一样确定，像天地一样公正无私，那有法治不就行了吗？为什么还要老说'礼云、礼云'呢？那是重视在恶念未萌时，在细微的事情上就教导他，让人民在不知不觉中，一天天走向善，远离恶。孔子说：'听讼，吾犹人也，必也使无讼乎！'要听讼断案，孔子的本事也不比别人强，但是，他志在兴教化而使天下和谐向善，没有恶行，没有纠纷，无须诉讼。作为天子，为天下考虑，要先定取舍，取舍定于内，则安危萌于外。秦王也想尊宗庙而安子孙，这个想法和商汤、武王是一样的。但是，商汤、武王广大其德行，天下传了六七百年。秦王治天下仅仅十几年，就遭致全败。不是别的原因，正是汤、武的取舍得当，而秦王取舍不当。天下，是超级大器，看人主把它安放在哪儿。如今人们安放一件器具，把它放在安全的地方，它就安全；放在危险的地方，它就要倾覆。天下大器，也和一般器物一样，在于天子把它安放在哪儿。汤、武将天下安放于仁、义、礼、乐，子孙传承数十代，这是全天下人都亲耳听闻的。秦王把天下放置于法令、刑罚，祸及己身，子孙诛绝，这是全天下人都亲眼所见的。这是非因果，不是都验证得太明显了吗？人们常说：'听人进言，一定要用事实验证，这样言者才不敢妄言。'如今有人说礼仪不如法令，教化不如刑罚，人主为什么不引用商、周、秦三朝的事情来验证呢！人主的尊贵，就像殿堂，大臣们呢，就像上堂的台阶，百姓则是地面。如果台阶有九级，高堂远离地面，则尊贵。如果台阶根本没有层级，接近地面，那地位就卑下。高者难以攀越，而低者容易欺凌，这是理所当然，形势如此。所以古代圣王制定等级序列，内有公、卿、大夫、士，外有公爵、伯爵、子爵、男爵，然后有官师、小吏、平民，等级分明，而天子高高在上，所以天子之尊贵，无人可及。

"乡里谚语说：'欲投鼠而忌器。'这是很好的比喻。老鼠在陶瓷器皿边上，人们不敢动手，怕打坏了瓷器，更何况靠近人主的贵戚大臣呢？礼义廉耻，是用来治君子的，所以对大臣，可以赐他自杀，不可以加以诛戮或侮辱，所以脸上刺字的黥刑、割去鼻子的劓刑等刑罚，都不加到大夫身上，因为他们的地位，离主上不远。《礼记·曲礼》规定：不许人查看国君御马的牙齿，践踏御马饲料的，要处罚，这就是早早地、远远地就预防对君王的不敬。如今王、侯、三公之尊贵，就是天子见了他们，也改容致敬，他们就是古代君王所称呼的伯父、舅父啊，而一旦有罪，也跟平民一样被处以脸上刺字的黥刑、割去鼻子的劓刑、剃光头发的髡刑、砍断脚的刖刑、鞭打或棍打的笞刑、当众辱骂的侮刑、斩首示众的弃市之刑，那岂不是天子的殿堂没有了台阶吗？被侮辱的人不是离天子太近了吗？他们如此没有尊严廉耻，却让他们掌握重权，他们不也像低层差役一样没有羞耻之心吗？望夷宫事变，赵高派人杀死胡亥，就是因为二世对皇族和贵戚大臣，毫无投鼠忌器的意识，一向重刑杀戮，所以秦国人也没有敬畏贵族乃至君上的心理，阎乐就敢当面逼皇上自杀。我听说啊，鞋子虽新，也不把它放在枕头上；帽子虽破，也不用来垫鞋底。那社稷大臣，他曾经在尊贵恩宠的高位，天子见他也曾经改容而礼貌的，官吏人民曾经匍匐以敬畏他的，如今有过错，皇上罢黜他就可以了，把他免职就可以了，赐他自杀就可以了，罪大的，灭族也行。但是，如果将他捆绑起来，用绳子牵着，交给司法部门，罚做苦役，让司寇小吏去鞭笞辱骂他，着实是不应该让百姓看到的作为。如果卑贱者看惯了尊贵的大人一旦失势，我也可以这样鞭笞辱骂他，那就不是让尊者尊、贵者贵的教化了。古代的大臣，有因为贪腐而被废黜的，不说他贪污，而是说他'簠簋不饰'，食器、祭器不整齐；对污秽淫乱，男女无别的，不说他污秽，说'帷薄不修'；懦弱无能，不能胜任，不说他懦弱无能，说'下官不职'。所以尊贵的大臣有罪，不呼喝着指斥他，而是迁就着为他遮盖掩饰。所以当大臣有小罪，要被责问的，听说君王要责问，就自己穿上白冠牦缨的丧服，把剑放在盛水的盘子里，自己到请罪之室去请罪。皇上不会派人捆绑他牵引而去。其中有中罪被判流放的，听到判决，就自己毁了衣冠容貌威仪，前往放逐之所，也不用皇上用绳索套着他脖子牵着走。其中有大罪当死的，听到君命，就北面再拜，跪而自裁，皇上不会派人揪着他的头发把他按在地上斩首，只是告诉他：'是你自己犯了罪，我对你仍然有礼节。'遇之有礼，则群臣自爱。培养人的廉耻之心，人们才会珍惜自己的节操。君上设廉耻、礼仪以对待他的大臣，而大臣不以节行报效其上的，那真不是人类了。所以教化成而风俗定，则为人臣者都只管行为的大是大非，而不管对自己有利无利。大臣们能守节伏义，就可以授给他权柄而不必加以控制，如果君王早逝，太子年幼，也可以托孤给他。这都是砥砺廉耻，施行礼义所致。陛下如果能这样做，又有什么损失呢？这样礼遇大臣的事不去做，而听任侮辱大臣的刑罚一直施行，这也是我所说的可以长叹息之事！"

贾谊说这件事，是因为绛侯周勃被逮捕下狱，之后又判无罪，所以借周勃之事，向皇上进谏。皇上深深地接纳他的意见，培养大臣的节操，以后凡是大臣有罪，都自杀，不再受刑。

【胡三省曰】

相传西汉大臣有罪，都不向司法部门申冤辩护，很多人都是受到指控就自杀。但是，到狱政部门受审受刑的也不少。史书说"都自杀"，也是大概而言吧。

【高忠宪公曰】

辱大臣，是辱国也。

【华杉讲透】

这就是"刑不上士大夫"的理念。刑不上士大夫，不是说你犯了罪也没事，而是说像你这样高地位的体面人，就不要去司法部门受辱了，应该自己了断！

文帝前七年（戊辰，公元前173年）

1 冬，十月，下令列侯太夫人、夫人、诸侯王子及二千石以上官吏，不得擅自加以征召逮捕。

【胡三省曰】

列侯之妻称夫人。列侯死，儿子继续为列侯的，称太夫人，如果儿子没有能继承侯爵之位，则不得称太夫人。

2 夏，四月，大赦天下。

3 六月二日，未央宫东阙的罘罳（门阙上用于瞭望的阁楼）发生火灾。

4 民间有歌谣怀念淮南王的,唱道:"一尺布,尚可缝;一斗粟,尚可舂;兄弟二人不相容!"皇上听到后,非常不安。

文帝前八年(己巳,公元前172年)

1 夏,封淮南厉王刘长的儿子刘安等四人为列侯。贾谊知道皇上接着就要给他们封王,上书进谏说:"淮南王悖逆无道,天下谁不知道他的罪呢?陛下已经赦免他的死刑,只是流放。他自己生病而死,天下谁会认为他死得冤枉呢?如今尊奉罪人之子,那反而是向天下显示淮南王无罪,是陛下害死他了。这些儿子,一旦长大,难道会忘记他们的父仇吗?当初白公胜为父报仇,他报仇的对象,是自己的祖父跟叔父。白公胜作乱,不是为了争夺王位,就是为了发泄胸中的怨恨,亲手报仇,同归于尽。淮南地方虽小,当初英布也曾以之为基地反叛过。汉朝能生存下来,不过是一种幸运。授予仇人之子足以危及国家的资源,这不是合适的决策。给他人民,让他积累财富,就算没有伍子胥、白公胜那样的反叛报仇,也可能有专诸、荆轲那样的刺客起于朝堂,这是借军队给盗贼,添翅膀给猛虎啊!希望陛下谨慎!"

皇上不听。

【胡三省曰】

白公胜,是楚平王之孙,太子建之子。太子建得罪于平王,出奔流亡,死在郑国。白公胜又流亡到吴国。后来,随伍子胥率吴军攻下楚都郢城,伍子胥将楚平王鞭尸,这是白公胜的祖父,又杀子西、子期,是他的叔父。

专诸,刺杀吴王僚。荆轲,行刺秦王。

2 有长星在东方天际出现。

【柏杨曰】

长星有一条尾巴,像彗星,但不是彗星。天上长星出现,预示将有战乱。

文帝前九年（庚午，公元前171年）

1 春，大旱。

文帝前十年（辛未，公元前170年）

1 冬季，文帝去往甘泉宫。

2 将军薄昭杀汉使者。皇上不忍心诛杀他，就派公卿去陪他饮酒，希望他自己了断。薄昭不肯自杀。皇上便再派群臣穿着丧服去他家痛哭吊丧，于是薄昭自杀。

【司马光曰】

唐朝宰相李德裕认为："汉文帝诛杀薄昭，案子是断得明的，但是在道义上说，并不妥当。当初秦康公送别晋文公，因为晋文公是他的舅舅，还有见舅如见母的亲近感。况且太后还活着，就薄昭这么一个弟弟，文帝的亲舅舅，如此断然处置，怎么能安慰母亲的心呢？"

不过，我认为法律是天下的公器，执法者应该亲疏如一，无所不行，才没有人敢依仗他的权势就犯法乱纪。薄昭虽然被称为长者，但文帝不早先给他安排贤德师父，又让他掌握兵权，以至于骄纵犯上，竟敢杀死皇上的使臣，他不就是有恃无恐吗？如果犯了这样的大罪，还赦免他，那跟汉成帝、汉哀帝的世道还有什么区别？魏文帝曹丕曾经称赞汉文帝的美德，但是把杀薄昭这件事除外，他说："舅父是皇后的家族，应该养育以恩，而不应该授予他们权力，否则，等到他触犯了法律，又不得不处置他。"这句话，批评文帝不能防患于未然，算是说到了问题的核心。因此，要想宽慰太后的心，还是要一开始就谨慎行事！

卷第十五 汉纪七

（公元前169年—公元前155年，共15年）

主要历史事件

贾谊去世 172

晁错《言兵事疏》《守边劝农疏》 173

晁错《复言募民徙塞下》 176

晁错《论贵粟疏》 177

文帝废除肉刑 181

冯唐论将 182

新垣平装神弄鬼被拆穿 186

恢复与匈奴和亲 187

申屠嘉欲杀邓通，文帝求情 187

文帝细柳劳军，重用周亚夫 188

文帝去世 189

太子刘启即位，是为汉景帝 191

申屠嘉欲杀晁错，失败后被气死 192

主要学习点

主君对谋臣，往往大计不听，小计可从 173

人如其言，言如其人，性格即命运 177

敌视商人，是中国人的集体潜意识 180

太宗孝文皇帝下

文帝前十一年（壬申，公元前169年）

1 冬，十一月，皇上巡行代国。春，正月，从代国回京。

2 夏，六月，梁怀王刘揖薨，无子。贾谊又上书说："陛下如果还不抓紧制定控制封国的办法，如今的形势，诸侯王传到第二代、第三代，就已经骄恣而不受控制，豪植势力而自大自强，中央政府的法令没法推行了。陛下和太子能够依仗的自己人，唯有淮阳王刘武、代王刘参（他们是陛下的亲儿子、太子的亲弟弟）。代国北临匈奴，与强国为邻，能保全自己已经不错了。淮阳国和其他诸侯大国比，不过像脸上的一颗痣一样小，正好引诱大国来吞并，而没有力量压制别国。如今权在陛下之手，而自己亲儿子的封国，只能成为诱人吞并的鱼饵，这规划设计得不对吧！依臣愚计，不如将淮南的土地全部划给淮阳国。再给梁王刘揖选定一个继承人，把淮阳北边的两三座城与东郡都划给梁国。陛下如果认为这样不恰当，可以把代王迁为梁王，梁国都城也迁到睢阳。这样，梁国的国土，起于新郪，北到黄河。淮阳国的国土，包括陈县，南到长江。这样，就算有诸侯大国心怀异志，也会被这种形势吓到，不敢妄为。梁国足以拒抗齐、赵，淮阳国足以禁制吴、楚，陛下可以高枕无忧，山东平安无事，能保陛下和太子两代平安吧！如今天下太平，只不过是因为各诸侯王年纪都还小，数年之后，陛下就能看到会发生什么了。想当初，秦国日夜苦心劳力，要除去六国之祸。而如今呢，陛下大权在握，一切可以按自己的意思办，却高高拱手，自己培养出六国之祸，这真不能说是明智啊！即便终陛下之身，能平安无事，但是您已经种下祸乱之根，还熟视无睹，不做决断。陛下万年之后，将天下传给老母弱子，将使他们不得安宁，这，也不能说是仁爱吧！"

皇上于是听从贾谊之计，迁淮阳王刘武为梁王，北边的边界到泰山，西边到高阳，有四十余座大县城。

过了一年多，贾谊逝世，年仅三十三岁。

【华杉讲透】

贾谊格局宏大深远，而文帝格局太小。贾谊最早提出"改正朔、易服色、制法度、兴礼乐"，这是为万世开太平的大计，文帝对此完全没有想象力，不仅不听，反而受其他嫉妒贾谊的周勃、灌婴等老臣影响，把贾谊贬到长沙，做长沙王太傅，后来又调到梁国，做梁怀王太傅。

贾谊又建议分割大封国，大量增加小封国，避免诸侯坐大，危及中央，这样让国运绵长的中计。但文帝还是对贾谊眼里已经非常危险的形势熟视无睹，无所作为。

最后，贾谊再建议壮大梁国和淮阳国以牵制吴、楚、齐、赵，这是保两代平安的小计。这回，文帝终于听从了。

这就是贾谊，大计开万世太平，中计保国运绵长，小计也管君王两代平安。

之后的历史进程，完全按贾谊的预测发展，文帝确实是"高拱以成六国之祸"，在他身后，发生了七王之乱，吴王刘濞、楚王刘戊、赵王刘遂、济南王刘辟光、菑川王刘贤、胶西王刘昂、胶东王刘雄渠，全部造反。而拼死抵挡住叛军，为平叛赢得时间和战机的，正是贾谊预先安排的梁王刘武。

<u>大计不听，小计可从。主君对待谋臣，往往就是这样。因为大计他理解不了，看不出做了这事能怎么样，又牵扯太多，觉得麻烦，所以不能决断。但是，又觉得你这个人确实有才，确实不错，确实应该听你的，一些比较容易的小事，可以听你的办。</u>

幸亏文帝听了贾谊一个小计，办了一件小事，否则真不好说了，吴王刘濞可能就成了明代的燕王朱棣了。

3 将城阳王刘喜改封为淮南王。

4 匈奴入侵狄道。

当时匈奴经常成为边患，太子家令、颍川人晁错上书言兵事，说："兵法说：'只有战无不胜的将领，没有战无不胜的人民。'如此看来，安边境，立功名，在于良将，不可不谨慎选择。

"臣又听说：在战场上交锋，最重要的事情有三件：一是得地形之利，二是士卒训练精熟，三是兵器锐利。兵法说，步兵、战车、弓弩、长戟、长枪短矛、剑盾，各有用武之地，在合适的地形上，才能发挥威力。地形不合适，可能十个打不过敌人一个。部队平时训练不够；战士没有养成服从命令的风纪；平常生活作风散漫；集合或行军，不能整齐一致；冲锋上前，不能及时赶上；撤退向后，不能整齐有序；前锋被攻击，后队就已经瓦解，军中击鼓前进、鸣金收兵的号令，对于他们来说完全失效。这就是平时没有严格训练的缘故，这样的军队，一百人也打不过敌人十人。兵器不锋利，就跟空手没兵器一样；盔甲不坚固紧密，就跟光膀子上阵一样；弩箭不能射远，就跟短兵器一样；射箭不能射中，就跟没有箭一样；射中了却不能造成杀伤，就跟没有箭头一样；这都是将领不注意检查兵器质量带来的祸患，带着这样劣质武器装备的军队，五个也打不过敌人一个。所以，兵法说：'器械不锐利，那是把士卒送给敌人；士卒不可用，那是把将军送给敌人；将领不懂军事，那是把君主送给敌人；君主不选择良将，那是把国家送给敌人。'这四条，就是军事的关键。

"臣又听说：国家大小不同，强弱不同，地形险要还是平易的不同，面对的形势和战备方式，都不一样。放下身段，谦卑地侍奉强国，这是小国自处之道；联合小国以攻击大国，这是和敌国实力相当时采用的策略；而中原王朝对付匈奴的形势和策略，就是以蛮夷攻蛮夷。如今匈奴的地形和士卒的技艺，都和中原不同。上山下坡，出入溪涧之间，中原的马不如匈奴的马；险道危径，一边纵马奔驰，一边射箭杀敌，中原的骑兵不如匈奴的骑兵；雨打风吹也不疲劳，饥渴交困也不在乎，中原人不如匈奴人；这些都是匈奴的强项。但是，如果到了平原地带，战车突袭，骑兵冲锋，那匈奴人就容易扰乱了。中原的劲弩、长戟，都可以远距离造成杀伤，匈奴的弓箭抵挡不了。中原士兵身披坚甲，手持利剑，长兵器、短兵器交叉配合，弓箭骑兵往来攻击，步兵列阵向前，这样的阵地会战，匈奴士卒就抵挡不了了。弓箭部队万箭齐发，射向同一目标，则匈奴的皮革铠甲和木质盾牌，就不能抵挡了。下马格斗，刀枪剑戟，贴身近战，那匈奴的士卒又不如中原了。这些都是中原的强项。如此看来，匈奴的强项有三项，中原的强项有五项；陛下再派出数十万军队去攻打他数万人，兵力上是以十击一，技术上又是以一当十了。

"虽然如此，兵，是凶器；战，是危事；如果不懂得其中的奥妙，则虽大必小，虽强必弱，大小强弱的转换，就在俯仰之间。用人的生命为筹码去争取胜利，一旦失败，人死不能复生，国亡不能复存，悔之晚矣。帝王之道，不能冒险，一定是出于万全之策。如今招降胡人、义渠部落、蛮夷之属来归化中原，他们的部众，也有数千人，他们的饮食习惯、技艺强项，都和匈奴相同。赐给他们坚甲、棉衣、劲弓、利箭，派出边郡的良将去统率他们。良将能知道他们的习俗，能理解他们的心，用陛下贤明的法令来约束他们。这样，我们就有两支军队，在匈奴险阻地区，就用蛮夷外籍军团；到了平原地区，再用汉军主力。两军互为表里，各用其长技，再加上我们的人口和兵力优势，这就是万全之策。"

皇上非常欣赏晁错的报告，专门批示回复，表示对他的恩宠。

晁错又上书，说："臣听说秦国起兵而攻打胡、越，不是为了保卫自己的边境和人民，而是为了扩张土地，所以功勋还没建立，而天下大乱。要起兵，却不知道敌我双方的情势，那战则为人所擒，驻守则士卒一个个死亡。

胡人、貉人，天性耐寒，扬、越之人，天性耐暑。秦国的士卒不服其水土，驻守的死在边境，负责运输的死在路上。人民被征发去边疆，就像奔赴刑场一样。于是将被贬谪的人征发，成为'谪戍'，第一梯队，先征发被贬谪的官吏和上门女婿、商人。这些人全征发光了，第二梯队征发过去曾经做过商人的人。第三梯队，祖父母、父母曾经做过商人的人。第四梯队，进入街间，住在左边的人全部征发。蛮横的政令，当然执行起来也不顺利，被征召的人，心怀怨愤，因为被征发戍边，有万死之害，却没有一分钱的回报；即令为国捐躯，该缴纳的赋税，也没有一分钱免除。天下人都知道其为祸之烈，终有一天会烧到自己身上。所以陈胜押送这些人，走到大泽，首先发难，而天下人如流水般响应跟从，这就是秦朝以威权劫持人民的弊病。

"胡人的吃穿用度，不依赖耕种土地，而是往来游牧，这种形势，决定了他们会来扰乱我们的边境，往来转徙，时来时去。这就是他们的生活方式，就好像我们的生活方式是农耕一样。如今胡人多次游牧、行猎于我们的边塞之下，暗中监视我们的边防守军，守军少，他就侵入。如果陛下不发兵援救，则边民有绝望而降敌之心。要发兵呢，发少了则不足；发多了，又来不及，远方郡县的兵还没有赶到，胡人已经跑了。部队集结起来，没有仗打，待在那里，花费很大。撤军吧，军队一撤，胡人又来了。连年如此，则中原贫苦而人民不安矣！陛下为边境担忧，派遣将吏，征发士卒以治边塞，这是非常好的。但是，如今的政策，边境戍卒是一年轮换一次，所以永远都是新兵，对胡人没有熟悉了解。所以，我建议，不如挑选一些人在边境定居，成家立业，耕田织布，用来防备敌人的攻击。因山川地形之便，修建城堡要塞，深挖壕沟。在要害之处、河流渡口，建立城邑，每座城居民在一千家以上。又政府先建城，修建房屋，配置农具，然后再招募居民，有罪的免罪，无罪的拜爵，免除他们全家的赋税，发给冬衣夏衣，还提供粮食，直到他们能自给自足为止。要让人民在边塞居住，如果没有优厚的政策待遇，不可能让他们久居在危难之地。胡人入侵，抢夺居民财物牲畜，如果能抵抗阻止胡人抢掠的，保护下来的财物牲畜，由财物主人将财物牲畜的一半送给他，再由政府将那一半补偿给原主人。这样，邻里之间就能相互救助，与胡人搏斗而不畏惧死亡。这不是为了感恩皇上，而是为了保护自己的亲戚家族和贪图财货。这和征调那些不熟悉地势,又畏惧胡人的东方士卒相比,效果好太多了。趁着陛下在位,移民充实边疆,让远方的郡县,没有征发戍卒之事;而边塞的居民,能够父子相保,没有被胡人俘虏的祸患;利益传之后世,圣名流传千古,这与秦国那种与人民结怨的做法区别太大了!"

皇上听从晁错的建议,招募人民到边塞定居。

晁错又说:"陛下招募人民以充实边塞,让驻军屯戍之事越发减少,运输给养的费用也更加节省,这是很大的恩典。下面的官吏,如果真能够给百姓厚厚的恩惠,遵奉法令的规定,体恤移民过去的老弱,善待青壮年,与大家心连心,不要刻薄侵辱,让先到的人安乐而不思念故乡,则贫穷的人民就相互转告,相互劝勉而来了。臣听说古代的移民政策,政府先去勘察地形,看看风水的阴阳调和,亲自品尝泉水的味道,然后建造城邑,规划街道里巷,分割宅基地,修建房屋,配置器物,让人民可以拎包入住,并且马上有生产劳动的工具。这是人民远离故乡而前往新城的原因。再为城邑配置医生、巫师,以就疾病,修祭祀,让男女能结成婚姻,有婴儿出生,或有老人死亡,都得到庆贺或抚恤。然后,坟墓相接,房前屋后的树木和桑麻,都生长茂盛,房屋完备安好。这就让人民安居乐业,而有长久之心了。

"臣又听说古代制边县以备敌的办法,移民都以军事单位编组,让五家人为一伍,有伍长。十个伍为一里,有假士(行里长职权)。四个里为一连,连有假五百(行五百长职权)。十个连为一邑,邑有假侯。(官职前面都带一个'假'字,假借的意思,因为是边塞新城,还不是常置的正式官爵,先行使职权。)在城邑中选拔有贤才、有保护之能的壮士,能熟悉地形,能知民心;平时教居民训练弓箭射法,战时率领民兵应战杀敌。所以边民平时训练有素,战时就能杀敌效命。养成习惯之后,让他们各守其业,不要迁徙。他们小时候一起长大,长大了一起共事,夜晚作战,喊一声都知道是谁,则足以相互救援;白天作战,大家相互看得见,自然都认识。其友爱之心,足以拼死相救。如此,以厚重的赏赐为激励,以威严的法令为处罚,就能前仆后继。如果迁移去的居民,不是有才有力的壮士,那只是浪费衣服粮食,不可用。如果居民有才有力,但是没有好的官吏来领导,还是没用。

"陛下与匈奴断绝和亲关系。我认为他们今年冬天就会向南入侵,只要对他们迎头痛击，就会给他们留下终身的创伤。我们要对匈奴立威，就等今年秋天，弓箭上的胶水凝固，他们蠢蠢欲动而南来的时候。如果他们来了，却没有吃大亏，反而志得意满而去，那以后气焰更加嚣张，更不易降服了。"

晁错为人，狭隘刻薄。因为口才敏捷，被太子宠幸。太子家里的人都叫他"智囊"。

【王夫之曰】

晁错移民实边，兵农一体之策，实在是太伟大了！不过，当年冬天就要大治匈奴而给他们留下终身创伤的说法，则是太轻率了。移民实边，没有几十年经营，是见不到效果的。

【华杉讲透】

人如其言，言如其人。司马光就说晁错为人"峭直刻深"，他是"智囊"，能看到问题，能制定策略，但是好大喜功，急切而不能宽缓。之后激起七王之乱，害得自己被腰斩于东市，也是"性格即命运"了。

文帝前十二年（癸酉，公元前168年）

1 冬，十二月，黄河在酸枣县决堤，洪水向东，金堤（又名千里堤，在东郡白马界）崩溃，东郡动员大批士卒抗洪救灾，重新填塞堤坝。

2 春，三月，除去关隘检查行旅的政令，自由出入，无须通行证。

3 晁错上书说："圣王在上而人民不挨饿受冻的，不是国君能耕种给他们吃，织布给他们穿，而是能为百姓开辟致富道路。所以尧帝的时代，有九年的洪水，商汤的时代，有七年的旱灾，却并没有人饿死或被抛弃，那是因为国家预先就有很充足的粮食储备。如今海内唯一，土地人民之众不比商汤、大禹的时代少，而且已经数年没有旱涝天灾了，但是粮食储备还是很少。为什么呢？因为地有余利，民有余力，能长庄稼的土地还没有全部开垦，山林水泽的资源还没有完全开发，四方游食的人民还没有全部回归农业。

"天冷了要穿衣，不需要华丽，能保暖就行；饿了要吃饭，不需要美味，能吃饱就行。饥寒交迫，人就会不顾廉耻。人之常情，一天不吃第二顿饭，就会饿肚子；一年不做衣服，就会受冻。如果饥不得食，寒不得衣，那就算慈父也不能保有他的儿子，国君怎么能保有他的人民呢？英明的君主懂得这个道理，所以务民于农桑，薄赋税，广蓄积，以充实仓廪，防备水旱，于是能够保有天下百姓。人民就像羔羊，在于上位者怎么放牧他们。民之趋利，就像水往低处流一样，自己并不知道选择流的方向。

"那些珠、玉、金、银，饥不可食，寒不可衣，但是大家都以之为贵，那是因为上层社会的人都使用它们。这些东西轻便而易于收藏，便于携带，带着珠、玉、金、银，走遍天下也没有饥寒之忧。这就让臣子可以轻易背叛他的主人，人民可以轻易离开他的故乡，盗贼有了目标，逃亡者有了盘缠。而粟、米、布、帛，生长在土地里，因四时季节而生长，靠人力生产，不是一天能完成的，有数石重，一般人都搬不动，所以奸邪小人觉得粮食没什么利益，但是人一天没有粟、米、布、帛，就会挨饿受冻。所以明君贵五谷而贱金玉。

"如今农夫五口之家，服公家劳役的不下二人，能耕种的土地不超过一百亩，收成不超过一百石，春天耕种，夏天锄草，秋天收获，冬天储藏，砍伐打柴，修葺官府厅堂，服徭役，春不得避风尘，夏不得避暑热，秋不得避阴雨，冬不得避寒冻，一年四季，不得休息；还有自己的私事，送往迎来，吊死问疾，养孤长幼；人民如此勤劳辛苦，还要遭受水灾旱灾，忍受急苛的政令、暴虐的赋税，随时被搜刮，朝廷的政令，朝令夕改。有点蓄积的人，只好拿出他的蓄积，半价出售。没有蓄积的人，就只能去借高利贷。于是有卖田卖房、卖妻子儿女来偿还债务。而那些商人呢，大者蓄积物资，放高利贷；小者坐列在市场上贩卖，赚取利益，然后在街市上游乐，乘着政府的困急，所卖的东西都价钱翻倍。这些商人，男不事耕耘，女不事纺织，但他们穿的都是文采锦绣，吃的都是大鱼大肉，没有农夫的辛苦，却有千百万的收入。因为他们富有，又能结交王侯，权力超过普通官吏，更互相勾结，成为利益集团，千里之外，相互往来，冠盖云集，乘坐坚固的马车，骑着肥壮的骏马，穿着丝绸的鞋子，披着精白的华服。这就是商人兼并了农民，农民却往往逃亡的原因。

"现在的当务之急，莫过于让人民回归务农而已。要让人民务农，就要贵粟，以粮为贵，贵粟之道，在于以粮食为赏罚。我建议，百姓能上交粮食给县政府的，可以拜爵，可以免罪。如此，则富人有爵，农民有钱，粮食也不会囤积在民间大户手里了。能上交粮食给政府的，都是有余积的。取其所余以供政府支配，那么贫民的赋税就可以减免了。这就是损有余而补不足，命令一出，则人民马上得利。如今下令，人民捐献车一辆、马一匹的，免除三个人的官差劳役。车骑，是天下之武器装备，所以可以免除官差劳役。神农氏有言：'有十仞高的石头城墙，有百步宽的护城河，但是，城里没有粮食，还是不能守城。'如此看来，粮食，是王者之大用，政务之大本，如今人民捐献粮食，可以拜五大夫以上的爵位，免除一个人的劳役，这与捐献车骑的激励相差太远。赐爵，是皇上专擅的权力，只要张嘴一句话的事儿，要多少有多少。粮食呢，是人民劳动所得，生长于土地，也不匮乏。能得到上等的爵位，或者有罪能得以免除，这是人民的愿望。如果让天下人都可以向边塞运输捐献粮食而得以拜爵、免罪，我看，不出三年，边塞的粮食就多了。"

皇上听从晁错的意见，下令人民运输粮食到边塞捐献，按捐献的多少赐给不同级别的爵位。

晁错又上奏说："陛下下令天下人入粟边塞以拜爵，这是很大的恩惠。我因为担心边塞粮食不够用，才想办法阻止天下人囤积居奇，把粮食都运到边塞去。再建议：如果边塞的粮食足够五年之用，就不要他们运粮去边塞了。可以直接捐献给当地郡县政府。郡县粮食储备够用一年以上，就可以时常赦免百姓，不收农民的田租。如此，德泽加于万民，百姓更加乐于从事农业，天下便大富大乐了！"

皇上再次听从他的建议，下诏说："引导人民的道路，在于务本。朕亲自率领天下耕种，到今天已经十年了，而荒地并没有被更多地开垦，年岁一旦收成不好，就有人挨饿，这是因为，从事农业的人还是太少啊！官吏们也对此重视不够！我的诏书一道一道地下，年年劝勉百姓栽桑种麻，还是没有效果，这是因为我的官吏接到我的诏书，却没有去劝勉百姓，或者劝勉不力，没说清楚！我的农民生活困苦，官吏们却不知反省，怎么能去劝勉百姓呢！就赐农民今年免除一半的租税吧！"

【华杉讲透】

以农为贵，以商为奸，贵粟而贱珠玉金银的思想，在西汉朝廷经常有讨论。杜佑《通典》中记载了多次取消货币的廷议，连货币也禁止用金银铜钱了，直接用粮食和布帛做交易媒介。结果呢，用粮食去买东西的人，在粮食上喷水增加重量；用布帛去交易的人呢，专门织一种劣质的布匹去交易，疏薄而不能用，百姓苦不堪言，又回到货币上来。中国古代的经济、贸易和金融思想，仅存于春秋时期齐国的管仲，之后就失传了。

打压、歧视甚至敌视商人，成了中国人的集体潜意识，挥之不去。以至于对商人的最高赞美，就是："您不是一个商人！"

文帝前十三年（甲戌，公元前167年）

1 春，二月十六日，下诏说："朕亲自耕田以为天下之表率，并以皇家之田的收成，作为祭祀祭品之用，皇后亲自养蚕织布，缝制祭服，就把这定为礼制吧！"

2 当初，秦朝祝官有"秘祝"（秘密的祝词咒语），有了灾难或不祥的事情发生，就念"秘祝"，把过失从皇帝身上，转移给下属官员。这年夏天，皇帝下诏说："盖闻天道，祸自怨起，福由德兴，百官之非，宜由朕躬。如今设秘祝之官，移过于下，反而彰显朕之不德，朕以为不可取！撤销秘祝官！"

3 齐国总粮仓管理官、太仓令淳于意有罪当处肉刑。皇帝下诏系狱,将他逮捕押解到长安,他的小女儿淳于缇萦上书说:"妾父为吏,齐国上下都称赞他廉洁公正,如今坐法当刑。妾深感悲伤,人死不能复活,砍下的肢体不能再接上去,虽然想改过自新,却无路可走。妾自愿进入官府为奴婢,为父亲赎罪,让他能够自新。"

皇上怜悯她的心意,五月,下诏说:"《诗经》说:'恺弟君子,民之父母。'君子有和乐简易之德,所以百姓尊之若父,亲之如母。如今人有过错,还没有教导他,就对他用刑。他想改行为善,却无路可走,朕甚怜悯之!肉刑断手断脚,又在脸上刺字,终身不能复原,肉刑是如此惨痛而不道德!这岂是为民之父母的本意吗?从即日起,废除所有肉刑,改为有期徒刑,按罪行轻重判决服刑年数,期满没有逃狱的,废为庶人。就按这个意见重新编修法令吧!"

丞相张苍、御史大夫冯敬奏请定律令说:"当处剃光头发的髡刑的,男子改罚劳役,女子改罚春米;当处脸上刺字的黥刑的,改罚剃光头发,颈戴铁链劳役、春米;当处割去鼻子的劓刑的,改罚鞭笞三百;当斩左脚的,改罚鞭笞五百鞭;当斩右脚的,以及杀人后自首,官吏枉法受贿、监守自盗,这些已经判刑,又犯其他鞭笞罪的,处以斩首弃市。罪人已经判决为劳役、春米的,都改判徒刑,期满释放。"

皇上批示说:"可。"

当时,皇上躬修沉静不语、清静无为,而将相都是高祖时代的旧勋功臣,粗人多,文人少,以亡秦的虐政为戒,务在宽厚,耻于议论他人的过失,教化行于天下,揭发他人的风气大为改变。官吏安于其职,人民乐于其业,蓄积每年增加,户口逐渐增多,风俗日益笃厚,法制务求疏阔,刑事审判,疑罪从无,有罪从轻,所以刑事案件大大减少,以至于一年的重罪判决,全国只有四百人,而有弃置刑罚而不用的德风。

【华杉讲透】

《论语》,子曰:"听讼,吾犹人也。必也,使无讼乎!"天下无讼,文帝真做到了!

4 六月，下诏说："农业是天下之本，重要性无与伦比。但是，如今勤劳耕种，却还要交租交税，这大本和末业也没有区别了，不是劝勉人民从事农业之道啊！从即日起，免除所有农田的租税！"

文帝前十四年（乙亥，公元前166年）

1 冬，匈奴老上单于率十四万骑兵入侵朝那、萧关，杀北地都尉昂，掳走人民畜产甚多，然后又进军彭阳，派奇兵火烧回中宫，其斥候骑兵到了雍县、甘泉。皇帝任命中尉周舍、郎中令张武为将军，发战车一千乘，步骑兵十万人在长安郊外布防，以备胡寇；又拜昌侯卢卿为上郡将军，宁侯魏遬为北地将军，隆虑侯周灶为陇西将军，驻屯三郡。皇上亲自劳军，阅兵，训勉，赏赐士卒，准备御驾亲征。群臣谏止，不听。皇太后坚决阻止，这才作罢。于是以东阳侯张相如为大将军，成侯董赤、内史栾布为将军，出击匈奴。单于留在塞内一个多月才离去。汉军追出塞外即回师，无所斩杀。

2 皇上御辇经过宫廷侍卫总部郎署，问郎署长冯唐："老人家哪里人？"回答说："臣祖父是赵国人，父亲一辈迁徙到代国。"皇上说："朕在代国的时候，主管我膳食的尚食监高祛多次跟我说起赵将李齐之贤，讲他在巨鹿大战的事。如今我每顿吃饭时，还总想着巨鹿。您知道这个人吗？"冯唐说："李齐啊，知道，但是打仗不如廉颇、李牧。"皇上一拍大腿说："嗟乎！我就是得不到廉颇、李牧这样的大将！如果有，我还担忧什么匈奴呢！"冯唐说："陛下就是有廉颇、李牧这样的大将，也不会用。"

皇上怒，起身就走，回到宫禁中，好一阵子才平静下来，召冯唐，责备他说："为何当众羞辱我？就不能找个说话的地方吗？"冯唐谢罪说："粗鄙之人，不知道忌讳。"皇上正关心匈奴的事，再问："您怎么知道我有廉颇、李牧，也不能用呢？"冯唐说："我听说上古之王者，派遣大将时，跪下来亲自推动车轮，说：'城门之内的事，寡人说了算。城门之外的事，将军说了算。'军功赏爵，都由将军在外决定，回来汇报就可以了，这不是虚言。我的祖父告诉我,李牧为赵将,驻防边境,军中有市场,市场的租税,都用来犒赏士卒。赏赐由将军决定,不需要皇上批复。李牧只要完成任务,就能享有全权,所以李牧才能够尽其职能。他精选战车三百乘,能骑善射的骑兵一万三千人,精锐步兵十万人,是以北逐单于,破东胡,灭澹林,向西抑制强秦,向南支援韩、魏,当是之时,赵国几乎已经称霸。其后等到赵迁继位为赵王,听信郭开谗言,诛杀李牧,令颜聚替代他,于是全军覆没,为秦国所灭。如今臣听说魏尚为云中守,其军中市租尽以犒赏士卒,每五天杀一头牛,款待宾客、军吏和幕僚,所以匈奴远避,不敢靠近云中要塞。敌人也曾入侵过一次,魏尚亲率车骑出击,杀敌甚众。士卒们都是农家子弟,离开田地就来到军营,他们怎么能了解军令文书的事呢?终日力战,斩将杀敌,呈上功劳簿给幕府,稍有对不上的,文职官员就引用条例处罚。赏赐嘛,不一定有,处罚是一条也躲不掉。臣愚以为陛下赏太轻,罚太重。云中守魏尚上报的斩首数目差六个人头对不上,陛下的官吏就削去他的爵位,还罚一年劳役!所以我说,陛下就算得到廉颇、李牧,也不能用!"

皇上听了他的话,很高兴。当天,令冯唐持节去赦免魏尚,官复原职为云中守,并拜冯唐为车骑都尉。

3 春,下诏广增各祭坛的珪币(就是祈福用的玉帛),并且说:"祝官祝福的时候,都是为朕祈福,不为百姓,朕十分惭愧!以朕之不德,而专享独美其福,而百姓不能分享,这又是加重我的不德了。以后祭祀官员向天地致敬时,不要为我祈福!"

4 这一年,河间文王刘辟强薨。

5 当初,丞相张苍认为汉朝是得水德,鲁人公孙臣认为汉朝应该是土德,所以推断应该会有黄龙出现。张苍认为公孙臣说得不对,将他罢斥。

【胡三省曰】

公孙臣上书说:"当初,秦得水德,推算下来,汉朝应该是土德。土德应验，黄龙将要出现，宜改正朔，服装颜色改为黄色。"张苍认为："汉朝是水德，黄河决于金堤，就是符证。公孙臣说得不对，罢斥他。"

文帝前十五年（丙子，公元前165年）

1 春，黄龙在成纪出现。皇帝召公孙臣，拜为博士，与其他儒生一起申明土德，起草改历法和服装颜色的方案。张苍由此自动绌退。

2 夏，四月，皇上巡幸雍县，祭祀五帝，大赦天下。

【胡三省曰】
秦朝在雍县建四座祭坛，分别祭祀白帝、赤帝、黄帝、青帝，刘邦又立黑帝畤（祭坛），所以有五帝畤。

3 九月，下诏诸侯王、公卿、郡守推举贤良、能直言极谏者，皇上亲自策问。太子家令晁错回答策问得到最高等第，提升为中大夫。晁错又上书建议削减藩王土地及权力，以及其他法令修改意见，一共写了三十篇。皇上虽然不能都听从，但是很赏识他。

4 这一年，齐文王刘则、河间哀王刘福皆薨逝，没有儿子，封国撤除。

5 赵人新垣平以善于望气觐见皇上，说长安东北有神，气成五彩，于是在渭南修建五帝庙。

【华杉讲透】
前面说看见黄龙的拜了博士，神仙家就纷至沓来，祥瑞越来越多了。

文帝前十六年（丁丑，公元前164年）

1 夏，四月，皇上在渭南五帝庙祭祀五帝，尊宠新垣平，让他做上大夫，赏赐累积到千金之多。又派博士、诸儒生采取《六经》的内容编写《王制》，谋议巡狩、封禅之事。又在长门道北立五帝坛。

【胡三省曰】

《王制》，就是今天的《礼记王制篇》。（记载古代君主治理天下的规章制度，内容涉及封国、职官、爵禄、祭祀、葬丧、刑罚、建立成邑、选拔官吏以及学校教育等方面的制度。）

2 将淮南王刘喜调回城阳，封为城阳王。又将齐国一分为六，四月十七日，分封给齐悼惠王在世的六个王子：杨虚侯刘将闾为齐王，安都侯刘志为济北王，武成侯刘贤为菑川王，白石侯刘雄渠为胶东王，平昌侯刘卬为胶西王，扐侯刘辟光为济南王。

又将淮南分为三国，分封给淮南厉王在世的三个儿子：阜陵侯刘安为淮南王，安阳侯刘勃为衡山王，阳周侯刘赐为庐江王。

3 秋，九月，新垣平派人持玉杯上书皇上，在宫门外进献。新垣平对皇上说："宫门下有宝玉之气来了。"过了一会儿，派人去查看，果然有人来献玉杯，杯上刻有字："人主延寿。"

新垣平又说："臣占出太阳将再度居中！"过了一会儿，太阳已经向西，又重新向东，回到正中。于是皇上下诏，以明年为元年，并下令全国人民都大摆酒宴庆祝。

新垣平说："周朝的大鼎，沉没在泗水，如今黄河决堤，黄河水注入泗水，臣向东北望气，看见汾阴上空，有金宝之气，寓意着周鼎将出！吉兆已现，赶快去迎接，不迎则不至。"于是皇上派人在汾阴建庙，南临黄河，准备祭祀，迎接周鼎。

文帝后元年（戊寅，公元前163年）

1 冬，十月，有人上书举报新垣平："所说的话全是欺诈！"将新垣平逮捕审讯，诛灭全族。从此之后，皇上对改正朔、服装颜色、鬼神之事，也提不起兴趣了。而渭阳、长门的五帝庙，让祀官去统领祭祀，按时奉献，自己也不去了。

2 春，三月，汉惠帝刘盈的皇后张氏薨。

3 下诏说："近年以来，数年歉收，又有水灾旱灾，疾病瘟疫，朕甚忧之。朕愚而不明，找不到原因，是朕的施政有过失吗？行为有过错吗？是天道不顺吗？地利未得吗？是人事失和吗？鬼神祭祀不周吗？何以至此？还是百官的奉养或废弃没处理好，无用之事干得太多？为什么人民还是得不到充足的粮食？度量一下，现在的田地并不少，人口并未增加，按人均田地面积算，比古代还有余，而粮食还是短缺，问题到底在哪里？是百姓从事工商业的太多，回归农业的人太少吗？是粮食用作酿酒或牲畜饲料，消耗太多，以至于人吃的反而不够吗？这些大大小小的事情，我想不明白！请教各位丞相、列侯、二千石以上官吏、博士，请你们讨论讨论，凡是能有利于百姓的，请把各位的意见心得告诉我，不要隐瞒！"

文帝后二年（己卯，公元前162年）

1 夏，皇上巡幸雍县棫阳宫。

2 六月，代孝王刘参薨。

3 匈奴连年入侵，屠杀抢掠人民、牲畜、财物甚多，云中、辽东的情况最严重，每郡被杀都上万人。皇上甚为忧患，派使者给匈奴送去书信。单于也派当户（匈奴官名）来回报谢罪。于是重新与匈奴和亲。

4 八月二日，丞相张苍免职。

皇帝认为皇后的弟弟窦广国有贤能，有德行，想要拜他为相，说："担心天下人说我有私心，偏爱广国，想了很久，还是觉得不可以。"而高帝时期的大臣，也找不到合适的。御史大夫、梁国人申屠嘉，之前是跟从高帝的材官蹶张（材官是弓箭手，蹶张是材官中的大力士，能用脚踏强弩张弓的，所以叫蹶张），封关内侯。八月四日，以申屠嘉为丞相，封故安侯。申屠嘉为人廉洁正直，家里不接受官员私下拜访。当时，太中大夫邓通正被宠幸，赏赐累积巨万。皇上曾经在邓通家宴饮，对他宠幸无比。申屠嘉曾经入朝奏事，而邓通站在皇上旁边，态度怠慢。申屠嘉奏事毕，对皇上说："陛下宠幸谁，可以给他富贵，但是朝廷上的规矩礼节，不能不严肃。"皇上说："您不用说，我会告诫他。"散朝后，申屠嘉端坐丞相府，用公文召邓通来，下令，如果不来，就地斩首。邓通害怕，进宫找皇上。皇上说："你先去，我会派人叫你回来。"邓通到丞相府，脱下帽子，光着脚进去，向申屠嘉磕头谢罪。申屠嘉端坐自如，也不答礼，责问他说："朝廷，是高帝的朝廷。邓通小臣，竟敢在大殿之上，嬉戏无礼，大不敬，当斩！来人！今天就把他斩了！"邓通不停地磕头，满脑袋都磕出鲜血，申屠嘉还是不饶他。皇上想着丞相已经把邓通收拾得差不多了，派使臣持节去召邓通回来，并对丞相说："这是我玩耍的弄臣，请您释放他吧。"邓通到了宫中，对皇上哭诉说："丞相差点杀了我！"

文帝后三年（庚辰，公元前161年）

1 春，二月，皇上巡幸代国。

2 这一年,匈奴老上单于死,儿子军臣单于继位。

文帝后四年(辛巳,公元前160年)

1 夏,四月三十日,日食。

2 五月,大赦天下。

3 皇上巡幸雍县。

文帝后五年(壬午,公元前159年)

1 春,正月,皇上巡幸陇西;三月,巡幸雍县;秋,七月,巡幸代国。

文帝后六年(癸未,公元前158年)

1 冬,匈奴三万骑入侵上郡,三万骑入侵云中,所杀掠甚众,各地烽火台举火,一路通报到甘泉、长安。以太中大夫令免为车骑将军,屯驻飞狐,前楚国丞相苏意为将军,屯驻句注,将军张武屯驻北地,河内太守周亚夫为将军,进驻细柳,宗正刘礼为将军,进驻霸上,祝兹侯徐厉为将军,进驻棘门,以防备匈奴。

皇上亲自劳军,到霸上及棘门军营,都是长驱直入,将军以下都骑马出来迎接和送行。到了细柳,军官士兵都身披盔甲,刀剑出鞘,弓弩张满,严阵以待。天子先驱导驾卫队先到,不得入,先驱说:"天子马上就到!"军门都尉说:"将军有令:'军中只有将军军令,没有天子诏书。'"过了一会儿,皇上到了,还是不让进。于是皇上派使臣持节向周亚夫下诏:"吾欲入营劳军。"周亚夫这才传令:"开壁门。"壁门卫士对皇家车骑说:"将军有令,军营之中,不可驰驱。"于是,天子也按辔徐行。到了军营,周亚夫手持兵器,作揖说:"身穿铠甲的武士,不便下拜,请以军礼相见。"天子为之动容,扶着车厢前的横木,俯身为礼,派人传话说:"皇帝敬劳将军。"仪式完成后离去。

出了军门,群臣皆惊。皇上说:"嗟乎!这才是真正的将军啊!早前霸上、棘门的军队,比起来简直就跟儿戏一样,敌人如果发动奇袭,他们的将领就会被俘虏了。至于周亚夫,谁能侵犯他!"好长时间赞叹不止。过了一个多月,汉朝大军抵达边境,匈奴已经撤退得远远的了,汉军也随即班师。皇上拜周亚夫为中尉。

2 夏,四月,大旱,蝗灾,削减皇宫费用,裁减郎吏官员,下令诸侯暂停进贡,解除山泽不许渔猎的禁令,开仓放粮,赈济灾民。又下令人民可以用粮食购买官爵。

文帝后七年(甲申,公元前157年)

1 夏,六月一日,帝崩于未央宫(得年四十六岁)。遗诏说:

朕听说,天下万物,有生必有死,死,是天地之理,物之自然,有什么可悲哀的呢?如今的人民,都庆幸生,而厌恶死,以至于形成厚葬的风气,破败了生者的家业。服丧过度,也伤害身体,影响生产、生活,我觉得很不恰当。况且我本来没有什么贤德,没有为百姓做过什么贡献,如今死了,又要百姓身穿重丧之服,长期守丧,忍受四季寒暑,让别人父子陷入悲哀,长者心志受到伤害。守丧期间又要减损饮食,连鬼神都不能祭祀,这更是增加了我的罪过,怎么对得起天下人呢!

朕以眇眇之身,获得保护宗庙之任,位居天下君王之上,已经二十余年了。赖天之灵,社稷之福,四方安宁,没有兵革之祸。朕既不聪敏,常常害怕自己的过错羞辱了先帝的遗德,担心长年累月,不能善始善终。如今得终其天年，将要被供养祭祀于高庙以陪伴先帝，这是我的幸运，哪里有什么悲哀呢！

我下令：天下官吏人民，遗诏颁布之日起，哭临祭礼，以三天为限，三天之后，都脱下丧服。不要禁止娶妇、嫁女、祭祀、饮酒、吃肉。凡是要来参加葬礼哭临的，不必赤脚；绖带（丧服上的麻绳，系在头上和腰上）长度不要超过三寸。出殡时，不要用丧布来包裹马车及兵器，不要发动人民到宫殿中来哭丧；应该到宫殿中来哭丧的，早上和晚上各十五人一组，各哭十五声，完成祭祀即可。不是早晚哭临时间，不要擅自前来哭临。下葬之后，应穿九个月丧服的，改穿十五日；应穿五个月丧服的，改穿十四日；应穿三个月丧服的，改穿七日。期满即刻脱下。其他本诏书中没有明确规定的，比照此精神，类比从事。布告天下，让百姓都明白我的心意。埋葬地点霸陵，山川河流都保持原状，不要改建。我的姬妾，夫人以下，直到少使，都让她们回娘家。

六月七日，将皇帝安葬在霸陵。

【华杉讲透】

文景时代，皇帝的嫔妃，皇后之下，还有七级：夫人、美人、良人、八子、七子、长使、少使。都放回娘家，文帝真是仁厚了。

帝即位二十三年，宫室、苑囿、车骑、服御，都没有增加。有什么不便于百姓的法令，就把它废除以利民。曾经想要建造一个露台，召工匠制定预算，要一百金。皇帝说："一百金，那是中产人家十家人的财产了，我住着先帝的宫室，已经觉得羞愧，觉得自己不配，还要这个露台做什么！"身上只穿黑色的丝绵袍，送宠幸的慎夫人的衣服长度，从不拖到地面，帷帐也没有文绣，以示纯朴，为天下表率。修建霸陵，都用瓦器，不得以金、银、铜、锡为装饰，坟墓因山势而建，不再堆土为大坟。吴王谎称生病，不来朝见，皇上就赏赐给他手杖。群臣袁盎等的进谏虽然常常直言而不留情面，皇上总是采纳。张武等受贿案发，皇上只是赏赐更多金钱给他，让他自己羞愧。皇上一心一意，就是用品德来感化人民，所以海内安宁，家家富裕，人人自足，后世很少有能赶上的。

2 六月九日，太子刘启继位。尊皇太后薄氏为太皇太后，皇后为皇太后。

3 九月，西方天际出现光芒强盛的彗星。

4 这一年，长沙王吴著薨，无子，封国撤销。

当初，高祖刘邦对长沙文王吴芮非常敬重，下诏给御史说："长沙王忠心耿耿，特准封王，明令公布。"（汉约非刘氏不能封王，但封了吴芮为王。）在汉惠帝、高后时代，又封了吴芮的庶子二人为列侯，传国数代，绝嗣。

孝景皇帝上

景帝前元年（乙酉，公元前156年）

1 冬，十月，丞相申屠嘉等上奏："功莫大于高皇帝，德莫盛于孝文皇帝，高皇帝庙，应该为太祖之庙，孝文皇帝庙，应该为太宗之庙。天子应该世世代代献祭太祖之庙，诸侯郡国应该各自在自己境内为孝文皇帝立太宗之庙。"

皇帝批示说："可！"

2 夏，四月二十二日，大赦天下。

3 派遣御史大夫陶青到代下，与匈奴和亲。

4 五月,重新收取民田租税,收一半,三十税一。

5 当初,文帝废除肉刑,改为鞭笞,表面上是刑罚轻了,实际上是杀人。应该砍断右脚的,固然是直接处死。应该斩断左脚的,改判鞭笞五百下,应该劓刑割鼻的,鞭笞三百下,很多人都被打死了。这一年,皇上下诏说:"鞭笞与死刑无异,幸而不死,也是终身残疾,重新修改法令:鞭笞五百的改为三百,鞭笞三百的改为二百。"

6 任命太中大夫周仁为掌管宫廷禁卫的郎中令,任命张欧为掌管司法的廷尉。任命楚元王的儿子、平陆侯刘礼为掌管皇族事务的宗正。任命中大夫晁错为掌管京城事务的左内史。

周仁之前是太子舍人,因为廉洁谨慎,得到宠幸。张欧也是在太子宫里就跟着皇上,虽然是治刑名之学的,但是为人仁厚,所以皇上看重他,用为九卿。张欧做司法工作,从来没有拷打过人,以诚信长者的风度做领导,下属也以他为长者,不大敢欺骗他。

景帝前二年(丙戌,公元前155年)

1 冬,十二月,西南方天际出现彗星。

2 下令天下男子二十岁开始服徭役(之前是二十三岁)。

3 春,三月二十六日,立皇子刘德为河间王,刘阏为临江王,刘余为淮阳王,刘非为汝南王,刘彭祖为广川王,刘发为长沙王。

4 夏,四月二十五日,太皇太后薄氏崩。

5 六月,丞相申屠嘉薨。

当时内史晁错经常要求单独觐见皇上谈事，皇上都同意，对晁错的宠幸超过了九卿，法令的制定和变更，都是晁错的意见。宰相申屠嘉的意见，反而得不到采纳，所以申屠嘉非常嫉恨晁错。晁错是内史，在皇宫奏事后，要向东出皇宫，再到他自己的官衙，十分不方便。晁错就自作主张，在南边再开一个宫门，从南边出入。南边是太上皇帝庙的院墙。申屠嘉听说晁错打穿了宗庙外墙，就上奏要诛杀晁错。申屠嘉手下有门客把消息通报给晁错。晁错大为恐惧，连夜进宫觐见皇上自首。到了早朝，申屠嘉请诛晁错。皇上说："晁错凿穿的并不是宗庙的院墙，而是更外面的一层墙垣，所以还有一些冗杂的闲散官员在那儿居住，况且是我让他凿的，他没有罪。"申屠嘉只好谢罪。罢朝之后，申屠嘉对他的秘书长、长史说："我悔不该先斩后奏！结果反而被晁错卖了。"回到家里，呕血而死。晁错从此更加显贵。

6 秋，与匈奴和亲。

7 八月一日，任命御史大夫、开封侯陶青为丞相，二日，以内史晁错为御史大夫。

8 彗星出于东北。

9 秋，衡山下冰雹，大的有五寸大，地面积得深的有二尺厚。

10 火星逆行，接近北极星；月亮出现在北极星左右；木星逆行，运行到天廷中（是以臣犯上的征兆）。

11 梁王刘武因为是窦太后的小儿子，特别受宠，有四十多座城池，居住在天下膏腴之地，赏赐不可胜算，府库金钱百万之数，珠玉宝器多于京师。刘武修筑东苑，方圆三百里。又把首府睢阳城扩建到方圆七十里。大治宫室，修建复道，从王宫到平台离宫三十里。又招延四方豪俊之士，比如吴人枚乘、严忌，齐人羊胜、公孙诡、邹阳，蜀人司马相如等，都是他交游的宾客。每次进京入朝，皇上派使臣持节，带着马车卫队，到函谷关下迎接他。到了京师，宠幸无比，进宫则与皇上坐在同一辇车，出门也在一辆马车上，在上林苑射猎，上书要求留下，一留就是半年。梁国的侍从官、禁卫官、礼宾官、侍中、郎、谒者等出入天子殿门，与汉朝官吏无异。

卷第十六 汉纪八

（公元前154年—公元前141年，共14年）

主要历史事件

刘启击杀吴国太子　198

晁错上书削藩，七王之乱爆发　199

景帝为平息叛乱而杀晁错　203

周亚夫不受君命，大败吴楚联军　205

七国之乱平定　211

刘彻的身世　213

梁王刘武争继帝位　216

李广勇猛战匈奴　221

周亚夫绝食而死　224

景帝去世，太子刘彻即位，是为汉武帝　227

主要学习点

不信口开河，你的话就值钱了　197

要追求利益最小化　201

兵法不是战法，而是不战之法　206

自掩其功、自掩其才、自掩其名　208

君子不辩污　223

做人不能太傲气，要有自嘲精神　225

法网越密，违法的人越多　228

永远在路上，不可有"盛心"　229

孝景皇帝下

景帝前三年（丁亥，公元前154年）

1 冬，十月，梁王刘武来朝。当时皇上还没有置太子，与刘武宴饮，从容自然地对他说："我千秋万岁之后，帝位就传给你。"刘武辞谢，虽然知道不是皇帝的心里话，但还是暗暗高兴，太后也很高兴。皇后宫总管、詹事窦婴端着酒杯向皇上敬酒说："天下者，高祖之天下，父子相传，是汉朝制度，皇上怎么能说传给刘武！"太后由此憎恨窦婴。窦婴于是被以健康为理由免职。太后甚至取缔了窦婴进出宫门的资格，不许他朝觐。刘武由此更加骄纵。

【华杉讲透】

说的话自己都不信，这是我们非常普遍的一个毛病。从史书上看，这种说客气话、虚张声势话、信口开河话的毛病，还真是咱们祖传的。景帝说死后传位给刘武，这话他自己都不信，刘武也不信，他也知道刘武不信，但是他还是要说。太后也不信，但是她听了这话觉得"欣慰"，刘武也是"欣慰"。景帝说这句三个人都不信的话，就是给妈妈和弟弟送上一份"欣慰"，自欺欺人的"欣慰"之后，这事儿就过去了。窦婴当场破坏了这"欣慰"，就触了霉头。

说的话自己都不信，这个祖传的毛病一定要改！严格控制自己，绝对不要说自己都不信的话。把标准严格到连"改天一起吃饭啊"这种话都不要说，要说就具体邀请哪天。养成这个新习惯之后，你的话就值钱了，这叫"贵言"。

2 春，正月二十二日，颁布赦免令。

3 长星出现在西方。

4 洛阳东宫发生火灾。

5 当初，孝文帝的时候，吴国太子到长安朝见，侍奉当时还是皇太子的景帝喝酒、下棋。吴太子和皇太子因为棋路起了争执，态度不恭敬。皇太子操起棋盘掷打吴太子，把他打死了，把他的灵柩送回吴国下葬。吴王愤怒地说："天下都是刘家，死在长安就葬长安，何必回来下葬！"又把灵柩运回，葬在长安。吴王由此稍失藩臣之礼，称病不朝。中央政府知道他是因为儿子，拘押、审问吴国使者。吴王恐惧，开始有反谋。

后来，派使者来秋请（封国国君，每年两次定期觐见皇帝，春天叫"朝"，秋天叫"请"），文帝又问。使者说："吴王确实没有病，因为中央政府数次拘押、审问他的使者，吴王恐惧，所以称病不敢来。古话说，'察见渊鱼者不祥'，知道臣下隐私，让他更加恐惧忧思，就变生不祥之事了。希望皇上忘记他之前的过错，给他一个重新做人的机会。"

于是文帝赦免了吴国使者，让他回国，并赐给吴王倚几和拐杖，体谅他年纪已老，免于朝见。吴王得以免罪，造反的阴谋也疏解了。但是吴国有铜矿铸钱之利，又有海水煮盐，十分富裕，百姓都不用缴纳任何赋税。汉朝制度，不愿当兵的人，可以出钱雇人代替，或者把钱交给政府，由政府雇人。吴王欲得民心，无论自愿当兵，还是要雇别人，都由他出钱。每年定期慰问国内有才学的人，对城乡普通百姓，也经常有赏赐。其他郡国来抓捕逃犯的，吴王都公然拒绝。像这样做了四十多年。

晁错数次上书言吴王过失，建议削减他的土地。文帝宽厚，不忍处罚，以此吴王日益骄横。等到景帝继位，晁错上书说："当初高帝初定天下，兄弟少，儿子们又还年幼，所以大封同姓子弟。齐国七十余城，楚国四十余城，吴国五十余城，这三国国君，不是庶子，就是堂侄，却分去了天下的一半。如今吴王因为衔恨王太子之死，诈病不朝，于古法当诛。文帝不忍心，赐给他几杖，恩德至厚，他应当改过自新，却反而更加骄横，开铜山铸钱，煮海水制盐，引诱天下逃亡之人，密谋作乱。如今，削减他的土地，他固然要反；不削减他的土地，他仍然要反。现在削他，他反得急，祸小；不削他，他反得迟，祸大。"

皇上令公卿、列侯、宗室讨论，都没人敢反对晁错的意见，只有窦婴力争反对，于是晁错与窦婴有了矛盾。等到楚王刘戊来朝，晁错又进言："刘戊往年在为薄太后守丧期间，在丧庐与女人淫乱，请诛之。"皇上下诏赦免刘戊死罪，削去东海郡。到了前年，赵王有罪，又削去赵国常山郡。胶西王刘卬因为在出卖爵位上有欺诈行为，削去他六个县。

廷臣正在讨论削吴。吴王担心削地没完没了，于是密谋举事，想来想去，各诸侯王中没有能商量的人，听说胶西王勇猛，喜好军事，诸侯都忌惮他，于是派中大夫应高传口讯给胶西王说："如今主上任用邪臣，听信谗贼，侵削诸侯，诛罚良善，日以益甚，有句话说：'狧穅及米。'那狗吃东西，吃完穅就要吃米了。吴国与胶西国，都是知名诸侯，一旦被怀疑，我们就再也不得安宁。吴王身有内疾，不能进京朝请已经二十余年，经常担心被怀疑，无法自证清白。耸着肩膀，不敢抬起手臂，一点都不敢动，还是害怕得不到谅解。听说大王您也因为买爵的事有过错，又听说各诸侯都被削地。什么罪，也不至于被削地吧！恐怕他们的目的，不止于削地而已！"

胶西王说："现在是这个情况啊！你准备怎么办呢？"

应高说："吴王自以为与大王同忧，愿顺应时势，遵循天理，捐躯以除患于天下，您意下如何？"

胶西王瞿然惊骇说："寡人何敢如是！主上虽急，臣固有一死而已，怎能不侍奉天子呢！"

应高说："御史大夫晁错，蛊惑天子，侵夺诸侯，诸侯都有背叛之意，国君们的愤怒，已经到了极点。彗星出，蝗虫起，这正是万世以来最难得的时机，而天下愁苦，正是圣人挺身而出的时候。吴王一面发布文告，要求诛杀晁错，一面发动大军，跟随大王之后，翱翔于天下，兵锋所指，无城不下，无人不服。大王如果幸而给吴王一个许诺，则吴王将率领楚王攻打函谷关，据守荥阳，占领敖仓粮库，以抵御汉兵，修建营房，等待大王前来会师，则可兼并天下，吴与胶西，两主分而治之，不亦可乎！"

胶西王说："善！"

应高回国，向吴王汇报。吴王还不放心，又亲自到胶西，和胶西王当面结盟。胶西群臣有听说大王谋反的，进谏说："诸侯的土地，不到汉的十分之二，一旦起兵反叛，让太后忧虑，不是好事！如今侍奉一个皇帝，还那么困难！假如起事成功，以后两主纷争，祸患更大！"胶西王不听，于是派出使者，联络齐国、菑川、胶东、济南，他们全都同意反叛。

当初，第一任楚元王刘交，喜爱读书，年轻的时候，和鲁人申公、穆生、白生一起，跟从老师浮丘伯学习《诗经》。后来刘交受封为楚王，就任命三人为中大夫。穆生不会喝酒，元王每次酒宴的时候，就单独给穆生摆一杯甜酒。后来楚元王去世，儿子刘夷继位，也是如此。再后来孙子刘戊为楚王，开始时也坚持，后来慢慢地就忘了。穆生退席出来，说："我可以离开了，没有给我摆甜酒，楚王心里对我已经怠慢了。现在不走，恐怕哪一天有罪被锁到街头示众。"申公、白生坚持劝他不要如此，说："你就不念着先王的恩情吗？一点小小的失礼，何至于此？"穆生说："《易经》说：'知几其神乎！几者，动之微，吉凶之先见者也。君子见几而作，不俟终日！'什么事情，你要看到苗头。苗头是很微妙的，是吉是凶，都先有苗头，君子看见苗头就要马上决断，马上行动，不能等到最后。先王之所以礼敬我三人，是道义还在。如今失礼，是道义已无。忘道之人，就不能与他长期相处，我哪里是为了区区一点小礼节呢？"于是穆生称病而去。申公、白生两人留下来。后来刘戊越来越荒淫凶暴，太傅韦孟作诗讽谏，刘戊不听，韦孟也走了，定居在邹县。刘戊因为犯错被削地，就与吴国通谋。申公、白生进谏，刘戊把他们用绳索绑起来，给他们穿上囚衣，罚他们在大街上舂米。楚元王之子，刘戊的叔父，休侯刘富派人来劝谏刘戊。刘戊说："叔父如果不跟我站在一边，我起兵时，先取叔父性命！"休侯恐惧，带着他的母亲太夫人一起奔逃到京师。

【华杉讲透】

君子见机而作，见到苗头马上就要行动。申公、白生何尝不知道新王已经跟以前不一样了，他们为什么不能马上走呢？还是贪恋富贵，有侥幸心理。这就是温水煮青蛙的效应，三只青蛙都知道水温不对，但是穆蛙走了，申蛙、白蛙留下来，就给煮了。

这背后是一个重大的价值观和决策思维，就是——不要追求利益最大化！古今多少败亡，都是一个原因——追求利益最大化！

不要追求利益最大化，要追求什么呢？要追求利益最小化。

因为利益最大化就是风险最大化，追求利益最大化，则所得下不保底；而追求利益最小化，则所得上不封顶。

这也是《孙子兵法》说的，不追求战胜，追求不败。

这就像巴菲特的投资哲学，不追求高回报，追求不损失本金。从不损失本金，有时赚得多，有时赚得少，一生累积下来，就是世界首富了。

等到削去吴国会稽郡、豫章郡的朝廷诏书抵达，吴王就率先起兵，诛杀汉朝所置二千石以下的官吏。胶西、胶东、菑川、济南、楚、赵，也都反了。楚国丞相张尚、太傅赵夷吾谏止楚王刘戊。刘戊杀张尚、赵夷吾。赵国丞相建德、内史王悍谏止赵王。赵王烧杀建德、王悍。齐王后悔，背叛与诸侯的盟约，不参加造反了，据城固守。济北国城墙损坏，正在修补，还没有完工，郎中令劫持济北王，不许发兵。胶西王、胶东王为大帅，与菑川王、济南王合并一处，攻打齐国，包围临淄。赵王刘遂发兵到赵国西边国境，准备等待吴、楚大军前来会师，再一起进军，同时派使者联络匈奴请求援助。

吴王动员全国士卒，下令说："寡人今年六十二岁，亲自做大将。我的小儿子十四岁，也将身先士卒。国内上与寡人同龄，下与我小儿子同岁的，全部征发！"于是得二十余万人。向南派出使臣联络闽、东越。闽、东越也发兵跟从。吴王起兵于广陵，向西渡过淮河，与楚国合兵一处，发使者向各诸侯国送去文告，陈述晁错罪状，号召合兵诛杀晁错。吴、楚联军攻打梁国，攻破棘壁，杀数万人，乘胜而前，锐不可当。梁王刘武派将军迎战，吴、楚联军又打败梁国两路军队。刘武固守睢阳城。

当初，文帝临终时告诫太子说："如果有紧急事情发生，周亚夫真可以带兵。"到了六国造反的消息传来，皇上就拜中尉周亚夫为太尉，率领三十六位将领，带兵去迎战吴、楚联军，又派曲周侯郦寄迎战赵军，将军栾布迎战齐军。又召回窦婴，拜为大将军，屯兵荥阳，监视齐、赵两国军队。

当初，晁错更改的法令有三十章之多，诸侯哗然。晁错的父亲听说了，从颍川老家赶来，对晁错说："皇上刚刚即位，你为政用事，侵削诸侯，疏离人家骨肉之亲，带来这么多怨恨，你这是在干什么呢？"晁错说："固然是这情况，但是如果不这样做，天子不尊，宗庙不安。"晁父说："刘氏安而晁氏危，我要离开你，我走了。"于是服毒自杀，说："我不忍心看到大祸临头！"过了十几天，吴、楚等七国皆反，以诛晁错为名。

皇上与晁错商议出兵的事。晁错想让皇上带兵出征，而他留守朝廷，又说："徐县、僮县旁边，吴国还没有攻下来的地方，可以划归吴国。"

晁错平时和吴国丞相袁盎关系恶劣，晁错在哪儿，袁盎就避开；袁盎在哪儿，晁错也回避。两人从来没有在一个房间里说过话。等到晁错做了御史大夫，就指使官吏以袁盎收受吴王财物治罪，皇上下诏免刑，贬为庶人。等到吴、楚造反，晁错对丞、史说："袁盎多受吴王金钱，专门为他遮掩，说吴王不会造反。如今果然反了，应该将袁盎逮捕治罪，审讯了解吴王的计谋。"丞、史都说："在事情发动之前，如果抓捕审讯他，还可能阻止事情发生。如今吴国已经反了，现在治袁盎的罪有什么用。况且袁盎应该没有参与谋反。"晁错犹豫不决。这时候，有人将消息告诉袁盎。袁盎恐惧，夜里去见窦婴，跟窦婴说吴国为什么造反，并且表示希望亲自跟皇上说明。窦婴进宫告诉皇上。皇上于是召见袁盎。袁盎进宫，皇上正与晁错讨论军队粮草调度的事。皇上问袁盎："如今吴、楚皆反，你怎么看？"袁盎说："没什么好担忧的。"皇上说："吴王开铜山铸钱，煮海水制盐，引诱天下豪杰，在头发已经白了的年纪举事，他如果不是有万全之策，能干这事吗？你怎么说他不会有什么作为呢？"袁盎说："吴国铸钱煮盐之利是有的，英雄豪杰就没有。如果吴王身边真有豪杰，就会辅佐吴王行义，不会造反了。他引诱的，都是无赖子弟、亡命之徒和铸钱的奸人，所以才相互引诱作乱。"晁错说："袁盎说得对！"皇上问："那你有什么办法呢？"袁盎说："愿屏退左右。"皇上叫旁边的人都出去，唯独留下晁错。袁盎说："我将要说的，为人臣者不能听。"于是皇上让晁错也回避。晁错退到东厢房，非常愤恨。

皇上问袁盎，袁盎说："吴、楚发出文告，说高皇帝的子弟各有封地，而如今贼臣晁错擅自处分诸侯，削夺封地，所以造反，要诛杀晁错，恢复封地就罢兵。方今之计，唯有斩杀晁错，派出使者赦免吴、楚七国，恢复他们的封地，则可兵不血刃而天下太平。"于是皇上默然良久，说："我不知道他们是不是真的诚意如此，我不会因为爱一个人而得罪天下人的。"袁盎说："愚计就是这样，请皇上自己定夺。"于是拜袁盎为太常，秘密整理行装，准备出使吴国。

过了十几天，皇上指使丞相陶青、中尉嘉、廷尉张欧，上书弹劾晁错："所作所为，与主上的德信不相称，想要疏离群臣、百姓，又要将城邑封给吴国，无臣子礼，大逆不道，应该腰斩。父母、妻子、同母的兄弟姐妹，无论老幼，全部斩首弃市。"皇上批复说："可。"晁错还蒙在鼓里，一切不知。正月二十九日，皇上派中尉召见晁错，骗他一起乘车经过市区，就在东市拖下来斩了。斩的时候，晁错还穿着朝服。

斩了晁错，皇上就派袁盎与吴王的侄子、宗正、德侯刘通出使吴国。

【华杉讲透】

晁错要办大事，可大事来了又没有静气，乱了方寸。他居然要割两个郡给吴国，这真是不可思议，他当初削藩的时候不知道他们要反吗？他认为赏给吴王两个郡他就会退兵吗？大家都撕破了脸，只能在战场上见，还能讲和吗？

景帝也荒唐，他居然相信杀了晁错就会有和平。

不过，对景帝的荒唐慌乱，可以理解，巨大的压力和恐惧，让人慌不择路，什么方法都想试一试。他出卖晁错，我们也可以"理解"，如果卖了晁错能买来和平，不管机会多么微小，先试一试嘛。

但是，我们不能理解的是他为什么处晁错腰斩之刑，改成斩首不行吗？腰斩是极为残酷的刑罚，人的主要器官都在上半身，因此犯人被从腰部砍作两截后，还会神志清醒，过好长一段时间才断气。腰斩之刑周朝就有，直到清代才废除，据说是雍正皇帝对俞鸿图实行腰斩的刑罚，俞鸿图被腰斩后在地上用自己的血连写七个"惨"字方气绝身亡，雍正听说之后便觉残忍，命令废除这一刑罚。

谒者仆射邓公，当时担任校尉，上书言军事，见到皇上。皇上问："你从前线来，吴、楚知道晁错已死，他们退兵不？"邓公说："吴国的造反阴谋，已经酝酿几十年了，削地只是导火线，诛晁错只是借口，其意不在晁错。陛下把晁错斩了，我担心天下之士都闭口不敢说话了。"皇上问："为什么呢？"邓公说："晁错忧虑诸侯强大而不可控制，所以改制以尊京师，这是万世之利。计划才刚刚开始，就身受大戮，内杜忠臣之口，外为诸侯报仇，臣以为皇上做得不恰当。"皇上喟然长叹，说："您说得对，我也十分悔恨！"

袁盎、刘通到了吴国，吴、楚已经发兵攻打梁军阵地了。刘通因为是吴王亲戚，先入见，晓谕吴王，让他接受诏书。吴王听说袁盎也来了，知道是说客，笑道："我如今已是东帝，还要拜谁！"不肯见袁盎，而是把袁盎留在军中，想劫持他做吴军将领。袁盎不肯。吴王派人看管他，准备杀了他。袁盎找到机会，逃亡回到京师，向皇上汇报。

太尉周亚夫对皇上说："楚军彪悍，机动性高，难与争锋，不如把梁国扔给他，我们不去救援梁国，只是断绝他的粮道，让他在梁国消耗之后，就可以制住他了。"皇上同意。

周亚夫乘坐驿车，准备到荥阳跟大军会合，车队到了霸上，赵涉拦车跟周亚夫说："吴王豪富，很久以来，一直豢养刺客。如今知道将军要来，一定在崤山、渑池之间的险要狭路上埋伏刺客。况且兵事讲究神秘莫测，将军何不在这里向右转,走蓝田,出武关,抵洛阳,这样时间不过是晚一两天,您直接进入军械武库,擂起战鼓,诸侯们听见了,都以为将军从天而降呢!"周亚夫从其计,到了洛阳,高兴地说:"七国造反,我坐着驿车来,没想到一路平安无事!如今已经占据荥阳,荥阳以东,没什么好担忧的了!"周亚夫派人去崤山、渑池之间搜索,果然找到吴国伏兵。于是请示皇上,任命赵涉为护军。

周亚夫引兵向东,进驻昌邑。吴军攻打梁国,军情紧急。梁王刘武数次派出使者向周亚夫求救。周亚夫不理。刘武又向皇上控告周亚夫见死不救。皇上下诏命令周亚夫出兵救梁。周亚夫拒绝奉诏,坚壁不出,派弓高侯韩颓当(韩王信之子,从匈奴来归,封为弓高侯)等率领轻骑兵,袭击淮泗口,绕到吴、楚军身后,切断吴、楚联军补给线,断绝其粮草。

刘武派中大夫韩安国及楚相张尚的弟弟张羽为将军,坚守睢阳。张羽力战,安国持重,所以还能经常战胜吴军。吴军意欲西进,但是睢阳未下,怕梁军抄他后路,不敢向西,于是攻向周亚夫军。吴、楚联军在下邑集结,要与周亚夫决战。周亚夫坚壁不战。吴军粮草断绝,士卒开始挨饿,急于求战,但数次挑战,周亚夫始终不出来应战。

周亚夫军中发生夜惊事件,深夜突然惊扰,军士们以为敌人来偷营,以至于互相攻击,扰乱到周亚夫帐下。周亚夫坚卧不起,继续睡觉,过了一会儿,军士们自己安定下来了。

吴、楚联军攻打汉军大营东南角,周亚夫派兵防守西北,过了一阵子,吴、楚精兵果然攻打西北。汉军防备严实,攻不进去。

吴、楚士卒断粮挨饿,死的死,投降的投降,当逃兵的当逃兵,撑不住了,于是引兵撤退。二月,周亚夫出精兵追击,大破之。吴王刘濞抛弃军队,与壮士数千人夜里逃亡。楚王刘戊自杀。

【华杉讲透】

周亚夫的战略,是教科书式的《孙子兵法》。一是"知战之日,知战之时,则可千里而会战"。在什么时间、什么地点决战,都是他事先设计好的。没到时间,没到地点,坚决不战;到了时间,到了地点,一战而定。二是"避其锐气，击其惰归"，不跟他战，一直耗他，用梁国来消耗他，切断他的交通线，断绝他的粮草，用饥饿来消耗他。一直把他耗尽了，让他自己撤退，然后在背后追杀。

三千年中国军事史，对付敌军入侵，这是标准套路，坚壁清野跟他熬，轻兵切断他交通线。他没有补给，熬不住了自然撤退，他一撤退就追杀。但是，如果皇上不理解这战略，将领又做不到"将在外，君命有所不受"，就会出问题。唐朝安史之乱，哥舒翰守潼关，安禄山攻打。哥舒翰坚决不出战，但唐玄宗觉得他不作为，命令他出战。哥舒翰知道出去就是死，于是恸哭出关，全军覆没。

<u>兵法首先不是战法，而是不战之法，知道"不战"很重要。</u>周亚夫是幸运的，事先跟皇上说好用梁国消耗敌人。他的战略成功了。不过，虽然没得罪皇上，但是把梁王大大地得罪了。

吴王当初发兵的时候，吴臣田禄伯为大将军。田禄伯说："集中所有部队，向西攻击，如果没有其他部队策应，难以建功。臣愿得五万人，另辟一路，循着长江、淮河而上，夺取淮南、长沙，入武关，与大王回师，这也是一支奇兵。"吴王太子进谏说："大王以造反为名，这兵不能交给别人，否则，别人也反我们，奈何？况且他带走五万人，谁知道他会干什么呢？白白削弱自己。"于是吴王不用田禄伯的计划。

吴国小将桓将军游说吴王说："吴国都是步兵，对步兵有利的，是占据险要地形。汉军战车和骑兵多，车骑利在平地作战。愿大王所过城池，不要攻打，直扑洛阳，占领洛阳军械库和敖仓粮库，阻山河之险以令诸侯，就算不能攻下函谷关，天下已定。如果大王一路攻打城池，进军太慢，等汉军车骑驰入梁、楚之间，大事就败了。"吴王征求老将们意见，都说："这年轻人，冲锋陷阵还可以，哪知道什么战略！"于是吴王不用桓将军的计策。

【王夫之曰】

吴太子进谏说吴王以造反为名，所以要提防田禄伯反他。太子也知道名不正，义不直，仅仅以自己的愤怒和利欲起兵，大事难成啊！以无名无义而欲有为于天下，就算是去攻打另一个无名无义无道的，也不能攻克，更何况去攻打一个合法的中央政权呢？所以，自疑者必疑人，信人者必自信。自己都不自信，就更没法信别人。疑心太重吧，不能成功；信任他人呢，又怕招来大祸。后世苻坚因为用人不疑而亡于慕容垂，安庆绪因为相信他人而亡于史思明。吴太子之言，也是显露了天理天机啊！

【华杉讲透】

田禄伯的计策不算可取，吴太子的怀疑也有理由。但是，桓将军的战略，是吴王造反成功的唯一正确战略。吴王不能听，也就没有机会了。

吴王刘濞自任统帅，军队还未渡过淮河之前，宾客们都分任将、校尉（指挥官）、候（侦察官）、司马（军政官）等，唯独不用周丘。周丘是下邳人，逃亡到吴国，喜欢喝酒，行径无赖，吴王看不起他，不用。周丘于是求见吴王，说："臣以无能，不能在行伍之间。臣不敢求您任命我为将领，但求您给我一个大汉的符节，一定有所回报。"吴王同意。周丘得了符节，连夜驰入下邳。下邳当时接到消息，知道吴王造反，都闭城固守。周丘到了驿站招待所，以汉政府使节资格，召见下邳县令，令随从捏造一个罪名把县令斩了，然后召他们兄弟平时关系好的当地土豪和官吏说："吴王已经造反，大军很快就到下邳，屠城不过一顿饭工夫。如今率先响应迎降，才能保全家室，能干的还能封侯。"土豪官吏们出来，相互转告，下邳就投降了。周丘一夜之间就得了三万人，派人回报吴王，于是率领他的部众向北攻城略地，到了阳城，已经有军队十余万人，击破阳城中尉部队。等到听说吴王败走，自度再也无法找到一起成大事的人，周丘带兵返回下邳，还没抵达，就因背上长毒疮而死。

6 二月三十日，日食。

7 吴王弃军而走，军队就溃散了，有的投降周亚夫，有的投降梁王。吴王渡过淮河，走到丹徒，想借东越自保。重新集结残兵败将，还有一万余人。汉政府派人重金买通东越，东越就骗吴王出来慰劳军队，派人用矛戟刺杀吴王，割下他的头，用驿车飞驰送到京师。吴太子刘驹逃亡到闽越。吴、楚造反，前后就三个月，就归于破灭。于是诸将都认为周亚夫的战略完全正确，而梁王由此对周亚夫记恨在心。

【王夫之曰】

周亚夫事先向景帝请示，把梁国扔给吴军，来消耗吴王。景帝同意了。梁王求救，周亚夫不救，皇上下诏要他救，他不奉诏。周亚夫的心思和景帝的心思，都很明显了。用梁国来消耗吴国，又何尝不是用吴国来削弱梁国呢？今日之梁，就是他日之吴，削弱了梁，将来更加太平。所以周亚夫读懂了景帝之心。而景帝假意让他救，也只是应付梁王和太后罢了。

景帝之心，也够残忍了。但说起来，还是太后造成的。景帝即位时，已经三十二岁了，太子刘荣已经年长，太后却希望景帝传位给梁王。景帝酒桌上跟梁王说："我千秋万岁之后传位于你。"那也是顺着太后的意思姑且一说罢了。窦婴反对，而太后怒骂窦婴，那景帝对梁王的意见已经埋下了。周亚夫不救梁，那是他与景帝已经有密约。否则兄弟垂危，见死不救，景帝怎能如此持重淡定呢？太后对梁王越是宠爱，景帝对他就越是憎恨。梁王不落到叔段、公子偃的下场，就算他幸运了。

所以兄弟之间的事，父母不要乱参与。亲者自亲，爱者自爱，信者自信，猜者自猜，你不要去刺激他，让有贤德的人能够自己伸展他的恩义，而养子孙于和平坦易之中，不要搞出些隐情来，相互倾轧。太后妇人，不懂这些道理，而为君子者，当引以为戒！

【华杉讲透】

自掩其功、自掩其才、自掩其名，是人之美德。周亚夫没有这个修养，他以后就要栽大跟头。

周亚夫确实是立了大功，他的战略确实是正确的。但是，他的战略是以牺牲梁王为前提的，而梁王是皇上的亲弟弟，太后的亲儿子。这个战略，皇上能接受，梁王是绝对不能接受的。梁王浴血奋战，死里逃生，最后大家都认为周亚夫了不起，好像没梁王什么事儿。在梁王看来，这仗到底是我打的，还是你打的？

周亚夫应该把功劳归于梁王，因为他确实对不起梁王。更何况，梁王根本不是他惹得起的人。而周亚夫的性格呢，细柳劳军的时候，说起来是军纪严明，其实也有他性格里刚烈不逊的一面。当时文帝觉得这将军了不起，不等于事后不会觉得不舒服。如果再加上有人进谗言呢？

《论语》里讲了一个鲁国孟之反自掩其功、自掩其才、自掩其名的故事：

子曰："孟之反不伐，奔而殿，将入门，策其马，曰：'非敢后也，马不进也。'"

齐国和鲁国打仗，鲁军大败撤退。军法，进军以当先者为勇，退军以殿后者为功，所谓冲锋在前，撤退在后。大家都狂奔逃跑，孟之反则组织人马断后，保护大家撤退。等大家都退回城里了，他才最后一个进城门。

一进城门，他就开始表演了，挥着马鞭猛拍马屁股，大呼小叫："哇！你们都跑我前面了！我可不敢殿后啊！但我这破马，怎么鞭它它也跑不快呀！"孟之反这一番演出，全军上下心里都舒坦了。又有谁不知道是他殿后呢？

胶西、胶东、菑川三国联军包围齐国首府临淄的时候，齐王派路中大夫向天子告急。天子令路中大夫还报，令齐王坚守，说："汉兵今已击破吴、楚联军。"路中大夫回到临淄，三国联军将临淄重重包围，进不了城。联军将领就来抓住了路中大夫，与他盟誓说："你反过来讲，就说汉兵已被击破，齐国快快投降，否则，将会被屠城。"路中大夫假意许诺，到了城下，看见齐王，说："汉已发兵百万，使太尉周亚夫击破吴、楚，马上引兵救齐，齐国一定要坚守！"联军将领诛杀路中大夫。

齐国当初被围攻，紧急时私下与三国通谋，谈判还未定约，正赶上路中大夫从京师回来，齐国大臣们又劝谏齐王不要投降。这时汉将栾布、平阳侯曹奇等率军抵达齐国，击破三国联军，解了临淄之围。后来又听说齐国当初与三国有阴谋，将要移师伐齐。齐孝王畏惧，饮药自杀。

胶西王刘卬、胶东王刘雄渠、菑川王刘贤，各自率败军归国。胶西王赤着双脚、睡到草席上、饮水（三者都是罪犯待遇，表示自责），向王太后请罪。王太子刘德说："汉兵正在撤退，依我看来，他们也已经疲惫，可以追击，愿大王余兵击之！如果不能取胜，再逃入海岛，于时未晚。"胶西王说："我的士卒都已败坏，不可用了。"

弓高侯韩颓当写信给胶西王刘卬说："吾奉诏诛不义。投降者，赦免他的罪行，官爵如故；不降者，灭之。大王你准备怎么办，我等你的决定。"刘卬袒身露体，到汉军营垒前叩头拜见韩颓当说："臣刘卬遵奉法律不谨慎，惊骇了百姓，让将军您辛苦远道来到我们这个穷国，请赐给我剁成肉酱的醢刑。"韩颓当带着金鼓接见（表示随时可以擂鼓进兵），说："大王发兵辛苦！请问你为什么发兵？"刘卬磕头膝行向前，说："晁错变更高皇帝法令，侵夺诸侯土地，我等以为不义，怕他败乱天下，所以七国发兵诛晁错。如今听说晁错已经伏诛，我等已经罢兵归国。"韩颓当说："大王既然认为晁错不善，为什么不向天子汇报？如今既没有天子诏书，又没有虎符军令，擅自发兵攻打拒绝叛变的邻国，以此观之，恐怕意图不只是要诛晁错吧？"于是取出天子诏书，向刘卬宣读，说："大王自己决定吧！"刘卬说："刘卬死有余罪！"于是自杀。太后、太子皆死。胶东王、菑川王、济南王也伏诛。

曲周侯郦寄率兵到了赵国，赵王引兵还邯郸守城。郦寄攻城，七个月都打不下来。匈奴听说吴、楚兵败，也不肯入边。栾布攻破齐国回来，与郦寄合兵一处，又引水灌邯郸，城墙毁坏，赵王于是自杀。

景帝认为齐国本没有反叛之心，中间因为被胁迫而不坚定而已，不是齐国本身的罪恶，所以下诏立齐孝王太子刘寿为齐王，是为齐懿王。

济北王刘志也要自杀，希望以此保全自己的妻子儿女。齐国人公孙玃对济北王说："臣请为大王去跟梁王说明情况，通报天子，如果不行，您再死也不晚。"公孙玃于是去见梁王说："济北之地，东边是强大的齐国，南边被吴、越牵制，北边被燕、赵胁迫，这是四分五裂之国，权不足以自守，劲不足以捍寇，也没有什么神仙妖术来抵御国难。当初胡言乱语应付吴王，并非济北王的本意。假如济北王跟吴王说了实话，让吴王看出济北不会跟从，那吴王一定不会去攻打齐国，而是会先拿下济北，然后招抚燕、赵，集中他们的兵力，则山东诸侯全部连成一片，没有缝隙，合纵之势就形成了。当初吴王联合诸侯各国军队，驱使没有受过军事训练的百姓，向西与天子争衡。唯有济北王守节不降，让吴王失去盟国，得不到帮助，孤军独行，缩手缩脚而不能快速挺进，以至于土崩瓦解，破败而得不到援军，这未必不是济北王的功劳吧！以区区之济北，如果与诸侯争强，那是以羊羔之弱而捍虎狼之敌。谨守职责，不屈不挠，可以说是至诚不贰了！济北王之功义如此，如果还要被皇上怀疑，那他低头徘徊，拍打衣襟，有一种悔不该当初不跟从吴王的悲愤，那也不是社稷之福啊！我担心那些谨守职责的藩臣，都要人人自疑了！我想，能通过西山（崤山、华山），到长乐宫见太后，到未央宫见皇上，拽着太后、皇上的衣袖而为忠臣力争的，只有大王您了！上有保全济北亡国的恩德，下有安抚百姓的美名，您的大德深入骨髓，您的恩情加于无穷，请求大王留意考虑啊！"梁王刘武大悦，派人飞驰向长安汇报。济北王刘志得以免于谋反之罪，改封为菑川王。

8 河间王太傅卫绾击吴、楚有功，拜为中尉。卫绾在文帝时曾经做中郎将，淳厚谨慎。景帝做太子的时候，召文帝左右近臣饮宴，卫绾就称病不来。文帝临终嘱咐景帝说："卫绾是忠厚长者，善待他！"所以景帝对卫绾也非常宠任。

9 夏，六月二十四日，下诏："无论官吏百姓，为吴王刘濞等所牵连，当抓捕的逃犯，或者从军中开小差的逃兵，一律赦免。"

景帝想以吴王刘濞的弟弟、哀侯刘广的儿子刘通做吴王，以楚元王的儿子刘礼为楚王。窦太后说："吴王是宗族里的老人了，应该做个表率，从顺为善，如今他反而带头领着七国，纷乱天下，为什么还要立他的后人？"不同意立吴王之后，同意立楚王之后。

六月二十四日，将淮阳王刘余改封为鲁王；汝南王刘非改封为江都王，管辖之前吴国土地；立宗正刘礼为楚王；立皇子刘端为胶西王，刘胜为中山王。

景帝前四年（戊子，公元前153年）

1 春，恢复关卡戒严，凭通行证通行。（文帝十三年废除关卡通行证，如今因为七国之乱，恢复关卡通行证，以备非常。）

2 夏，四月二十三日，立皇子刘荣为太子，刘彻为胶东王。

3 六月，赦天下。

4 秋，七月，临江王刘阏薨。

5 冬，十月二十九日，日食。

6 当初，吴、楚等七国皆反，吴国使者到淮南，淮南王刘安准备发兵响应。淮南国丞相说："大王如果一定要相应吴国起兵，臣愿为大将！"淮南王就任命他为大将。丞相掌握了兵权，马上因城固守，不听淮南王命令，坚决维护中央。汉政府也派曲城侯率军救淮南。所以淮南国得以保全。

吴国使者到了庐江，庐江王不响应吴。使者往来出使到越，到了衡山，衡山王坚守无二心。等到吴、楚破灭，衡山王入朝，皇上认为他忠贞有信，慰劳他，说："南方潮湿。"于是将衡山王改封为济北王以褒奖他。庐江王因为与越接壤，数次派使者和越交好，所以将庐江王改封为衡山王，管辖长江以北地区。

景帝前五年（己丑，公元前152年）

1 春，正月，兴建阳陵邑。夏，招募移民到阳陵，赐给安家费钱二十万。

2 遣公主嫁匈奴单于。

3 将广川王彭祖改封为赵王。

4 济北贞王刘勃薨。

景帝前六年（庚寅，公元前151年）

1 冬，十二月，打雷，霖雨。（雨三日以上为霖。）

2 当初，皇上做太子的时候，薄太后以薄氏女为妃，到了即位，为皇后，但是不受宠爱。秋，九月，皇后薄氏被废。

3 楚文王刘礼薨。

4 当初，燕王臧荼有孙女叫臧儿，嫁为槐里人王仲为妻，生下儿子王信和两个女儿，之后王仲去世。臧儿又改嫁长陵田氏，生下儿子田蚡、田胜。文帝的时候，臧儿的长女嫁给金王孙，生下女儿金俗。臧儿找巫师卜卦，巫师说："您的两个女儿都应当富贵。"臧儿于是要求长女和金王孙离婚，金王孙很愤怒，不肯与夫人诀别。臧儿把女儿送进太子宫中，生下儿子刘彻。在怀上刘彻时，王夫人梦见太阳进入她的怀里。

到了景帝即位，长男刘荣为太子。太子的母亲栗姬是齐国人。长公主刘嫖想把女儿嫁给太子。栗姬因为后宫的美人全是刘嫖推荐给景帝的，非常愤怒，不许。长公主转而想把女儿嫁给王夫人的儿子刘彻，王夫人同意了。于是长公主经常在景帝面前说栗姬坏话，说王夫人好。景帝也认为王夫人贤惠，又有之前怀孕时梦日入怀的祥瑞，一时不知道怎么决定。王夫人知道景帝衔恨栗姬，怒气未解，暗地派人怂恿大行令（掌宾礼容仪的官员）上书，请立栗姬为皇后。景帝大怒，说："这是你该说的话吗？"于是斩大行令。

景帝前七年（辛卯，公元前150年）

1 冬，十一月十九日，废太子刘荣为临江王。太子太傅窦婴力争不能得，于是称病免职。栗姬恚恨而死。

2 十一月三十日，日食。

3 二月，丞相陶青免职。二月十六日，太尉周亚夫为丞相，免去太尉职务。

4 夏，四月十七日，立王夫人为皇后。

5 四月二十九日，立胶东王刘彻为皇太子。

【华杉讲透】

这是汉武帝的身世和得立为太子的过程。

景帝为什么衔恨栗姬，《史记》记载说，景帝曾经身体不好，把其他那些封王的儿子们叫到栗姬面前说："以后你要善待他们啊！"栗姬怒气冲冲，不肯答应，而且言辞不逊。景帝心中怀恨，没有当场发作而已。

栗姬就是孔子说的难养的女子了："近之则不逊，远之则怨。"因为景帝宠爱她，与她亲近，她就对景帝、对长公主都不逊。景帝把太子之位给了她的儿子，只是请她承诺在自己身后保证其他儿子的生命安全，她都可以不答应。嫉妒心让她失去理智，最终断送了自己儿子的帝位。而自己呢，远之则怨，被疏远之后，怨恨而死。

究其根本原因，没有爱，不懂得爱。什么是爱？中国文化只有仁义礼智信，没有对爱的描述。《圣经》说：

爱是恒久忍耐，又有恩慈；爱是不嫉妒，爱是不自夸，不张狂，不做害羞的事，不求自己的益处，不轻易发怒，不计算人的恶，不喜欢不义，只喜欢真理；凡事包容，凡事相信，凡事盼望，凡事忍耐；爱是永不止息。

6 这一年，任命掌皇帝的舆马和马政的太仆刘舍为御史大夫，又任命济南太守郅都为中尉。

当初，郅都为中郎将，敢直谏。曾经跟皇上入上林苑。贾姬如厕，一只野猪不知从哪儿来，突然也跑厕所里去了。皇上递眼色给郅都，郅都不动。皇上急了，自己操兵器要进厕所去救贾姬。郅都上前跪伏说："死了一个美姬，再换一个就是，天下还缺贾姬这样的美女吗？陛下就算不珍惜自己的生命，也不为宗庙、太后考虑吗？"皇上于是转身回来，野猪也自己离开了。太后听说后，赏赐郅都百金，由此器重郅都。郅都为人，勇猛彪悍、公正廉明，不发寄私人书信，不接受私人礼物，别人请托办事，一概不听。等到他做了中尉，执法严酷，不避贵戚。列侯、宗室见了郅都，都侧目而视，称他为"苍鹰"。

【华杉讲透】

悲哀！中国传统文化，没有骑士精神，没有英雄救美，不让皇上去冒险也就罢了，郅都自己也不动！

景帝中元年（壬辰，公元前149年）

1 夏，四月二十三日，赦天下。

2 地震，衡山原都降冰雹，大的直径一尺八寸。

景帝中二年（癸巳，公元前148年）

1 春，匈奴入侵燕国。

2 三月，临江王刘荣被指控扩建王宫时，侵占了太宗祭庙外墙余地，被召到中尉府接受问询。刘荣希望得到刀笔，写信给皇上解释。中尉郅都禁止狱吏给他刀笔。魏其侯窦婴派人偷偷送进去，临江王才得以写信给皇上谢罪，并自杀。窦太后大怒，运用严苛的法令，给郅都找了一个罪名，杀了郅都。

【柏杨曰】

侵占皇上祭庙墙外余地，不是十恶不赦的大罪，当初晁错就干过，景帝并没有问罪。为什么对臣属如此之宽，而对亲生儿子如此严苛呢？显然这背后有不可告人的阴谋，可追溯到王夫人和长公主刘嫖，他们要对废太子斩草除根。

3 夏，四月，西方天际出现孛星（一种尾巴比彗星短的流星）。

4 立皇子刘越为广川王，刘寄为胶东王。

5 秋，九月三十日，日食。

6 当初，梁王刘武以天子同母弟弟的至亲，又有平叛的大功，得以赐天子旌旗，随从车驾千乘，骑士万人，出入都要警跸戒严。刘武重用羊胜、公孙诡，以公孙诡为中尉。羊胜、公孙诡都喜欢奇谋邪计，想要为刘武求得做帝位继承人。太子刘荣被废的时候，太后也想要让刘武做继承人，曾经摆上酒宴，对景帝说："你百岁之后，让你弟弟继位。"景帝跪直身体说："诺！"酒宴之后，景帝向大臣们访问意见。袁盎等人都说："不可！当初宋宣公不立子而立弟，以生祸乱，五世都不得平安。小不忍则乱大义，所以《春秋》以保全大义为第一。"于是太后的要求不被采纳，太后自己也不再提起。

刘武又曾经上书说："希望能赐给我一条车道，可以一直通到长乐宫，我自己派梁国士众修筑甬道进宫朝见太后。"袁盎等人都谏言说不可。

刘武由此怨恨袁盎及其他反对的大臣，于是与羊胜、公孙诡阴谋派出刺客，刺杀了袁盎及大臣十余人。刺客没有被抓到。皇上怀疑是梁国干的，追踪刺客行迹，果然来自梁国。皇上派遣田叔、吕寄主前往梁国办案，搜捕羊胜、公孙诡。羊胜、公孙诡藏匿在刘武后宫。使者十余拨到梁国，严厉苛责梁国二千石以上官员。梁国丞相轩丘豹和内史韩安国以下官员，举国地毯式搜索，一个多月没抓到。韩安国听说羊胜、公孙诡藏在王宫，于是入见刘武哭求："主公受辱，则臣子当死。大王无良臣，以至于纷乱至此，如今我抓不到羊胜、公孙诡，请求辞职，并赐我一死！"刘武说："何至于此？"韩安国泣数行下，说："大王自己觉得您与皇帝亲，还是临江王与皇帝亲？"刘武说："我不如临江王亲。"韩安国说："临江王本是嫡长太子，因为栗姬一言之过，被废为临江王；又因为宫墙的事，自杀于中尉府。为什么呢？治天下者，不以私情乱公义。如今大王您位列诸侯，用邪臣轻浮之言，触犯皇上禁忌，违反国家法律。天子因为太后的缘故，不忍将大王法办。太后日夜涕泣，希望大王自己改正，大王您却始终不觉悟。如果太后不幸晏驾，大王还能靠谁保护？"话还没说完，刘武泣数行下，向韩安国道歉说："我现在就交出羊胜、公孙诡。"刘武于是令羊胜、公孙诡自杀，将尸体交出。皇上由此怨望刘武。

刘武恐惧，派邹阳入长安，见到皇后的哥哥王信说："您的妹妹得到皇上宠幸，后宫没人赶得上的。但是您的行为，也多有不循道理之处。如今皇上穷追袁盎之事，如果梁王伏诛，太后找不到地方泄愤，切齿侧目于贵臣，我担心您被报复。"王信说："为之奈何？"邹阳说："您如果能向皇上进言，让他不要再追查梁王的事，您一定能得到太后的欢心。太后对您厚德入骨髓，而您的妹妹能同时得到皇帝和太后的宠幸，荣宠固若金汤。古时候舜的弟弟象，日日以杀舜为事，等到舜立为天子，不仅没有报复他，反而把他封到有卑。仁爱的人对于兄弟，从不隐藏自己的愤怒，也没有隔夜的仇恨，只有浓厚的亲爱而已，所以为后世所称道。您以这个道理去向天子进言，梁国的事就可能侥幸不再扩大了。"王信说："诺！"于是找机会跟皇上说了，皇上的怒气也稍稍缓解。

这时候，太后因为担忧刘武的事，饭也不吃，日夜哭泣不止，皇上也很苦恼。正好田叔等调查梁国案件回来，到了霸昌厩，一把火把在两国取得的口供笔录烧了，空手来见皇上。皇上问："梁王有参与吗？"田叔说："有参与，是死罪！"皇上问："怎么参与的？"田叔说："梁王的事陛下您就别问了。"皇上说："为何？"田叔说："如果梁王不伏诛，则汉朝的法律就废了；如果梁王伏法呢，则太后食不甘味，卧不安席，这又是陛下之忧了。"皇上大以为然，派田叔等谒见太后，说："梁王不知情，都是羊胜、公孙诡干的。如今二人已经伏诛，梁王无恙也。"太后听了这话，立刻起床就餐，心气平复了。

刘武上书，请求朝觐。到了函谷关，茅兰游说刘武，请他乘坐平民的布车，只带两个骑兵入关，藏在长公主刘嫖的庄园里。皇上派使者去迎接刘武，刘武已经入关了，车骑都在关外，不知道刘武去哪儿了。太后哭泣说："皇上果然杀了我的儿！"皇上担忧恐惧。这时，刘武身背刀斧、砧板在宫门外请罪。太后、皇上大喜，激动流泪，弟兄相见，亲切如故，又召刘武从官全部入关。但是，皇上心里有了芥蒂，与刘武疏远了，不再与他同车。

皇上认为田叔有贤能，任命他为鲁国丞相。

景帝中三年（甲午，公元前147年）

1 冬，十一月，撤销各封国御史大夫一职。

2 夏，四月，地震。

3 旱灾，禁止卖酒。

4 三月丁巳日（柏杨注：三月无此日），立皇子刘乘为清河王。

5 秋，九月，蝗灾。

6 西北天际出现孛星（一种尾巴比彗星短的流星）。

7 九月三十日，日食。

8 当初，皇上废栗姬之子刘荣太子之位时，周亚夫极力反对，没有效果。皇上由此和周亚夫疏远。而梁王刘武每次入朝，经常和太后说周亚夫坏话。窦太后说："皇后的哥哥王信可以封侯。"皇上拿太后当年的事情说："当初母后的侄子窦彭祖，弟弟窦广国，先帝都没有给他们封侯，还是我继位以后才封的。现在还轮不到王信啊！"窦太后说："人生有各种各样的做法。当初窦长君在世时，未能封侯，等他死了，才封他的儿子窦彭祖为侯，就这件事，我深为遗憾！皇上尽快给王信封侯吧！"皇上说："我跟丞相商量一下。"

皇上与丞相商议，周亚夫说："当初高皇帝有约在先：'非刘氏不得封王，非有功不能封侯。'如今王信虽然是皇后的哥哥，但是没有功劳，给他封侯，就违背高皇帝的约定了。"皇上默然而止。其后匈奴王徐卢等六人投降，皇帝想给他们封侯，以为政治号召。周亚夫又说："这些人背弃自己的主公，投降陛下，陛下给他们封侯，那如何去责备那些不守臣节的人呢？"皇帝说："丞相的建议不可用。"于是将徐卢等六人全部封侯。周亚夫因此称病。

九月三十日，将周亚夫免职，以御史大夫、桃侯刘舍为丞相。

景帝中四年（乙未，公元前146年）

1 夏，蝗灾。

2 冬，十月二十日，日食。

景帝中五年（丙申，公元前145年）

1 夏，立皇子刘舜为常山王。

2 六月二十九日，赦天下。

3 水灾。

4 秋，八月二十一日，未央宫东门火灾。

5 九月，下诏说："凡是有疑点的案件，或可轻可重，法官按法律条文处以重罪，却人心不服的，应重新会审，再作决定。"

6 地震。

景帝中六年（丁酉，公元前144年）

1 冬，十月，梁王来朝，上书请求延长居留时间。皇上不许。梁王归国之后，忽忽不乐。

2 十一月，改廷尉、将作少府等官名。

【柏杨曰】

"廷尉"改为"大理"，是司法部长。"将作少府"改为"将作大匠"，是工程总监。

3 春，二月一日，皇上行幸雍县，祭祀五色帝庙。

4 三月，雨雪交加。

5 夏，四月，梁王刘武薨。窦太后接到消息，哀痛哭泣，不吃饭，说："皇帝果然杀了我的儿子！"皇帝悲哀恐慌，不知道该怎么办，和长公主刘嫖商量，将两国一分为五，把刘武的五个儿子全部封王：刘买为梁王，刘明为济川王，刘彭离为济东王，刘定为山阳王，刘不识为济阴王。刘武的女儿五人，也都封给汤沐邑。将方案奏报太后，太后这才高兴，勉强吃了一顿饭。

刘武未死时，财产就以巨万计。死的时候，府库中剩余的黄金还有四十余万斤。其他财物的价值，也与此相当。

6 皇上之前减轻鞭笞刑罚，但是，被鞭笞的人，还是难免终身残疾或者致死。于是再减鞭笞三百为二百，二百为一百。又制定竹鞭标准：竹鞭长五尺，头部一寸宽，尾部减少半寸，竹节全部削平。鞭笞时打屁股（之前打背部，容易受伤），鞭打中途不许换人（中途换人，力气充沛，打得更重）。新规执行后，鞭刑者才得以保全。但是死刑太重，不常使用，而生刑又太轻，震慑力不够，百姓反而容易犯法。

7 六月，匈奴攻入雁门，进兵武泉，又攻下上郡，夺走苑中所养战马。汉军吏卒战死者两千人。陇西人李广为上郡太守，曾经带着一百余骑兵出巡，与匈奴数千骑兵遭遇。匈奴人以为是来诱敌的饵兵，非常惊恐，上山列阵，严阵以待。李广手下骑士更加恐惧，想要赶紧逃走。李广说："现在我们离部队主力还有数十里远，如果我们逃跑，匈奴人一定追击，很快就把我们消灭干净了；如果我们留下来，匈奴一定以为我们是诱敌的饵兵，反而不敢攻击。"于是下令诸将："前进！"挺进到距离匈奴阵地二里处停下来，再下令："全部下马解鞍！"手下说："敌人人多，离得又近，如果敌人发动突袭，怎么办？"李广说："敌人以为我们要跑，现在解鞍让他们看见我们坚决不走,更坚信我们有埋伏。"于是匈奴骑兵始终不敢攻击。有一骑白马的匈奴将领出阵,来窥视汉军。李广上马,率十余骑兵冲上去,射杀白马将而还,到自己阵中,又解鞍,让士兵们都散放战马,卧地休息。这时候天色将晚,匈奴始终感到奇怪,不敢攻击。到了半夜,匈奴兵以为汉军附近有埋伏,要利用黑夜发动攻击,于是自己撤退。天亮之后,李广返回大军驻地。

8 秋,七月二十九日,日食。

9 自从郅都死后,长安左右宗室多有暴行犯法之事,皇上于是召济南都尉、南阳人宁成为中尉。宁成执法严格,与郅都相同,但是廉洁不如郅都。但是宗室、豪杰人人惴惴恐慌。

10 城阳王刘喜薨。

景帝后元年(戊戌,公元前143年)

1 春,正月,下诏说:"司法,是国家重事。人有智愚,官有上下,案情有疑问不能决断的,交给有司审讯。有司仍不能断案的,再上交给廷尉。上级复审后认为下级判决不当的,原判法官不算过失。这样做是为了让执法者以宽大为先。"

2 三月,赦天下。

3 夏,下令大酺五日,全民饮宴作乐五天,并解除禁酒令。

4 五月九日,地震。上庸地震持续二十二天,城墙毁坏。

5 秋,七月三十日,丞相刘舍免职。

6 二十九日，日食。

7 八月壬辰日（柏杨注：八月无此日），以御史大夫卫绾为丞相，卫尉南阳人直不疑为御史大夫。

当初，直不疑做宫廷侍卫郎官，同宿舍另一位郎官回家探亲，一时粗心，错拿了另一位郎官的钱。丢钱的郎官发现钱不见了，怀疑是直不疑拿的。直不疑道歉，承认是自己拿了，如数还他。后来回家的郎官回来说："哎呀不好意思错拿了你的钱！"便把钱还了。丢钱的郎官非常羞愧。由此大家都称直不疑为仁厚长者，逐渐被提拔为中大夫。有人廷见时向皇上检举直不疑和嫂嫂通奸。直不疑听到后说："我压根儿就没哥哥。"但是也不肯去向皇上辩白。

【华杉讲透】

孔子说："人不知而不愠，不亦君子乎。"人家不理解我，我也不生气，这才是君子啊！这一条，是很难做到的。但正如宋神宗在为《资治通鉴》写的序言中说："君子多识前言往行以畜其德。"从直不疑的言行中，我们可以体会这样的品德。

荀子说："君子耻不修，不耻见污；耻不信，不耻不见信；耻不能，不耻不见用。"君子以自己没有修养为耻，不因为被诬蔑为耻，以自己没有信用为耻，不以不被信任为耻，以自己没有才能为耻，不以不被重用为耻。你说拿了你的钱也好，说我和嫂嫂通奸也好，是你在说，我实在是没有，所以那不是我的耻辱。

那么我有没有耻辱呢？有啊，多着呢！虽然没有偷钱盗嫂，但是我还有好多不义之事，没有改正，我的关注点在继续修养自己上，不关注别人怎么污蔑我，对此不在意，不动心。

因为我也不能说自己是君子，是好人。《圣经》说："世上没有一个义人，连一个也没有！"人家误解了我，只是没有发现我真正的罪过而已，所以我也不冤，都有罪，我也有罪，要关注修行自己。

换一个角度说，被污蔑，恐怕还是好事呢！为什么呢？因为污蔑的事，毕竟不是事实，不会给你带来实际伤害。而一旦事实不是因为你的辩白，而是被别人自己发现之后，你差不多就获得被污免疫力了。以后别人再说你什么坏话，大家都不信了。那直不疑的结果就是这样，他因为这个性格被称颂了两千多年。

君子不仅不辩污，君子甚至还自污。不要搞得自己名声太清白，把自己标榜得跟个圣人似的。你若要做圣人，穿一身白衣走在街上，人人都各种不服，都想给你泼点污水，社会对你的犯错宽容度是零。你自己给自己泼点污水在身上，别人对你也没兴趣了。比如奥巴马就绝对不能有绯闻，特朗普呢，再多绯闻他也照样做总统。

8 皇上在宫廷中，召周亚夫来，赐给他食物，为他摆上一大块肉，不切开，又不给筷子。周亚夫心中不平，找主管宴席的尚席官要筷子。皇上看着他笑道："你还不满意啊？"周亚夫脱下帽子跪下谢罪。皇上说："起来吧！"周亚夫退出殿去。皇上目送他说："看他怏怏不乐的样子，实在不是将来能侍奉太子的臣子啊！"

过了没多久，周亚夫的儿子为他准备殉葬的东西，向营造署工官买了盔甲、盾牌五百件。负责搬运的工人十分辛苦，周亚夫的儿子却不给他工钱。那搬运工知道这是盗买官家器物，就举报了。事情牵连到周亚夫。皇上收到举报，下令调查。官吏拿着记录本一一责问周亚夫，周亚夫一言不发，拒绝作答。皇上大骂说："我不用他的口供！"召周亚夫到廷尉处，廷尉责问他说："你要造反吗？"周亚夫说："我买的都是陪葬品，怎么叫造反呢？"旁边官吏说："你就算活着不反，死了也要在地下造反！"对他侵辱更加急迫。当初，官吏去抓捕周亚夫，周亚夫就想自杀。他的夫人制止他，才没有死，被抓到廷尉府后，周亚夫绝食五日，吐血而死。

【柏杨曰】

周亚夫是周勃的儿子，如果没有周勃，文帝就坐不上宝座。如果没有周亚夫，景帝也可能被吴王刘濞推翻。周家父子对刘家父子有再造之恩，但刘家父子却先后两次用"诬以谋反"回报。周勃被诬谋反的时候，还有薄太后向文帝怒掷头巾。周亚夫被诬谋反的时候，窦太后投出的却是勾魂索。周勃被诬谋反的时候，还有"公主作证"。周亚夫被诬谋反的时候，长公主刘嫖却证明他谋反。周亚夫将足以致他死命的权贵，得罪了精光。

景帝的刻薄寡恩，在晁错身上已经显示；在周亚夫身上，再度显示。

【华杉讲透】

君子多识前言往行以畜其德，行有不得，反求诸己，周亚夫的悲剧，怨皇上、太后、公主都没用，要在自己身上找原因。原因就是一个字——傲。周亚夫的傲气，到了让皇上都不舒服的地步，其他人就更不用说了。

曾国藩说："天下古今之庸人，都以一惰字致败；天下古今之才人，皆以一傲字致败。"又说："长傲多言为凶德。"傲，是能给人带来凶灾的性格缺陷。

还有就是那个古老的教训了——不要得罪人，不要不必要地得罪人，不要不必要地得罪所有人。

也不要自以为有多大功劳，你天大功劳也都已经向你买过单了。昨天的事已经过去，今天一切要清零重来。

皇上拿整块肉作弄周亚夫的时候，他就配合接受作弄就好了，洋相出得越大越好，这样皇上心里平复了，就不杀他了。你争那一口气，你不怕死，也得为自己的子孙考虑吧？

人要有一点自嘲精神，要有"不要脸"——不要面子的精神，出出洋相，也能消灾免祸。

9 这一年，济阴哀王刘不识薨。

景帝后二年（己亥，公元前142年）

1 春，正月，一天三次地震。

2 三月，匈奴入雁门，太守冯敬战死。发战车、骑兵及弓箭部队屯驻雁门。

3 春，因为粮食歉收，下令内地各郡人民，严禁用粮食喂马，违者将马匹没收。

4 夏，四月，下诏说："男人从事雕刻彩饰，就会影响农业生产；女人从事织锦刺绣，就会妨碍布匹纺织。农业生产被影响，就是饥荒的原因；布匹纺织不足，就是受冻的根源。饥寒并至，就很少有不去为非作歹的。朕亲自耕种，皇后亲自种桑织布，用于宗庙的献祭和祭服，就是为天下人率先垂范。我不接受进贡，裁减膳食，减少赋税，就是要鼓励百姓耕田织布，能有丰富的积蓄，以备灾害。强梁的不要欺负弱小的，人多的不要欺压人少的，老人能够终其天年，孤儿能够长大成人。今年农作物歉收，百姓竟然缺少粮食，责任在谁？可能是虚伪欺诈之人做了官，交相贿赂，渔夺百姓，侵占万民。那些基层官员，如县丞、长吏等，利用法律巧取豪夺，如同强盗，让人痛恨！现在下令，二千石的官吏都各修其职，那些不能守职的昏庸之辈，丞相应立刻报告给我，治他们的罪！特此布告天下，让全国人民都能了解我的意思。"

5 五月，下诏："家产满四万钱，就有资格做官。"

【胡三省曰】
古代因为担心官员贪腐，所以对当官有财产要求，衣食足而知荣辱，有财产就不需要再贪。之前是要求家产十万以上才能做官，如今减为四万。因为商人有钱也不能做官，而廉士很难达到十万的要求。

6 秋，大旱。

景帝后三年（庚子，公元前141年）

1 冬，十月，相继发生日食、月食，天空红了五天。

2 十二月二十九日，打雷，太阳呈紫色，五星逆行，守着太微。月亮横穿经过天廷。

3 春，正月，下诏说："农业，是天下之本。黄金、珠、玉，饥不可食，寒不可衣，却拿来做钱币使用，这是本末倒置。这几年，农作物总是歉收，那是从事农业的人少了。现在下令各郡各封国，务必劝勉农桑，多种桑树，才可以得到更多的衣服食物。官吏如果征召农民服劳役，或者取百姓资财去雇人开采黄金、珍珠、玉石的，以盗赃论罪。二千石官员知情而不过问的，与之同罪。"

4 正月十七日，皇太子成年，行加冠礼。

5 正月二十七日，帝崩于未央宫（得年四十八岁）。太子即皇帝位，年十六岁。尊皇太后为太皇太后，皇后为皇太后。

6 二月初六，葬孝景皇帝于阳陵。

7 三月，封皇太后同母弟田蚡为武安侯，田胜为周阳侯。

8 班固赞叹说："孔子曰：'斯民也，三代之所以直道而行也。'（夏、商、周三代的人，可以直道而行，不用委屈矫饰，因为政治清明，教化淳一。）如今也是这样了！周朝后期和秦朝的弊病，就在于法网太密，苛刻残酷，而违法作奸的人，反而越来越多。汉朝兴起之后，扫除烦苛，与民休息。到了孝文帝，又加之以恭敬简朴；景帝遵照执行，不作改动。五六十年下来，以至于移风易俗，黎民淳厚。周朝最好的时代，是成康之治。汉朝最好的时代，是文景之治，太美了！"

【华杉讲透】

为什么法网越密，违法作奸的人越多呢？两个原因，一是法网太密，所有人都"被违法"，想不违法都不可能。二是法网越密，基层官吏权力越大，有权力就可以通融，违法之后还能想办法。秦朝末年就是这个情况，表面上法网严密，法令严苛，实际上杀人越货者都可以想办法脱罪。

9 汉朝兴起的时候，紧接在秦朝破弊之后，百废待举，而财力匮乏，给皇上拉车的马，都找不到四匹颜色一样的。而将相们只能乘牛车。普通百姓更没有可以蓄积收藏的东西。

天下平定之后，高祖就下令商人不准穿丝绸，不准乘车，加重租税以困辱商人。

到了汉惠帝、高后时期，认为天下初定，放宽了对商人的限制，然而商人的子孙，仍然不许做官。计算官吏们的俸禄和政府的开支，然后再向人民收税，绝不多取。而山川、园池、工商税款收入，上至天子，下至封国国君，都各有各的汤沐邑，不用政府经费。崤山以东的粮食转运到长安，只是供应中央政府官员，每年不过数十万石。

孝文、孝景时期，清净恭俭，安养天下，七十余年间，国家无事，如果不遇到水灾旱灾，人民家家都能自给自足。无论城市还是乡村，仓库全满，而政府仓库，堆积着用不完的财货。京师的钱累积巨万，穿铜钱的绳子都朽烂了，以至于无法计数。粮仓里的粮食，一层一层堆上去，堆不下了，甚至堆到露天的地上，以至于腐烂而不可食。大街小巷，连平民都有马匹，田野之中更是成群结队，偶尔有骑母马或者幼马的，大家都瞧不起他，不跟他来往。连街头看门的保安，都每餐吃肉；做基层小吏的由于没有什么事调差，都在家待着安养子孙。做官的人就用他的官名为姓氏。人人自爱，遵纪守法，以行义为先，不愿受到羞辱。

也正是这个时候，法网太宽，人民太富，以至于浪费奢侈，骄奢淫逸，开始兼并土地。豪党之徒，开始在乡里逞强。有土地的宗室，和公、卿、大夫以下，争相奢侈。房屋、衣服比皇上还华丽，毫无限度。物盛而衰，也是规律吧！自此之后，汉武帝内穷奢靡，外攘夷狄，天下萧然，财力就要耗尽了！

【华杉讲透】

中国历史有治世和盛世。文景之治，这是治世。治世之后，就是汉武盛世。盛世是治世的结果，也是治世的结束，因为盛极而衰，汉武帝穷兵黩武一生，国民经济就到了崩溃的边缘。人们常说"欣逢盛世"，错了，应该是"欣逢治世"。到了盛世，就该倒霉了。所以任何一项事业，都要励精图治，永远在路上，不可有"盛心"。

马上扫二维码，关注 **"熊猫君"**

和千万读者一起成长吧！